Erich Bauer

Schicksalsdeutung mit Tarot

ASTRO WOCHE
DAS HOROSKOPMAGAZIN
Die Sterne. Und sie bewegen Sie doch.

Erich Bauer

Schicksalsdeutung mit TAROT

Ein Tarotmeister legt die Karten

MOEWIG

www.moewig.de
Originalausgabe

Umschlagfoto: Pabel-Moewig Verlag KG, Rastatt
Printed in Germany
ISBN 10: 3-8118-1924-0
ISBN 13: 978-3-8118-1924-5

Inhalt

MYTHOS TAROT 7

EINLEITUNG 8
- Dem Schicksal voraus 8
- Was ist eigentlich Intuition? 8
- Die richtigen Karten 10
- Wie man Fragen stellt 10
- Allein oder mit anderen 11
- Allgemeine Vorbereitung 11
- Eine Anleitung zum Tarot 11
- Legemethode mit einer Karte . . 12

DAS GROSSE ARKANUM 14
- Karte I – Der Magier 16
- Karte II – Die Hohepriesterin . . . 18
- Karte III – Die Herrscherin 20
- Karte IV – Der Herrscher 22
- Karte V – Der Hierophant 24
- Karte VI – Die Liebenden 26
- Karte VII – Der Wagen 28
- Karte VIII – Kraft 30
- Karte IX – Der Eremit 32
- Karte X – Rad des Schicksals . . . 34
- Karte XI – Gerechtigkeit 36
- Karte XII – Der Gehängte 38
- Karte XIII – Der Tod 40
- Karte XIV – Mäßigkeit 42
- Karte XV – Der Teufel 44
- Karte XVI – Der Turm 46
- Karte XVII – Der Stern 48
- Karte XVIII – Der Mond 50
- Karte XIX – Die Sonne 52
- Karte XX – Gericht 54
- Karte XXI – Die Welt 56
- Karte 0 – Der Narr 58

DAS KLEINE ARKANUM 60
Das kleine Arkanum und die vier Elemente 60
Die Stabkarten 61
- Karte I – Ass der Stäbe 62
- Karte II – Zwei der Stäbe 64
- Karte III – Drei der Stäbe 66
- Karte IV – Vier der Stäbe 78
- Karte V – Fünf der Stäbe 70
- Karte VI – Sechs der Stäbe 72
- Karte VII – Sieben der Stäbe . . . 74
- Karte VIII – Acht der Stäbe 76
- Karte IX – Neun der Stäbe 78
- Karte X – Zehn der Stäbe 80

Die Kelchkarten 82
- Karte I – Ass der Kelche 84
- Karte II – Zwei der Kelche 86
- Karte III – Drei der Kelche 88
- Karte IV – Vier der Kelche 90
- Karte V – Fünf der Kelche 92
- Karte VI – Sechs der Kelche 94
- Karte VII – Sieben der Kelche . . . 96
- Karte VIII – Acht der Kelche 98
- Karte IX – Neun der Kelche . . . 100
- Karte X – Zehn der Kelche 102

Die Schwertkarten 104
- Karte I – Ass der Schwerter . . . 106
- Karte II – Zwei der Schwerter . 108
- Karte III – Drei der Schwerter . 110
- Karte IV – Vier der Schwerter . 112
- Karte V – Fünf der Schwerter . 114
- Karte VI – Sechs der Schwerter 116
- Karte VII – Sieben der Schwerter 118
- Karte VIII – Acht der Schwerter 120
- Karte IX – Neun der Schwerter 122
- Karte X – Zehn der Schwerter . 124

Die Münzkarten 126
- Karte I – Ass der Münzen 128
- Karte II – Zwei der Münzen . . .130
- Karte III – Drei der Münzen . . . 132
- Karte IV – Vier der Münzen . . . 134
- Karte V – Fünf der Münzen . . . 136
- Karte VI – Sechs der Münzen . 138
- Karte VII – Sieben der Münzen 140
- Karte VIII – Acht der Münzen . 142
- Karte IX – Neun der Münzen . 144
- Karte X – Zehn der Münzen . . 146

Inhalt

DIE HOFKARTEN 148

Die Hofkarten der Stäbe 150
- Bube der Stäbe 152
- Ritter der Stäbe 154
- Königin der Stäbe 156
- König der Stäbe 158

Die Hofkarten der Kelche 160
- Bube der Kelche 162
- Ritter der Kelche 164
- Königin der Kelche 166
- König der Kelche 168

Die Hofkarten der Schwerter . . 170
- Bube der Schwerter 172
- Ritter der Schwerter 174
- Königin der Schwerter 176
- König der Schwerter 178

Die Hofkarten der Münzen 180
- Bube der Münzen 182
- Ritter der Münzen 184
- Königin der Münzen 186
- König der Münzen 188

SPIEL- UND LEGEMETHODEN . 190
- Die Tageskarte 190
- Legemethode mit einer Karte . 191
- Legemethode mit zwei Karten 191
- Tarot-Zauberspruch 192
- Die Karriereleiter 194
- Der runde Tisch 196
- Berufssuche 198
- Das keltische Kreuz 199
- Der Kreis oder das Jahreshoroskop 203
- Bewusst –Unbewusst – Kosmisch 204
- Tarot und Partnerschaft 205

Das 5-Kartenkreuz 207
- Eine Liebe fürs Leben? 208
- Zwei gute Alternativen 210
- Beruf – Berufung! 212
- Die wahre Bestimmung 214
- Was ist der richtige Beruf? . . . 216
- Alles ist gut, alles wird gut . . . 218
- Der Kummer hat ein Ende 220
- Tarot: Wegweiser 2001 222
- Eine glückliche Beziehung? . . . 224
- Raus aus der Einsamkeit 226
- Die Kraft der Frauen 228
- Mut zur Freiheit 230
- Abschied tut weh 232
- Nochmals vereint ...? 234
- Was bringt die Zukunft? 236
- Ich weiß nicht weiter 238

RUND UMS TAROT 240
- Fantasiereise in das „Land des Tarot" 240
- Tarot ohne Karten 242
- Tarot und Astrologie 245
- Die Kartendecks 247
- Das Rider-Waite-Tarot 247
- Das Aleister-Crowley-Thoth-Tarot 248

Mythos Tarot

Vor vielen tausend Jahren, noch vor dem großen Wasser und sogar noch vor dem gewaltigen Erdbeben, gab es noch das Land Atlantis, Atlantis war groß, es reichte von einem Ende der Welt bis zum anderen. Die Menschen waren glücklich und weise, und es gab niemanden im ganzen Land, der nicht teilhatte an diesem Glück. Es war wunderbar auf Atlantis. Die Menschen liebten sich, und sie lebten im Moment, offen für die Schwingungen des anderen. Sie gestalteten ihr Leben, aber sie hatten keinen Plan, den sie erfüllen mussten. Sie waren Frauen und Männer und manchmal beides zugleich. Sie waren Weise und Narren, und niemand sah einen Unterschied. Sie liebten das Leben und den Tod. Sie redeten mit den Bäumen und verstanden die Winde. Die Sterne waren ihre Ratgeber, und so wussten sie auf die Minute genau den Zeitpunkt ihres eigenen Untergangs. Sie kannten den Lauf der schwarzen Sonne, die ihre Erde in eine neue Bahn werfen würde. Dieses Wissen änderte nichts an ihrem Leben. Sie näherten sich dem Tag ihrer Auflösung ganz genauso wie jedem anderen Tag.

Nur manchmal dachten sie daran, wie sie ein Zeichen von Atlantis hinüberretten könnten in die neue Welt. Sie wollten kein Buch schreiben, weil sie nicht wussten, welche Sprache in der neuen Welt gesprochen würde. So gestalteten sie ihr großes Wissen zu Bildern. Zuerst benutzten sie 78 riesige Tafeln aus unzerstörbaren Stoffen, die sie in 78 wasser- und feuerfesten Gefäßen der Nachwelt übergeben wollten. Aber sie ahnten, dass diese Tafeln in Museen und alten Bibliotheken verstauben würden. Ihr Wissen sollte lebendig bleiben und nicht nur Priestern, Altertumsforschern und Königen zugänglich sein.

Da entschlossen sie sich, Spielkarten zu gestalten. Spielkarten würden überall in der Welt herumkommen. Könige könnten sie auf dünne Goldfolien drucken, Priester in Altäre fassen, Soldaten und Reiter könnten sie in ihre Taschen packen und der Bauer in seinen Rock.

Atlantis ging unter, wurde völlig zerstört und aufgelöst. Aber die 78 Karten blieben. In Gold, in Marmor und auf einfachem Papier, Hinter Klostermauern, in prunkvoll verzierten Schatullen, auf Wirtshaustischen und im vergilbten Beutel der Zigeuner.

Einleitung

Dem Schicksal voraus

Schon immer gab es besonders neugierige oder auch naive Individuen, die „Gottes Wege“ durchschauen wollten: Dem Schicksal einen Schritt voraus zu sein, welch ungeheure Perspektive! Alexander der Große ging zum Orakel von Delphi und Faust verbündete sich gleich mit dem Teufel. War dies vielleicht Legende, so ist von einem anderen Großen, nämlich Napoleon, verbrieft, dass er an die Karten glaubte. Vor jeder Schlacht zog es ihn ins Gemach seiner Joséphine und holte sich dort von ihr und ihren Karten Rat – und gewann. Nach der Scheidung zog der große Franzose ohne Joséphines Karten in den Kampf und – doch wieder Legende? – verlor. Etwas mehr als hundert Jahre später erkannten Zeugen in der Schweiz einen Mann – er war auf der Durchreise nach Russland – bei einem Tarotleger. Von ihm hätte man es am allerwenigsten erwartet: Wladimir Iljitsch Lenin. Er soll nach der Zukunft des Kommunismus gefragt haben. Die Karten waren miserabel.

Ein sehr altes Tarotspiel, es stammt aus dem 16. Jahrhundert, befindet sich im Museum von Marseille. Ob es davor auch schon Karten dieser Art gab, ist Spekulation. Viele Tarotmeister schwören, dass das Tarot aus Indien kommt, dort dem Gott Vishnu geweiht war und von den Zigeunern auf ihren endlosen Wanderungen nach Europa gebracht wurde. Andere wiederum legen ihre Hand dafür ins Feuer, dass des Tarotspiels Wiege bei den Pharaonen in Ägypten gestanden und über die Kreuzritter als Ersatz für den nicht gefundenen Gral zu uns gekommen sei.

Seit circa 1980 blüht das magische Spiel mit den Karten erneut, und diesmal noch üppiger als je zuvor. Jedes Wochenende pilgern Tarotschüler zu Eingeweihten, um von ihnen das magische Spiel zu erlernen. Wie groß das Interesse an Tarot wirklich ist, lässt sich nicht eruieren, aber manche der zahlreichen Tarotbücher und Spiele gehen mittlerweile in die zehnte Auflage. Und noch etwas ist sicher: Mindestens 85 Prozent der Fans sind Frauen. Bricht mitten im High-Tech das Mittelalter aus? Ist die Rückkehr der Hexen angesagt?

Was ist eigentlich Intuition?

Ein Tarotmeister oder -könner unterscheidet sich von einem Anfänger nicht dadurch, dass er die Deutung der einzelnen Karten und Legetechniken beherrscht, sondern dadurch, dass er seine Intuition hört und ihr folgt. Durch die Erziehung in unserer Gesellschaft wird der Mensch einseitig trainiert. Wir entwickeln die Ratio, aber nicht komplexere Fähigkeiten wie die Intuition. Diese ist nämlich nicht logisch oder analytisch, sondern assoziativ, sinnhaft und symbolisch. Kraft der Intuition kann beispielsweise das Wort Apfel mit Schlange verbunden werden, was für den logisch ausgerichteten Verstand ein Lapsus wäre. Aber die Intuition verbindet sinnhaft und schlägt vielleicht einen Bogen über Apfel – Eva – Paradies – Verführung

bis zum Wort Schlange.Das Wort Intuition stammt aus dem Lateinischen und bedeutet soviel wie in sich hineinspüren. Frauen beherrschen diese Methode in aller Regel besser als Männer. Dies rührt daher, dass in unserer Kultur der überwiegende Gebrauch des logischen Verstandes nicht vorrangig zum Erziehungsprogramm einer Frau gehört. Intuition kann man lernen. Dafür muss man ein Wort oder ein Bild, z.B. eine Tarotkarte, in sich einwirken lassen. Der logische Verstand würde gleich einem Computer das Bild ganz genau beschreiben. Durch die Intuition aber öffnet sich das Unbewusste und gibt verborgene Räume frei. Man spürt nach, beobachtet, was aus dem Unbewussten aufsteigt und lässt sich von inneren Kräften führen.
Es gibt eine wichtige Regel: Für die Intuition existiert kein Richtig oder Falsch, sondern es gibt nur eine Kette von Informationen, die auf ihre Sinnhaftigkeit hin betrachtet werden sollen. Dabei ist es auch nicht wichtig, ob man an die Tarotkarten glaubt oder nicht. Werden durch die Karten tiefere Schichten der Seele angesprochen, so erfüllen sie völlig ihren Sinn.
Jemand spielt Tarot. Es ist ein Mann, und er fragt die Karten, damit sie ihm einen Grund nennen für seine Eifersucht. Er deckt die Trumpfkarte XV auf, den Teufel. Er sieht den Dämon mit den beiden Menschen, Mann und Frau, die an ihn gekettet sind. Das Bild trifft ihn. Ohne genau zu wissen warum, spürt er eine Verwandtschaft zwischen seinem Gefühl, seinem seelischen Zustand und dem Bild: Ob er das ist, der da angekettet ist zusammen mit seiner Frau? Ist er abhängig von ihr, oder werden beide gequält von einem wilden Dämon? Wie kann er denn frei werden von den Ketten?
Der Mann erforscht die Karte und damit seine Seele. Die Symbolik der Karte lenkt sein Suchen, sein Spüren in eine ganz bestimmte Richtung. Er betrachtet sein gegenwärtiges Leben im Lichte der Karte des Teufels. Die Symbolik der Karte, die Atmosphäre und der Klang des Bildes finden in der Tiefe der Seele eine Entsprechung. Der Mensch wird sich seiner Situation bewusst. So verstanden, ist das Spiel mit den Karten ein psychotherapeutischer Prozess. Jede Karte hebt einen anderen gerade aktuellen Aspekt der Seele ins Bewusstsein.
Tarotkarten soll man wie unbekannte Bilder betrachten. Sogar das Wort, welches über oder unter manchen Karten steht, ist zunächst unwichtig. Dabei kann sich ein Tarotspieler beim Betrachten der Bilder an folgende Fragen halten:
„Habe ich ein angenehmes Gefühl oder spüre ich Ablehnung?"
„Erinnert mich das Bild an etwas?"
„Lenkt dieses Bild mein Denken in eine bestimmte Richtung oder zu einem bestimmten Menschen?"
„Was sagen mir die Farben, ziehen Sie mich an, stoßen Sie mich ab?"
Es ist nicht wichtig einzelne Details zu interpretieren. Der Gesichtsausdruck beispielsweise ist nicht unbedingt spezifisch für die Aussage der

Karten. Er spiegelt eher die Handschrift des Künstlers wider, der Sie gestaltet hat. Wichtig ist der gesamte, erste Eindruck und in zweiter Linie die Symbole.
Erst wenn man sich in dieser Weise mit dem Bild beschäftigt hat, kann man sich aus diesem Buch eine Hilfe holen, um die Deutung abzurunden. Aber es ist unerlässlich, dass jeder Tarotspieler bei seiner eigenen Intuition beginnt.
Möglicherweise ist eine selbst entdeckte Aussage sogar wichtiger als eine noch so gescheite Deutung aus einem Tarotbuch.

Die richtigen Karten

Wer seine eigenen Tarotkarten finden möchte, benötigt viel Zeit. Am Besten geht man in einen Buchladen und betrachtet jedes einzelne Tarotdeck. Die Entscheidung soll man nach seinem Gefühl, seiner Intuition, seiner Stimme aus dem Bauch treffen. Auch die Größe der Karten und die Rückseite ist wichtig.
Eine alte Tarotregel besagt, dass man die Karten legal erwerben muss. Man soll sie auch zum angegebenen Preis kaufen und nicht handeln. Am Schönsten ist es, man bekommt ein Spiel geschenkt, vielleicht sogar von einem Menschen, der schon Tarot spielt. In den ersten beiden Wochen soll nur der Besitzer seine Karten berühren. Am Besten, man bewahrt sie in einem Beutel oder einer geeigneten Schachtel in der Nähe seines Bettes auf.
Wer die Karten achtet, achtet damit auf seine Seele. Wer neugierig ist, wird damit auch neugierig auf eine Welt, die jetzt noch weit jenseits seines Horizontes liegt.

Wie man Fragen stellt

Wer Tarot spielt, hat eine Frage. So war es bereits vor Hunderten von Jahren, als man ein Orakel befragte, Vogelknochen aus einer Schale in den Sand warf oder mit Würfeln spielte. Auch wer keine explizite Frage stellt, begegnet dem Tarot dennoch mit einem Fragezeichen: Er möchte vielleicht wissen, was ihm die Zukunft bringt oder ist einfach neugierig, was ihm die Karten verraten. Auch jede Legetechnik impliziert eine Fragestellung, denn die Lage und das Bild der aufgedeckten Karten, gibt eine oder mehrere Antworten.
Es gibt signifikante und unspezifische Fragen. Unspezifische Fragen sind in gewisser Weise auch risikolos oder sogar langweilig. Dazu gehören Fragen wie: „Was bringt mir die Zukunft im Allgemeinen?" „Was erwartet mich im nächsten Jahr?" „Bin ich auf dem richtigen Weg?" „Wo stehe ich in meiner spirituellen Entwicklung?" Auf solche Fragen kann die Antwort so oder so ausfallen und beinhaltet für den Fragesteller in aller Regel keinerlei Risiko.
Signifikante Fragen sind riskant, heiß und haben zumindest innere Konsequenzen. Solche Fragen könnten z.B. lauten: „Bin ich liebenswert?" „Habe ich Mut?" „Was sagen die Karten zu meiner Beziehung?" „Soll ich überhaupt Tarot spielen?" „Ist mein Lehrer wahrhaftig?" „Wie ist meine Beziehung zu

dir, meiner Partnerin oder meinem Partner?“ Alle diese Fragen beinhalten ein gewisses Risiko und benötigen Mut, um sie überhaupt zu stellen. Die Regel lautet, dass man versuchen soll, die Fragen so spezifisch und klar wie möglich zu stellen.

Allein oder mit anderen

Die allermeisten Menschen spielen Tarot allein. Irgendwann, am Morgen oder am Abend, nach einer schwierigen Unterhaltung mit dem Freund oder aufgrund einer deprimierten Stimmung, die man nicht zu erklären weiß, legen sie sich die Karten. Manche Menschen gehen auch in Tarotgruppen oder zu einem professionellen Kartenleger. Allein mit den Karten zu spielen ist erfüllend und anregend. Man entwickelt mit der Zeit ein fast freundschaftliches Verhältnis, findet Trost und Hoffnung und erhält manchmal auch eine Mahnung mit auf seinen Weg. Das Spiel mit anderen bringt eine soziale Realität. Der große Vorteil ist, dass man die Karten nicht nur nach subjektiven Gesichtspunkten interpretieren kann. Es entsteht eine Art Objektivität. Bei wirklich wichtigen Lebensfragen ist immer das Spiel mit einem Partner oder einer Freundin oder der Gruppe vorzuziehen. Dann begegnet man nicht nur dem Geist des Tarot, sondern auch ganz realen, anderen Menschen.

Allgemeine Vorbereitung

Tarotlegen ist eine Art Meditation. Damit ist nicht gemeint, dass man still und abgeklärt sein muss, sondern dass man den Karten eine besondere Aufmerksamkeit schenkt. Als erstes braucht man den richtigen Ort für das Kartenlegen. Am Schönsten ist ein Platz, an dem man auch andere geheimnisvolle Dinge aufbewahrt, z.B. ein Bild von seinem Lehrer, eine Kristallkugel, Erinnerungen, oder besondere Steine. Die beste Zeit für das Tarot ist abends oder nachts. Man kann Kerzen oder Räucherstäbchen benützen. Günstig ist es auch, wenn man ein Tuch unter den Karten ausbreitet.

Eine Anleitung zum Tarot

Sitzen Sie bequem an einem ruhigen Ort. Nehmen Sie die Karten aus der Hülle oder dem Tuch und halten Sie das ganze Paket in der linken Hand und legen Sie die rechte darüber. Schließen sie dann Ihre Augen. Entspannen Sie sich! Lassen Sie los! Lockern sie Ihre Muskeln, Ihre Schultern, Ihren Nacken, den Kopf, die Kieferknochen, die Hände. Entspannen Sie sich!
Beobachten sie ihren Atem, wie er in Sie eindringt und Sie erfüllt, und wie er wieder ausströmt, eins wird mit dem Raum, der Sie umgibt.
Sie sind der Raum und der Raum ist in Ihnen.
Sie sind ruhig und entspannt.
Spüren Sie jetzt die Karten in Ihren Händen. Erlauben Sie sich, in die geheimnisvolle Welt des Tarot zu tauchen, gleiten Sie aus dem Alltag in eine andere Realität. In ihr ist nichts zufällig, sondern alles ist mit allem schicksalhaft verbunden.
Beginnen Sie jetzt langsam die

Karten zu mischen. Wenn möglich, lassen Sie dabei ihre Augen geschlossen und träumen weiter von ihrer magischen Welt. Die Karten müssen nicht wie bei einem anderen Kartenspiel restlos durchmischt werden. Es genügt, wenn Sie eine neue Ordnung herstellen – Ihre eigene, ganz persönliche Ordnung.

Wenn Sie glauben, dass die Karten genug gemischt sind, legen Sie den Stapel wieder vor sich hin. Öffnen Sie jetzt Ihre Augen und heben Sie mit der linken Hand die Karten ab. Sie bilden also zwei Stapel. Legen Sie jetzt die Karten in veränderter Reihenfolge wieder zusammen. Wiederholen Sie diesen Vorgang noch zweimal. Vergessen Sie dabei nicht, die Karten immer mit der linken Hand abzuheben. Damit drücken Sie symbolisch aus, dass Sie ihre Intuition und nicht der Logik (der rechten Seite des Menschen) folgen. Das gilt in aller Regel auch für Personen, die Linkshänder sind.

Breiten Sie jetzt die Karten vor sich aus. Am Schönsten ist ein offener Bogen, wie er in der Abbildung 1 dargestellt ist.

Entspannen Sie sich nach dem Auslegen der Karten. Werden Sie ganz ruhig, hören Sie in sich hinein, suchen Sie Ihre Mitte.

Haben Sie eine Frage, so sprechen Sie diese jetzt laut aus. Wenn Sie mit einem Partner spielen, stellt er natürlich die Frage. Haben Sie keine spezifische Frage, dann sagen Sie einfach: „Ich möchte wissen, was das Tarot mir zu sagen hat."

Dann beginnen Sie, Ihre linken Hand über dem Halbkreis der Karten gleiten zu lassen. Wie beim Abheben wählen Sie die linke Hand, um damit Ihre Intuition in das Spiel zu bringen.

Die „richtige Karte" kann man nicht mit logischem Kalkül ausfindig machen. Das ist der ungeheuere Sprung aus der Welt des Normalverstandes. Es ist kurios und magisch zugleich:

Sie vertrauen der Sehkraft Ihrer Hände.

Wenn Sie mit Ihren Händen in einem Abstand von ungefähr fünf Zentimetern über die Karten streichen, werden Sie ganz leichte Unterschiede empfinden. Es fühlt sich wie ein veränderlicher Druck, wechselnde Wärme oder ein unterschiedlicher Grad von Zähigkeit an. Lassen Sie sich von diesen Schwankungen führen, bis Sie eine Karte für „richtig" befinden. Diejenige Karte, die Sie ausgewählt haben, legen Sie bitte unaufgedeckt in den Halbkreis. Möchten Sie mehrere Karten auswählen, dann verfahren Sie damit genauso.

Schließen Sie wieder die Augen und konzentrieren Sie sich auf die nächsten Augenblicke, in denen Sie die Karten umdrehen und Ihnen das Tarot einen Spiegel zeigt. Es sind Bilder Ihrer Seele, überreicht in Form einer Karte.

Legemethode mit einer Karte

Mit dieser Methode kann man auf eine Frage, eine bestimmte Lebenssituation oder ein Problem eine Antwort erhalten. Jeder Anfänger kann sofort mit dieser Methode be-

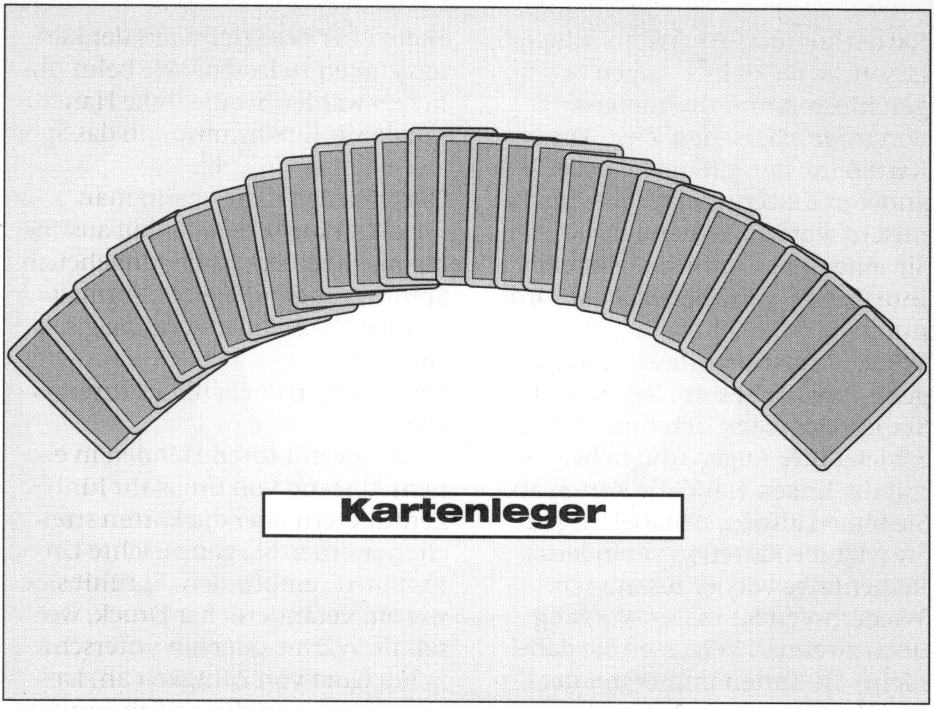

Abb. 1: Die Karten werden in einem offenen Halbkreis ausgebreitet.

ginnen, und mit Hilfe der Deutungen in diesem Buch und seiner eigenen Intuition Antworten auf seine Fragen erhalten.
Man mischt die Karten, hebt dreimal ab und breitet die Karten in einem offenen Halbkreis aus.
Während man die Frage klar ausspricht, versucht man durch ahnungsvolles Berühren aus den verdeckt liegenden Karten eine auszuwählen.
Dann dreht man diese Karte um und versucht aus dem Bild eine Antwort auf die Frage abzuleiten. Dabei soll man die Karte wie einen magischen Spiegel betrachten, in dem man sich selbst erkennt oder sich in einem neuen Lichte sieht. Versteht man die gespiegelte Antwort nicht gleich, dann muss man wie bei einem Rätsel vorgehen, in sich hineinspüren, laut denken oder warten, bis die Intuition einen weiteren Hinweis gibt.

Auf den folgenden Seiten werden die 78 Karten einzeln aufgeführt und gedeutet. Außerdem werden jeweils Beispiele besprochen, die mit Hilfe der „Legemethode mit einer Karte" von Lesern der Zeitschrift Astrowoche im Zusammenhang mit Fragen aufgedeckt wurden. Die Deutungen dieser Karten stammen vom Autor.

Das große Arkanum

Das große Arkanum und seine 22 Karten

Das große Arkanum oder die Trumpfkarten sind die wichtigsten Karten im Tarot. Manche Karten haben einen religiösen Inhalt, wie die Hohepriesterin und der Hohepriester. Andere haben einen Bezug zur Welt der Magie, wie der Teufel und der Magier. Es gibt Karten, die sich auf den mittelalterlichen Hof beziehen, wie der Siegeswagen, die Kaiserin und der Kaiser, und es gibt solche, die einfach Stationen des Lebens widerspiegeln, wie die Liebenden, der Tod und die Zerstörung.
Vier Karten haben einen deutlichen Bezug zur Astrologie: die Sterne, der Mond, die Sonne und die Welt.
Manche Karten symbolisieren Stufen menschlicher Verwirklichung, wie der Narr und der Eremit. Es gibt Bilder, die auf den ersten Blick seltsam und rätselhaft wirken, wie die Gestalt, die mit dem Kopf nach unten hängt oder der Wagenlenker mit den beiden Sphinxen.
Manche Karten lösen Angst aus, wie der Teufel und der Tod, und bei anderen freut sich das Herz, wie beim Bild der Liebenden oder der Karte der Sonne.
Am ehesten kann man sich die Trumpfkarten wie umfassende Zustände der Seele vorstellen. Sie sind in gewisser Weise den anderen Karten übergeordnet. Bei der Deutung und Interpretation lässt man den Karten des Großen Arkanums stets mehr Aufmerksamkeit zukommen, als denjenigen des Kleinen Arkanums. Es gibt auch Legemethoden, bei denen nur das große Arkanum benützt wird (siehe Kapitel Legemethoden weiter hinten im Buch). Für einen Anfänger kann es sehr vorteilhaft sein, die ersten Versuche mit dem Tarot nur mit dem großen Arkanum zu wagen. Man hat dann viel weniger Karten zu handhaben und tut sich entsprechend leichter.

Karte I – Der Magier

Karte II – Die Hohepriesterin

Karte III – Die Herrschrin

Karte IV– Der Herrscher

Karte V – Der Hierophant

Karte VI – Die Liebenden

Karte VII – Der Wagen

Karte VIII – Kraft

Karte IX – Der Eremit

Karte X –
Rad des Schicksals

Karte XI – Gerechtigkeit

Karte XII – Der Gehängte

Karte XIII – Der Tod

Karte XIV – Mässigkeit

Karte XV – Der Teufel

Karte XVI – Der Turm

Karte XVII – Der Stern

Karte XVII – Der Mond

Karte XIX – Die Sonne

Karte XX – Gericht

Karte XXI – Die Welt

Karte 0 – Der Narr

Karte I
Der Magier

Macht

Bild: Gott Apollo steht vor einem Tisch. Über seinem Haupt befindet sich eine liegende Acht, Symbol der Unendlichkeit. Auch die Schlange, die sich um den Leib des Magiers windet, ist ein Zeichen für Unendlichkeit. Auf dem Tisch liegen die vier magischen Werkzeuge. Jedes symbolisiert eines der vier universellen Elemente. Der Stab symbolisiert Feuer. Der Kelch bedeutet Wasser. Das Schwert ist ein Zeichen für Luft. Die Scheibe mit dem Pentakel oder Fünfstern steht für Erde.

Deutung: Der Magier symbolisiert den Beginn einer großen Reise, deren Ziel mehr Macht, Einsicht, Wissen und Weisheit ist. Auf der Stufe des Magiers beginnt der Mensch zu begreifen, dass er sein Schicksal selbst gestaltet, dass niemand, weder Eltern, noch Gesellschaft, noch ein Konjunkturaufschwung, beziehungsweise -abschwung, ihn bestimmen. Die vier Werkzeuge symbolisieren die vier Elemente, Feuer, Wasser, Erde und Luft. Der Magier erkennt, dass alles im Universum eine einmalige Mischung aus diesen vier Elementen ist.

Aussage: Das männliche Prinzip. Berufliche Selbstverwirklichung durch bewußtes Erkennen. Das berufliche Schicksal in die eigene Hand nehmen. Sich von Abhängigkeiten befreien.

Beruf: Sie begreifen, dass Sie selbst es sind, der sein berufliches Leben bestimmt. Sie erkennen, dass Sie nur bereit sein müssen für berufliche Veränderung und Wandel. Im Lichte des Magiers sind Sie jeder Aufgabe gewachsen. Nichts ist unmöglich. Wichtig ist, dass Sie handeln! Die Tat bringt Gelingen! Des weiteren ist wichtig, dass Sie anderen mit einem guten Beispiel vorangehen. So erlangen Sie die Berechtigung, auch andere zu führen.

Geld: Halten Sie sich jetzt nicht lange mit Überlegungen auf, was Ihnen das eine bringt oder das andere kostet. Seien Sie einfach aktiv!

Liebe: Der Zauber des Magiers ist mit Ihnen. Zögern Sie jetzt nicht eine einzige Sekunde, schreiben Sie einen Brief, rufen Sie an, treffen Sie sich mit dem Menschen, der Ihnen am Herzen liegt. Abwarten wäre völlig falsch.

Die Frage von Brigitte R. aus Lindenberg

Soll ich – oder soll ich nicht?

Ich bin eigentlich eine Powerfrau. Jetzt möchte ich mich beruflich verändern bzw. ich würde mich gerne selbstständig machen. Obwohl ich kein ängstlicher Mensch bin, habe ich Bedenken, dass das gut gehen wird. Also frage ich Sie und Ihre Tarotkarten. Vielleicht gibt die Karte „Der Magier“ Auskunft.

Die Antwort des Tarot

Liebe Brigitte, ja, die Karte gibt Auskunft! Sie sind tatsächlich eine Powerfrau. Das ist zumindest die Überzeugung des Tarot. Der Magier steht für einen Neubeginn Er hat verstanden, dass er alle Möglichkeiten dieser Welt in seinen Händen hält. Aber er weiß auch, dass er loslegen muss.

Die Frage von Teresa B. aus Frankfurt

Wird sich meine großer Liebestraum erfüllen?

Lieber Herr Bauer, ich möchte meinen verlorenen Liebsten wieder zurückhaben. Ich weiß nicht, wo er sich im Moment aufhält. Ob er überhaupt in Deutschland ist oder sonst wo auf der Welt. Ich liebe ihn so sehr, dass es weh tut und dreh mich nur noch im Kreis – um ihn. In meiner Verzweiflung habe ich die Tarotkarten befragt und die Karte „Die Magie“ gezogen. Was bedeutet sie? Darf ich hoffen?

Die Antwort des Tarot

Liebe Theresa, Sie bekommen eine sehr starke Karte auf Ihre Frage. Sie sagt Ihnen, dass Sie den Mann in Ihnen selbst entdecken sollen. Solange Sie ihn im Äußeren suchen, werden Sie ihn nie oder höchstens nur einen kurzen Augenblick lang finden.

Karte II
Die Hohepriesterin

Intuition

Bild: Eine Frau sitzt in sich selbst versunken zwischen zwei Säulen. Ihr blaues Gewand und die nach oben offenen Säulen spiegeln ihre Bereitschaft wider, aufzunehmen. Aus ihrem Kleid fließt Wasser, das Symbol des Unbewussten. Die beiden verschiedenfarbigen Tempelsäulen König Salomons mit den Namen Boas (B) und Jakim (J) spiegeln die Polarität allen Lebens wieder. Ihre Krone zeigt drei Mondphasen. Auf ihrem Schoß liegt eine Schriftrolle, auf der das Wort Thora geschrieben steht. Es bedeutet das höhere Gesetz. Das Kreuz auf der Brust dieser Frau versinnbildlicht ihre erdverbundene Seite.

Deutung: Die Hohe Priesterin verkörpert das aufnehmende, das empfangende Prinzip. Sie ergänzt den Magier (Karte I), der nach außen tritt, logisch denkt und handelt. Die Hohepriesterin empfängt die Welt, nimmt sie in sich auf und trifft dann eine Entscheidung aus ihrem Gefühl, aus ihrem Bauch, heraus.

Aussage: Intuition. Der Weg nach innen. Das weibliche Prinzip. Sich auf seine Gefühle verlassen können. Gefühl wiegt mehr als Ratio.

Beruf: Bevor Sie jetzt etwas unternehmen, ist eine Zeit innerer Versammlung angebracht. Ziehen Sie sich zurück, sorgen Sie dafür, dass Sie nicht gestört werden und spüren Sie in sich hinein. Warten Sie, bis Ihr Bauch „weiß“, was Sache ist. Lassen Sie sich nicht in einen Disput verwickeln! Entweder Sie sind sich sicher, dann können Sie handeln. Oder Sie sind sich unsicher, dann ist es besser zu schweigen und zu warten, bis Sie klarer sehen. Nicht mit Hilfe der Logik, sondern der Intuition kommen Sie weiter.

Geld: Im Moment ist nicht die richtige Zeit, um irgendwelche Geldgeschäfte zu tätigen. Warten Sie ab und nützen Sie die Zeit, um in sich selbst sicherer zu werden.

Liebe: Die Hohepriesterin rät, zu warten und die Angelegenheit in sich ruhen zu lassen.

Spüren Sie die Liebe in Ihrem Herzen, bewahren Sie sie dort auf. Es wird etwas geschehen, was Ihnen weiterhilft, und was Ihre Liebe vergrößert.

Die Frage von Ursula W. aus Pulheim

Ein Leben ohne Partner?

Ich bin schon neun Jahre allein und wünsche mir endlich einen Partner. Aber was ich auch mache, nichts klappt. Ich habe Anzeigen beantwortet und selbst welche aufgegeben. Ich habe geduldig abgewartet. Manchmal bin ich traurig. Alle brauchen mich, aber ich brauche doch auch jemanden. Was soll ich tun? Aufgeben? Weitermachen? Meine gezogene Karte: die „Hohepriesterin".

Die Antwort des Tarot

Liebe Ursula, Sie haben mein ganzes Mitgefühl! Wenn ich zaubern könnte – ich würde Ihnen einen netten Mann ins Haus schicken. Auf Ihre Frage nach dem lang ersehnten Partner kann Ihre Karte nur eines bedeuten: Vergessen Sie Männer! Schauen Sie nach innen und finden Sie dort den Menschen, der schon immer in Ihnen ist – Sie selbst mit all Ihrem Reichtum!

Karte III
Die Herrscherin

Urvertrauen

Bild: Die Herrscherin sitzt auf ihrem Thron geschmückt und umgeben von den Symbolen der Fruchtbarkeit: das Getreidefeld, der Wald, der Fluss, die Granatäpfel auf ihrem Gewand. Sie ist die Verkörperung der Venus, was durch das Venussymbol auf dem Herzen deutlich wird. Das tiefrote Kissen, das Polster und die Decke verkörpern Leben und Liebe. Die zwölf Sterne ihrer Krone stehen für die zwölf Monate des Jahres und zeigen sie als die Herrscherin der Jahreszeiten.

Deutung: Die Kaiserin symbolisiert Fruchtbarkeit, Mütterlichkeit und Sinnlichkeit. Ihr Eingebettetsein in die Natur ist ein Zeichen ihres Vertrauens in die Schöpfung. So wie die Natur alles trägt, was sie hervorbringt, so trägt auch die Existenz den Menschen. Daher spricht man von der Existenz auch als von der Großen Mutter. Im Lichte der Karte der Kaiserin erfährt sich der Mensch wieder als Teil der Schöpfung, findet Vertauen in die Existenz, kann loslassen, fühlt sich getragen und geborgen.

Aussage: Fruchtbarkeit. Natur. Sicherheit. Geborgenheit. Wärme. Sorgloses Dasein. Urvertrauen.

Beruf: Genießen Sie, was Sie haben. Für Ihre Sicherheit oder die Ihres Unternehmens ist im Moment nichts zu tun. Vertrauen Sie. Sind Sie für andere verantwortlich, dann sorgen Sie für sie wie eine Mutter.

Geld: Es ist jetzt nicht der richtige Zeitpunkt, um zu investieren. Es ist jetzt auch nicht der Zeitpunkt, um sich zu sorgen. Diese Karte verweist häufig auf unnötige Existenzängste. Wenn sich der Mensch als Einzelner, losgelöst vom Ganzen und der sorgenden Großen Mutter erlebt, entsteht Einsamkeit und große Angst.

Liebe: Sorgen Sie sich nicht. Etwas Wunderbares kann jetzt mit Ihrer Liebe geschehen. Es wächst etwas in Ihnen, was die Beziehung größer werden lässt. Sogar das ist möglich, dass Sie ein Kind bekommen.

Die Frage von Annette B. aus Silbitz

Ist meine Existenz gesichert?

Lieber Herr Bauer, mein verstorbener Mann brachte mich in große finanzielle Schwierigkeiten. Ich bin wirklich schon ganz verzweifelt. Jetzt habe ich einen neuen Partner, lebe mit ihm aber ohne Trauschein zusammen. Ich lebe ständig in der Angst, dass ich mit meinen Sorgen allein gelassen werde und seine Unterstützung verliere. Das wäre schrecklich für mich. Wird diese Beziehung Bestand haben? Ist meine Existenz sicher? Ich habe die Karte „Die Herrscherin" gezogen.

Die Antwort des Tarot

Liebe Annette, diese Karte ist eine wunderbare Antwort auf Ihre Sorgen. Die Herrscherin spricht ungefähr so zu Ihnen: „Schau, meine liebe Anette, ich bin die Natur. Ich bin die Vögel und die Blumen, die Bäume und die Wolken. Nun, machen sich Vögel Sorgen? Überlegen die bevor sie vom Baum abheben, ob sie vielleicht herunterfallen könnten? Oder denken Sonnenblumen vielleicht nach, bevor sie ihre Blüten öffnen, ob sie auch schön genug sind für die anderen?" Genau das ist die Antwort des Tarots für Sie. Stellen Sie sich in die Natur! Werden Sie eine Blume, ein Vogel, eine Wolke. Schließen Sie die Augen und versuchen Sie sich in das Wesen dieser Dinge hineizuspüren. Dann, meine Liebe Anette, werden keine Sorgen mehr da sein.

Und ich sage Ihnen noch etwas: Ihre Ängste sind der sicherste Weg, dass genau das passiert, was man befürchtet. Einfach deswegen, weil man alles falsch macht. Sie haben Angst diesen Mann zu verlieren, und deswegen werden Sie ihm auch früher oder später dermaßen auf die Nerven gehen, dass diesem Mann gar nichts anderes übrigbleibt. Die Karte sagt : Du sollst der Herrscher deines Lebens werden! Nimm es selbst in die Hand!

Karte IV
Der Herrscher

Ordnung

Bild: Angetan mit den Zeichen der Macht, Zepter, Erdapfel und Krone sitzt der Herrscher würdig auf seinem steinernen Thron. Die Widderköpfe weisen darauf hin, das etwas im Werden ist, Wirklichkeit wird. So wie das Sternzeichen Widder auf den Frühling hindeutet, auf die Jahreszeit in der alles wächst, in der das Leben über den Tod siegt. Gleichzeitig sind die vier Widdertrophäen sowie das Zepter in der Hand ein Ausdruck seiner Zeugungsfähigkeit. Damit wird er zum Vater als Gegenstück zur Herrscherin, zur irdischen Mutter. Die vorherrschenden Farbtöne Rot, Orange und Gelb symbolisieren geistige Kraft und Weisheit (Rot/Orange) und Klarheit (Gelb).

Deutung: Im Lichte des Kaisers wird die gesamte Existenz ein Ausdruck von Gesetz und Ordnung. Der Mensch erfährt seine Bestimmung jenseits eigener Willkür, als Begrenzung, als Gegenkraft zu seiner Lebensenergie. Sein Wunsch nach Selbstverwirklichung und das eherne Gesetz des Herrschers prallen aufeinander. Wie die Kaiserin als die Große Mutter, die alles prägt, behütet und wärmt, gesehen werden kann, so ist der Kaiser als der Große Vater zu verstehen. Der Herrscher symbolisiert aber auch den Herren eines Unternehmens, den Chef, den Vorgesetzten, einen Abteilungsleiter oder eine Abteilungsleiterin.

Aussage: Ordnung und Klarheit im Unterschied zu Willkür und Chaos. Das absolute Gesetz. Ein fremder Wille setzt sich durch. Der Chef. Ein Vorgesetzter. Management.

Beruf: Sie werden auf die Führung eines Unternehmens verwiesen. Möglicherweise sind Sie selbst ein Teil dieser Führungsspitze. Dann ist es wichtig, die Karte als ein Zeichen Ihrer Macht und Verantwortung zu betrachten: Regieren Sie gerecht, unpersönlich, ohne persönliche Willkür. Gehören Sie nicht selbst zur Führungsschicht eines Unternehmens, verweist Sie die Karte auf Ihre Beziehung zu dieser Gruppe.

Dann ist es wichtig, sich unterzuordnen, sich einzufügen. Auch das ist möglich, dass die Karte Sie auffordert, Ordnung in Ihrem Leben zu bringen. Das kann im Kleinen auch einmal bedeuten, Ihren Schreibtisch aufzuräumen.

Geld: Sie können nur gewinnen, wenn Ihre Geldgeschäfte auf soliden Beinen stehen.

Liebe: Jetzt brauchen Sie Distanz. Mit den Gefühlen kommen Sie nicht weiter. Richtig ist, Ihre Beziehung aus der Ferne zu betrachten und klare und objektive Entscheidungen zu treffen.

Die Frage von Hans M. aus Rothenburg

Was sagt das Tarot auf meine Unordnung?

Herr Bauer, ich bin ein Chaot. Mein Zimmer sieht aus als hätte eine Bombe eingeschlagen und ich verliere oder vergesse immer wieder mal etwas, jetzt sagte meine Freundin, ich solle doch einmal eine Tarot-Karte dafür ziehen, und es kam der Herrscher. Sie lachte. Ich glaube, ich kann die Karte auch verstehen. Aber vielleicht kommentieren Sie sie auch noch mal, lieber Herr Bauer.

Die Antwort des Tarot

Lieber Hans, ehrlich gesagt, ich musste auch lachen bei dieser Karte, denn sie passt wie die Faust aufs Auge. Die Karte des Herrschers wird immer aufgedeckt, wenn jemand versäumt, Ordnung in sein Leben zu bringen. Es ist keine künstliche Ordnung, nicht eine, die zwanghaft ist, sondern eine gegebene, wenn Sie so wollen, von Gott gegebene Ordnung. So wie die Sterne einem bestimmten Pulsschlag folgen, so muss auch das menschliche Leben eingefügt sein in eine Ordnung. Und bei Ihnen, lieber Hans, ist anscheinend am wichtigtsen, dass Sie aufräumen und ein bisschen mehr Acht geben auf die Dinge in Ihrer Umgebung. Wohl gemerkt, es ist eine innere Einstellung. Wenn Sie sich einfügen in die kosmische Ordnung, dann macht es Ihnen auch nichts auf, zu Hause öfter mal aufzuräumen.

Karte V
Der Hierophant
Offenbarung

Bild: Der Hierophant, zu Deutsch Hohepriester, nimmt die Sitzposition eines hohen kirchlichen Würdenträgers ein und trägt das Gewand eines heiligen Mannes. Er erinnert an den Papst und dieser Eindruck wird durch seine goldene Kopfbedeckung, die Tiara, noch verstärkt. Der Stab mit den drei Kreuzen in seiner Hand ist ein altes Zeichen der Geheimlehren. Die beiden Schlüssel verkörpern zum einen weltliche und zum anderen geistige Macht. Von den beiden Mönchen zu seinen Füßen ist der eine in ein Gewand gekleidet, das mit Lilien verziert ist und zeigt damit an, dass er aus persönlichem Idealismus vor dem Hohepriester kniet. Die Soutane des anderen Mönchs ist mit Rosen geschmückt. Nächstenliebe läßt ihn vor seinem Meister knien.

Deutung: Der Hohe Priester ist der Eingeweihte. Ihm hat sich Wahrheit offenbart. Dadurch wird er zum Meister, Lehrer, Berater, Fachmann, etc. Der Schlüssel ist Symbol seines Wissens. Den Schlüssel zu erhalten, ist in der Tradition des Buddhismus immer verbunden mit einer Einweihung. Sie ist nur möglich, wenn der Lernende dem Lehrenden und Wissenden vertraut. So verweist die Karte auf einen Menschen, dem man vertrauen kann. Im Lichte der Karte des Hohen Priesters richtet der Mensch sein Leben nach den Weisungen eines anderen, eines Meisters. Er erkennt in ihm einen Weg, und empfängt den Schlüssel, der aus Vertrauen geschmiedet ist.

Aussage: Lehrer. Meister. Chef. Fachmann. Managementberatung. Training. Weiterbildung. Sich an einen Fachmann wenden. Sich Rat holen.

Beruf: Ziehen Sie andere zu Rate. Dies kann durch ein Managementtraining, einen Betriebsberater oder eine Agentur sein. In jedem Falle sind Sie mit Ihrem Latein am Ende und brauchen den Rat einer außenstehenden Person.

Geld: Unternehmen Sie im Moment nichts ohne Beratung durch betriebsfremde Personen. Das kann auch eine Agentur oder ein Managementtraining sein. In jedem Fall sollten Sie vor jeder Investition kompetente Gremien, eine Bank oder Finanzprofis konsultieren.

Liebe: Ein besonderer Geist wirkt über Ihrer Liebe. Etwas beinahe Heiliges umgibt Sie. Sie dürfen sie jetzt nicht durch eigene Überlegungen und Handlungen stören. Suchen Sie den Rat eines Menschen, der weise ist. Das kann ein Therapeut, aber auch ein guter Freund sein.

Die Frage von Lucia S. aus Bettlach

Wie werde ich meine Schulden los?

Als Frau geboren hatte ich kein leichtes Dasein. Ich musste immer spuren, alles tun, was man mir sagte. Auch meine Ehe war nicht gerade einfach. Nun bin ich Witwe, habe einen lieben Mann an meiner Seite, der mir viel hilft. Aber meine Schulden erdrücken mich. Der Berg wird immer größer anstatt kleiner. Was kann ich tun? Werde ich die finanziellen Sorgen bald los? Meine Zukunftskarte: „Der Hohepriester“.

Die Antwort des Tarot

Liebe Lucia, das Tarot gibt Ihnen eine eigenartige Antwort. Es sagt nämlich nichts zu Ihren Schulden. Damit müssen Sie wohl selber fertig werden. Aber es sagt Ihnen, dass Sie einen geistigen Weg einschlagen sollen. Und dann werden Sie auch bald verstehen, was es mit den Schulden letztendlich für eine Bewandtnis hat. Die Karte bedeutet ganz praktisch, dass Sie fachmännischen Rat einholen sollen.

Die Frage Silke L. aus Hamburg

Was soll ich tun – abwarten oder endlich handeln?

Ich stehe am Scheideweg. Meinen Mann habe ich letztes Jahr nicht verlassen, weil ich mich beruflich stark konzentrieren und den Aufgaben stellen musste. Doch inzwischen bin ich an meine Grenzen gestoßen und von einer Handelnden zu einer Beobachtenden geworden. Aber in mir kribbelt alles, ich möchte und will etwas ändern. Doch ich habe Angst vor finanziellen Verlusten und unüberlegten Schritten. Was sagt die Karte „Hierophant“?

Die Antwort des Tarot

Liebe Martina, Sie brauchen den Rat einer neutralen Person. Das ist die Aussage des Tarots zu Ihrer Frage. Suchen Sie jemanden auf (einen Therapeuten, einen Ratgeber, einen Freund), der Ihnen zuhört und hilft. Nur eines noch: Die Angst vor finanziellen Verlusten lähmt Sie. Verändern Sie etwas!

Karte VI
Die Liebenden

Liebe

Bild: Die Liebenden sind als Adam und Eva im Paradies dargestellt. Der Apfelbaum im Hintergrund, um den sich die Schlange windet, verweist auf den Sündenfall und damit auf die Versuchung, der wir im Leben immer wieder ausgesetzt sind, der wir erliegen oder gegen die wir uns entscheiden. Der Erzengel Raphael stellt die Ekstase der beiden Liebenden dar und ihre Einheit auf einer höheren Ebene. Nur wenn Mann und Frau von den verschiedenen Seiten aus den Berg in der Mitte erklimmen und sich auf dem Gipfel treffen, können sie „mit den Engeln reden". Folgen sie aber einem oberflächlichen, halbherzig egoistischen Über-Ich, legen sich die dunklen Wolken wie Schatten auf ihre Beziehung.

Deutung: Im Zeichen der Liebenden begegnen sich weibliche und männliche Energie, Magier und Hohe Priesterin. Der Magier ist männlich aktiv, er tritt hinaus in die Welt, die Hohe Priesterin ist weiblich, sie zieht sich von der Welt zurück, sieht in ihren geheimnisvollen inneren Spiegel. Diese Gegensätze sind wie Pole eines ungeheuren Energiefeldes. Man sagt, dass Gott zwei Geschlechter schuf, weil er wusste, dass diese Spannung den Menschen nicht ruhen lässt bis er erlöst ist. In der Liebe erfährt der Mensch diese Erlösung. Die Spannung verwandelt sich in ein Glücksgefühl.

Aussage: Liebe. Gegenseitige Erfüllung. Harmonie. Ergänzung. Transformation

Beruf: Sie werden von der Kraft der Liebe getragen. Ihre Entscheidungen sind weise und gütig. Liebe verbindet sie wie ein Band mit Ihren Mitarbeitern und Vorgesetzten. Sie wissen, dass jedes Unternehmen durch die Kraft der Liebe an Macht und Größe gewinnt, und dass sie ohne diese Kraft schrumpft und letztlich untergeht. Liebe ist eine gewaltige Kraft. Dabei ist der äußere Schein nicht entscheidend. Vielleicht ist Ihr Verhältnis zu Ihren Vorgesetzten oder Ihren Kollegen beim ersten Eindruck alles andere als liebevoll. Die Kraft der

Liebe wirkt dahinter, unsichtbar für denjenigen, der nicht gelernt hat, hinter die Oberfläche zu sehen.

Geld: Ihre Geldgeschäfte stehen unter günstigen Voraussetzungen. Sie sind von Liebe getragen. Das bedeutet auch, dass Ihr Verhältnis zum Geld rein ist und nicht von Gier und Egoismus getragen wird.

Liebe: Die schönste Karte überhaupt für die Liebe ist Ihnen und Ihrer Liebe geweiht. Sie können sicher sein, dass Sie den Segen des Himmels und aller Geister der Erde haben. Seien Sie glücklich, genießen Sie, was Sie haben, mehr ist nicht möglich.

Die Frage von Margit B. aus Essen

Gibt es für uns eine glückliche Zukunft?

Die Zukunftskarte, die ich gezogen habe, ist „Die Liebenden". Das hat mich sehr gefreut. Denn ich interpretiere sie positiv für mein Problem: Ich bin mit einem 20 Jahre älteren Mann zusammen. Ich mache mir Gedanken über den großen Altersunterschied. Haben wir die Chance auf eine glückliche Zukunft? Was meinen Sie?

Die Antwort des Tarot

Jetzt fischen Sie aber wirklich nach Komplimenten, meine liebe Margit. Wenn ich die Karte „die Liebenden" für die Zukunft meiner Partnerschaft gezogen hätte, dann würde ich mich nicht mehr um irgendwelche Vorbehalte kümmern, selbst wenn ich mit einem Frosch verheiratet wäre. Die Liebenden! Das ist die Karte, die nur denjenigen geschenkt wird, die wirklich lieben können. Verspielen Sie sie nicht! Machen Sie ein Geheimnis daraus und vor allem: Kokettieren Sie nicht mit dem Altersunterschied. Frauen haben oft ältere Männer. Warum? Weil ältere Männer nicht mehr wie eitle Gockel durch den Hof marschieren, sondern aus dem Herzen lieben und nicht aus dem Bauch.

Karte VII
Der Wagen

Gelingen

Bild: Ein blonder Held lenkt stark und triumphierend seinen Wagen. Die goldene Spitze am Stab in seiner rechten Hand steht für die edlen Ziele zu denen er aufbricht. Mehrere Zeichen auf der Karte symbolisieren Gegensätzen und widerstreitende Kräfte, die der Wagenlenker ausbalanciert und in Einklang bringt: die weiße und die schwarze Sphinx im Bildvordergrund, der lächelnde oder der finster dreinblickende Mond auf seinen Schultern stehen für die dunkle und die helle Seite des Menschen. Das rote Lingam–Yoni–Symbol in der Wagenmitte symbolisiert das männliche und das weibliche Prinzip, das für die Vereinigung von männlichem und weiblichem Geschlecht steht.

Deutung: Alles im Leben ist polar: gut und böse, reich und arm, erfolgreich und erfolglos, Tag und Nacht, Himmel und Hölle. Das Tarot greift zu verschiedenen Sinnbildern, um diese Polarität auszudrücken: eine weiße und eine schwarze Sphinx, Sonne und Mond, Mann und Frau. Der Wagenlenker steht über der Polarität, er entscheidet sich weder für das eine, noch für das andere. Er identifiziert sich weder mit der einen noch der anderen. Dadurch verliert die Dualität ihre Macht. Die Kräfte werden vorhersehbar und lenkbar. Die Sphinxen, Sinnbilder der Zweiheit, folgen den Zügeln des Geistes. Der Mond signalisiert, dass der Wagenlenker dem Wirken der Gegensätze in seinem tiefsten Inneren nachspürt, um sie zu verstehen.

Aussage: Einsicht. Bewusstheit. Der Einblick in die Dualität des Lebens. Über Zweifel hinaus wachsen.

Beruf: Sie stehen vor einer bedeutsamen Situation. Gelingen stellt sich ein, wenn es Ihnen möglich ist, die auftretenden Widersprüche zu vereinigen. Diese Widersprüche können unterschiedliche Positionen verschiedener Personen sein. Es kann aber auch ein Zwiespalt in Ihnen selbst sein. Wichtig ist, dass Sie sich nicht zu einer einzigen Entscheidung durchringen, sondern einen Weg finden, der die verschiedenen Richtungen vereint. Ihre innere Haltung ist wichtig. Überstürzen Sie nichts. Lassen Sie die Dinge aus sich selbst heraus geschehen.

Geld: Lassen Sie sich nicht vom Auf und Ab der Börse oder Ihrer wirtschaftlichen Situation beeindrucken. Sie haben ein Ziel und dieses Ziel sollten Sie weiterhin im Auge behalten.

Liebe: In Ihrer Beziehung geht es gerade darum, die Widersprüche zwischen Mann und Frau zu versöhnen. Das wichtigste dabei ist, dass Sie verstehen, dass kein Teil dem anderen überlegen ist. Wenn sich das Männliche und das Weibliche in Ihrem Herzen vereinigen, dann sind Sie wirklich bereit für die Liebe.

Die Frage
Hannelore K. aus München

Was bringt mir die Zukunft?

Herr Bauer, ich habe große Sorgen. Nach einer Scheidung lebe ich jetzt allein. Die Kinder haben mich auch verlassen. Ich bin in Rente. Ich fühle mich einfach nicht mehr wohl. Ich habe die Tarotkarten gefragt, ob sie mir einen Hinweis geben. Die Antwort ist die Karte VII, der Siegeswagen. Können Sie etwas dazu sagen?

Die Antwort des Tarot

Ich gehe gerne auf Ihre Tarotkarte ein, liebe Hannelore. Der Siegeswagen ist eine Aufforderung, sein Leben einem Ziel unterzuordnen. Es ist wichtig sich dabei nicht von Gegebenheiten, Gefühlen, situativen Eingebungen ablenken zu lassen. Jemand der morgens so sagt und abends ganz anders, der lenkt nicht den Siegeswagen, sondern der wird von seinen Gefühlen und Stimmungen gelenkt. Vielleicht ist es ein Hinweis, liebe Hannelore, dass Sie schon längst ein Ziel haben, das Sie aber nicht intensiv genug verfolgen. Dann fordert Sie die Karte jetzt auf, diesem Ziel geradlinig nachzugehen, sich nicht ablenken zu lassen, sich darauf zu konzentrieren, und erst zu ruhen, wenn Sie es erreicht haben. Vielleicht müssen Sie sich aber auch noch erst ein Ziel, eine Aufgabe, suchen, damit Sie nicht das Gefühl haben, Sie vergeuden nur Ihre Zeit. Ich wünsche Ihnen die Kraft, aber vor allem die Konzentration, Ihr persönliches Ziel zu finden und im nachzugehen.

Karte VIII
Kraft

Stärke

Bild: Eine weiße Frau und ein roter Löwe sind einander liebevoll zugewandt. Der Löwe ist der König der Tiere und gilt als Symbol menschlicher Stärke, Triebkraft, insbesondere Sexualität. Die Frau ist eine Verkörperung der Hohepriesterin. Sie hat den Löwen gezähmt, spielt mit ihm ohne Angst und streichelt voller Lust seine wilde Mähne. Über ihrem Haupt schwebt eine liegende Acht als Zeichen für ihre unendliche Kraft. Die Köpfe von Löwe und Frau sind einander zugeneigt und verdeutlichen so einen gegenseitigen Erkennungsprozess.

Deutung: Der Löwe ist der König der Tiere und gilt als Symbol menschlicher Stärke und Triebkraft. Die Frau ist eine Verkörperung der Hohepriesterin. Sie hat den Löwen gezähmt, spielt mit ihm ohne Angst und streichelt sein goldenes Fell. Wer den Löwen zähmen will, braucht Klugheit, Phantasie und ein sicheres Gespür. Man kann sich dem wilden Tier nur behutsam nähern, muss sich in sein Wesen einspüren. Es darf vor allem nicht erschreckt werden. Man muss dem Löwen aber auch seine Entschlossenheit, seinen Mut und seine Furchtlosigkeit zeigen. Man muss ihn mit der Kraft der Liebe bezwingen; erst dann erträgt der Löwe die Gegenwart des Menschen und gewöhnt sich an ihn. Da der Löwe die menschliche Triebkraft symbolisiert, ist das Bild ein Ausdruck, wie man sie bezähmt. Wer die Triebe mit Gewalt bekämpft, unterdrückt seine Lebenskraft. Wer seine Triebe liebevoll annimmt, macht sie sich zum Freund.

Aussage: Stärke, Geduld und Entschlossenheit. Der Umgang mit Feinden. Der Umgang mit der eigenen Triebkraft, besonders mit der Sexualität. Dem Instinktiven mit Respekt begegnen.

Beruf: Sie befinden sich in einer Phase, in der Wachsamkeit das wichtigste Gebot ist. Beobachten Sie sich selbst, Ihre Wünsche und Begierden. Beobachten Sie aber auch die anderen Menschen, die mit Ihnen arbeiten. Wenn Sie im Management tätig sind, ist dies besonders wichtig. Vor einer Verhandlung sollten Sie Ihre Verhandlungspartner kennenlernen und sie respektieren. Es darf nicht Ihr Ziel sein, andere selbstgefällig zu überrennen. Es ist jetzt nicht die Zeit für schnelles Handeln.

Geld: Beobachten Sie das Geldgeschäft im Großen wie im Kleinen. Versuchen Sie ein Gefühl für die Bewegung am Geldmarkt zu bekommen. Werden Sie ein Teil dieser Bewegung. Treffen Sie dann Ihre Entscheidungen.

Liebe: Eine wunderbare Karte für Ihre Liebe. Sie besagt, dass Sie in der Lage sind, Ihr Wollen und Ihr geistiges Sein in Einklang zu bringen. Das macht aus einem „wilden Tier" einen wahrhaften Menschen.

Die Frage von Heidi E. aus CH–Reichenburg

Wann bessert sich endlich alles?

Lieber Herr Bauer, ich bin vom Pech verfolgt: Ich leide unter dem Verlust meines Partners, ich fühle mich einsam und mit den Finanzen sieht es auch sehr mager aus. Meine Karte ist „Die Kraft".

Die Antwort des Tarot

Liebe Heidi, die Karte sagt Ihnen, dass Sie Ihre Kraft nicht damit verschwenden sollen, sich Sorgen zu machen. In ihnen steckt ein Löwe, das stärkste Tier überhaupt. Was bitte soll Ihnen damit nicht gelingen? Vergessen Sie Ihren Partner. Die Welt ist voller Männer, die auf so starke und tolle Frauen wie Sie warten. Sie müssen nur an sich glauben.

Die Frage von Bärbel B. aus Braunschweig

Was besagt die Karte „Die Kraft"?

Zehn Jahre sind es jetzt schon, die ich alleine durchs Leben wandere. Da ich gesundheitlich ein wenig angeschlagen bin, traue ich mich nicht, auf die Suche nach einem Lebensgefährten zu gehen. Finde ich noch einmal einen Partner?

Die Antwort des Tarot

Liebe Bärbel,Sie haben zum rechten Zeitpunkt die richtige Karte gezogen. Sie signalisiert, dass Sie gesundheitlich wieder auf Trab kommen und dass Sie Ihre Sinnlichkeit und Lust wieder neu entdecken sollten – was ja das zentrale Thema Ihrer Frage war. Überwinden Sie jetzt ein für allemal Ihre Ängste, machen Sie sich auf die Suche! Wer sich der Liebe ganz und gar verschließt, kann nicht gesunden.

Karte IX
Der Eremit

Rückzug

Bild: Auf einer schneebedeckten Höhe steht ein grau gekleideter Mann vor einem grauen Hintergrund. Im ersten Moment wirkt das Bild trist und freudlos. Doch beim genaueren Hinsehen spürt man, dass der Eremit innere Ruhe und Sammlung ausstrahlt. Er hat die Einsamkeit des Gipfels gesucht. Er ist allein, wirkt aber nicht verlassen. Der goldene Stab der Zuversicht begleitet ihn auf seinem Weg, und der gelbe Stern in seiner Laterne weist ihm den richtigen.

Deutung: Der Mensch geht in die Einsamkeit, um sich selbst zu finden, er sucht die Wahrheit, eine Entscheidung, das Licht, das ihm seinen Weg zeigt. Immer schon gingen suchende Menschen ganz bewusst diesen Weg: Buddha, Jesus, alle Eingeweihten und Yogis der Zeit. Es ist auch bekannt, dass viele Politiker und Unternehmer vor großen Entscheidungen die Einsamkeit aufsuchen. Der Eremit will mit sich alleine sein, er will keinen anderen Menschen, der ihn führt und keine Bücher, die ihm einen Rat geben. Doch es genügt ihm nicht, sich nur nach innen zurückzuziehen und dabei unter den Menschen zu bleiben. Schon allein die Nähe zu anderen lenkt ihn ab. Der Eremit sucht die Ferne zu den Menschen, er will nur sich. In diesem Raum lauscht er einer inneren Stimme, die ihm den Weg weist, ihm Kraft gibt und ihn führt.

Aussage: Einsamkeit. Stille. Selbstgenügsamkeit. Niemanden benötigen, um sich zu verwirklichen. Die Antwort in sich selbst finden. Sich eine Weile von den Menschen und dem Lärm der Welt zurückziehen.

Beruf: Die Entscheidung liegt bei Ihnen. Sie müssen allein die Verantwortung tragen. Bevor Sie eine so wichtige Entscheidung treffen, ist es ratsam, sich zurückzuziehen. Hören Sie auf keine fremden Ratgeber. Fragen Sie niemanden. Hören Sie nur auf Ihre innere Stimme, auf Ihr Gewissen. Es ist wichtig, dass Sie jetzt alleine sind und niemand Sie ablenkt und stört.

Geld: Ihre finanzielle Entwicklung hat einen Punkt erreicht, an dem Nachdenken wichtig ist. Womöglich sind Sie sich selbst nicht sicher, wie es mit der wirtschaftlichen Seite (Ihres Unternehmens) weitergehen soll. Ziehen Sie sich zurück und treffen Sie dann eine Entscheidung.

Liebe: Jetzt ist es an der Zeit sich zurückzuziehen und sich nur mit sich selbst zu beschäftigen. Liebe? Ja, aber Liebe zu sich selbst! Erst wenn Sie diese gefunden haben, können Sie auch andere lieben.

Die Frage von Monika M. aus Bückeburg

Ich möchte mich beruflich noch einmal verändern. Werde ich glücklich?

Ich habe große Power und jede Menge Energie. Jetzt möchte ich im Berufsleben noch einmal ganz von vorne anfangen. Was ich genau machen will, weiß ich noch nicht – aber habe ich überhaupt eine Chance, im Job noch einmal erfolgreich und glücklich zu werden? Ich habe die Karte „Der Eremit" auf meine Frage gezogen.

Die Antwort des Tarot

Liebe Monika, Ihre Augen verraten mir, dass Sie Kraft haben, und alleine deswegen rate ich Ihnen: Natürlich können Sie noch beruflich erfolgreich und glücklich werden. Aber: Der Eremit sagt, dass die Zeit dafür nicht stimmt. Der Eremit sagt auch, dass Sie sich noch zurückziehen sollten, in sich eindringen, eine Zeit lang alleine sein müssen. In dieser Phase wird Ihnen ein „Licht aufgehen". Sie werden intuitiv wissen, was Sie wollen – und sollen. Haben Sie Geduld!

Die Frage von Ingeborg Sch. aus Berlin

Lebe ich am richtigen Ort?

Lieber Herr Bauer, ich bin schon wirklich oft in meinem Leben umgezogen. Und ich tat es immer gern. Auch jetzt steht mir der Sinn wieder nach Veränderung. Aber irgendwie bin ich dieses Mal nicht so sicher, ob es richtig ist. Ich habe die Karte „Der Eremit" gezogen. Bedeutet das Einsamkeit? Ich bin sehr gespannt auf Ihre Antwort.

Die Antwort des Tarot

Liebe Ingeborg, ja, diese Karte bedeutet Einsamkeit. Aber das heißt nicht, dass Sie jetzt in die Einöde umziehen sollen. Die Karte ist lediglich eine Antwort auf Ihre Frage und die heißt: „Liebe Ingeborg, ziehe dich zurück! Sei eine Zeit lang allein und du wirst die Antwort auf deine Frage finden. Niemand anderer kann dir diese Frage beantworten als du selbst! Du musst aufhören, andere zu fragen, sogar mich zu fragen."

Karte X
Rad des Schicksals

Glück

Bild: Die Abbildungen in den vier Kartenecken stellen die vier Evangelisten dar und stehen gleichzeitig für die vier Elemente: Lukas beziehungsweise Stier stehen für das Element Erde. Markus wird durch den Löwen dargestellt und steht für das Element Feuer. Matthäus ist zugleich der Engel und verkörpert das Luftelement. Und Johannes ist zugleich der Adler, der das Wasserelement symbolisiert. Die drei Figuren, die direkt um das Rad angeordnet sind, stellen die Kräfte dar, die das Rad der Zeit in Bewegung halten. Das Wesen mit einem Hund oder Schakalkopf versinnbildlicht den Ägyptischen Gott Anubis, den aufsteigenden, schöpferischen Aspekt – das Werden. Die Sphinx repräsentiert das bestehende, bewahrende Prinzip, und der ägyptische Gott Seth, durch die Schlange dargestellt, die absteigende, vernichtende Seite.

Deutung: Jeder sucht das Glück. Letztlich ist es diese Suche, die die Menschen im Leben vorwärts treibt. Manche jagen sogar nach dem Glück. Sie sind immer dort, wo sie glauben, dass es ihren Anfang nimmt: auf Festen, im Casino, an der Börse. Wie Wellenreiter versuchen sie auf der höchsten Woge des Glückes mit zu schwimmen. Doch das Glück ist ein Rad, das sich dreht. Der weise Mensch nimmt daher die Phasen des Glücks, wie sie kommen, freut sich, feiert die Feste, genießt das Leben. Genauso ist er in der Lage, die andere Seite zu akzeptieren und weiß, dass kein Unglück ewig währt.

Aussage: Das Glücksrad. Das Lebensrad. Schicksal. Karma. Nichts ist wirklich neu. Das Auf und Ab des Lebens. Sie sind in einer Glücksphase. Das Glück trägt Sie. Feiern Sie den Augenblick. Setzen Sie alles auf eine Karte.

Beruf: Sie haben eine Glücksphase, setzen Sie daher alles auf eine Karte. Vergrößern Sie Ihr Unternehmen, verschaffen Sie sich mehr Ansehen, werben Sie für sich, übertreiben Sie, nützen Sie die Gunst der Stunde. Ein weiser Mann sagt: „Das Schönste am Glück ist, dass es nicht ewig währt...!“

Geld: Sie können Ihr Geld in die tollkühnsten Projekte stecken, und Sie werden Erfolg haben. Denken Sie aber auch daran, den Geldmarkt genau zu verfolgen, um rechtzeitig umdisponieren zu können. Vergessen Sie nicht: Das Glück ist ein Rad, das sich auf– und abdreht.

Liebe: Setzen Sie alles auf eine Karte. Das Glück begünstigt Sie. Ihre Liebe nimmt einen kolossalen Aufschwung. Aber denken Sie daran, was nach oben geht, geht auch wieder nach unten. Es ist ein natürliches Prinzip des Lebens.

Die Frage von Erwin S. aus Stadtbergen

Wie geht es mit uns weiter?

Meine Frau und ich sind lange Zeit verheiratet, langweilig war uns nie. Wir haben viele gemeinsame Hobbys wie Garten, Reisen, Wandern, Radeln usw. Jetzt wurde meine Frau das zweite Mal an der Hüfte operiert – das bedeutet jede Menge Einschränkungen für uns beide. Ich muss viel alleine machen und frage mich, ob ich das alles schaffen werde. Deshalb bitte ich um Ihre Antwort, lieber Herr Bauer, was die Tarotkarte „Das Glück“ bedeutet.

Die Antwort des Tarot

Lieber Erwin, das Schicksal bringt gute Zeiten und es bringt schlechte. Sie haben mit Ihrer Frau tolle Zeiten erlebt und jetzt müssen Sie einfach mit schwierigen Zeiten fertig werden. Aber, so sagt das Tarot und diese Karte, auch das ist nicht das Ende: es werden wieder gute Zeiten kommen.

Karte XI
Gerechtigkeit

Gewissen

Bild: Dargestellt wird die Gerechtigkeit von einer Frau. Sie ist eine Verkörperung der Hohepriesterin (Karte II), die sich auf ihre innere Stimme, ihr Gefühl, die Stimme Ihres Herzens, verlassen kann. In der einen Hand trägt die Frau ein Schwert. Im Tarot ist das Schwert ein Zeichen für geistige Kraft. Das bedeutet, dass Gerechtigkeit nicht nur auf der gütigen und empfindsamen Stimme des Herzens aufbaut, sondern auch klar und entschieden ist. Die Waage in ihrer anderen Hand repräsentiert die Justiz und steht für Abwägen und Gewichten. Das bedeutet, dass Gerechtigkeit nur möglich ist, wenn man alles abwägt, vergleicht und gewichtet.

Deutung: Die Gerechtigkeit wird von einer Frau dargestellt. Sie trägt ein Schwert. Es bedeutet, dass die Gerechtigkeit nicht nur gütig, sondern auch klar und entschieden ist. Die Gerechtigkeit hat die Ziffer XI. Damit stehen links und rechts von ihr genau gleich viele Karten (I bis X und XI bis XXI), da der Narr mit der Ziffer 0 numerisch nicht ins Gewicht fällt. Die Gerechtigkeit hat ihren Platz in der Mitte und sieht über das ganze Lebensspiel hinweg. Sie ist neutral.
Im Lichte der Karte der Gerechtigkeit trifft man Entscheidungen nicht aus der Laune des Augenblicks heraus, sondern ist neutral, prüft, wägt ab und fällt erst dann sein Urteil.

Aussage: Gerechtigkeit. Recht. Objektivität. Neutralität. Gewissen, die innere Stimme. Das, was ist. Das unumstößliche Gesetz. Die letzte Ordnung.

Beruf: Sie befinden sich in einer Situation, in der Sie eine objektive, neutrale Position einnehmen müssen. Wehren Sie sich gegen Einseitigkeit. Hören Sie auf die feine Stimme Ihres Gewissens. Wenn Sie ungerecht, emotional und subjektiv – so gut es auch gemeint sein mag – handeln, wendet sich das Schicksal gegen Sie. Denn Gerechtigkeit und Schuld stehen in einer engen Verbindung.

Geld: Wenn Sie auf Außenstände harren, so ist jetzt der richtige Zeitpunkt, sie einzufordern. Wenn Sie selbst jemandem etwas schulden, ist jetzt der richtige Zeitpunkt, es zurückzugeben. Bei allen wirtschaftlichen Erwägungen sollten Sie sich vom Grundsatz absoluter Gerechtigkeit und Neutralität leiten lassen. Wenn Sie jetzt versuchen, jemanden zu übervorteilen, werden Sie selbst der Übervorteilte sein.

Liebe: Was immer Ihnen in diesem Moment widerfährt, es wird auf einer höheren Ebene bestimmt, und es ist gerecht. Vertrauen Sie dieser höheren Gerechtigkeit, auch wenn Sie Ihnen nicht einsichtig ist.

Die Frage von Janjic P.
aus St. Gallen, Schweiz

Was bringt die Zukunft?

Ich bin Krankenschwester und habe einen Freund. Als ich das Rider–Tarot legte, zog ich auf Position fünf die Karte „Gerechtigkeit". Ich habe mich auf die Frage konzentriert: „Was kommt in Zukunft auf mich zu?"

Die Antwort des Tarot

Liebe Janjic, alles ist bestens! Die Karte ist wunderbar. Die Karte stellt eine Frau dar (Hohepriesterin), die sich auf ihre innere Stimme, auf ihr Gefühl, auf die Stimme des Herzens verlässt und nur diesem Ruf folgt. Und genau das sollten auch Sie tun! Verstehen Sie mich richtig, Sie sollten sich nicht einfach auf die faule Haut legen und nichts tun, sondern Sie sollten sich Ihre Wünsche erfüllen. Fragen Sie sich gezielt, was Sie wirklich vom Leben erwarten, und gehen Sie konsequent Ihren Weg. Die Karte sieht auf alle Fälle sehr Erfolg versprechend aus. Sie werden ein glückliches Leben führen. Selbstverständlich fliegen Ihnen dabei nicht die gebratenen Tauben in den Mund, aber, wenn es Ihnen gelingt, Ihrer inneren Stimme zu folgen, dann wird alles wunderbar! Glauben Sie mir, Janjic, bleiben Sie herzlich, helfen Sie anderen (das tun Sie ja schon in Ihrem Job), und Sie werden ernten!

Karte XII
Der Gehängte

Demut

Bild: Die Karte des Gehängten berührt einen zuerst unangenehm. Man erschrickt sogar davor. Doch schaut man sie genauer an, entdeckt man den gelben Strahlenkranz um das Haupt des Gehängten und die grünen Blätterranken um den Kreuzbalken. Dreht man dann die Karte um, so dass der Gehängte aufrecht steht, verliert die Karte vollends ihre Bedrohlichkeit. Der Eindruck einer positiven Karte wird noch durch die leuchtend rote Hose, die der Gehängte trägt, verstärkt: Dieser Mensch ist nicht leidend oder gar tot, sondern äußerst lebendig. Rot ist die spirituelle Farbe für Weisheit. Die Farbe seines Hemdes, Blau, wiederum, steht für Glaube, Weisheit, Liebe und Hingabe.

Deutung: Im Lichte der Karte des Gehängten erfährt sich der Mensch in einem Zustand äußerster Hilflosigkeit. Er hat alles versucht, sich zu befreien, seine Lage zu verändern, sein angestrebtes Ziel zu erreichen, seinen Willen zu erfüllen – jetzt erkennt er die Ausweglosigkeit. Er muß sich ergeben. In seiner Hingabe an die unumstößliche Situation geschieht eine wundervolle Verwandlung. Er sieht seine Lage aus einer neuen Perspektive, in der sich alles umdreht – die Welt steht auf dem Kopf. Was bisher unten war, ist oben, und was niedrig war, wird hoch. Aus Verzweiflung wächst Freude, und die Energie, die aufgebracht wurde, um sich zu befreien, kehrt sich um, erhöht den Menschen, schenkt ihm Kraft.

Aussage: Prüfung. Demut. Gehorsam. Hingabe. Festgefahren sein. Stagnation. Eine ausweglose Situation. Alle weiteren Anstrengungen sind sinnlos. Die umgekehrten Möglichkeiten einer Lage entdecken

Beruf: Betrachten Sie Ihre Lage einmal aus einer anderen Perspektive. Drehen Sie alle Gegebenheiten um. Nehmen Sie selbst einmal die Position der anderen, zum Beispiel Ihrer Mitarbeiter, ein. Sie sind an einen Punkt gekommen, wo Sie mit den gängigen Mitteln nicht weiterkommen. Unternehmen Sie keine weiteren Anstrengungen mehr. Der Weise sagt: „Kopfunter sieht die Welt ganz anders aus!" Ergeben Sie sich in Demut.

Geld: Es ist eine ausgesprochen ungünstige Zeit für Geldgeschäfte. Warten Sie und nehmen Sie Ihre wirtschaftliche Situation hin, so wie sie nun einmal ist. Wenn Sie jetzt aktiv werden, machen Sie alles nur noch schlimmer.

Liebe: Wenn Sie mit dem Kopf nach unten die Welt betrachten, dann kehrt sich auch Ihre Liebe um: Was Sie nicht haben, ist Ihr Eigentum, und was Ihnen gehört, haben Sie verloren. Meditieren Sie über diese Einsicht und Sie werden eine neue Ebene der Liebe finden.

Die Frage von Sonja G. aus Springe

Interessiert sich dieser Mann für mich?

Lieber Herr Bauer, ich habe mich unsterblich in einen Mann verliebt. Aber die Dinge laufen einfach nicht so glatt wie ich mir das vorstelle – irgendwie komme ich nicht so richtig weiter. Jetzt habe ich auch noch die Zukunftskarte „Der Gehängte" gezogen. Das verunsichert mich noch mehr. Bedeutet sie, dass der Mann mich nicht mag – oder hat er doch Interesse an mir? Ich freue mich schon auf Ihre Antwort.

Die Antwort des Tarot

Liebe Sonja, die Karte, der Gehängte, ist nicht einfach zu verstehen. Sie sehen es ja, eine Gestalt hängt an einem Bein, Aber er scheint nicht verzweifelt oder unglücklich – im Gegenteil er strahlt sogar Würde und Glanz aus. Verstehen Sie? Wenn Sie sich jetzt auch „hängen" lassen, dann verändert sich Ihre Situation. Mit anderen Worten: Sie sollen nichts tun, nicht einmal etwas erhoffen. In dieser Situation können Sie sich nur ergeben.

Karte XIII
Der Tod

Wandlung

Bild: Der geheimnisvolle schwarze Ritter trägt das schwarze Banner des Todes. Die mystische weiße Rose auf dem Banner ist ein Symbol des neuen Lebens, das der Tod einleitet. Dargestellt ist der Ritter ist zwar als Skelett, doch befindet sich dieses Skelett nicht in einem Zustand des Zerfalls. Ein Hinweis, dass die Karte nicht das Vergehen, das grausige Ende signalisiert. Diese Karte steht für Verwandlung und Loslassen. Der niedergestreckte König unter dem Pferd verkörpert den Tod des eigenen Egos. Die Sonne im Bildhintergrund und der Bischof erstrahlen in einem hellen Gelb als Zeichen des neuen Tags nach der Nacht, als Sinnbild der Wiedergeburt nach dem Tod.

Deutung: Der Tod verunsichert den Menschen. Nichts ist vor ihm sicher, er ist unberechenbar, niemand kennt seine Stunde. In seiner Angst vergisst der Mensch, dass das Leben ständig begleitet wird vom Tod, dass sich Leben nur erfüllt, wenn Sterben geschieht. Alles Lebendige ist in ständigem Wandel, und jede Verwandlung bedeutet den Tod einer alten Gestalt. Das Neue ist nur möglich, wenn das Alte vergeht. Der Tod ist der ewige Begleiter des Lebens, und die Einstellung zum Leben ist nur ein Spiegelbild der Einstellung dem Tod gegenüber.

Aussage: Wandlung. Das Absolute und Unabänderliche. Verlust und Hoffnungslosigkeit. Auflösung und Verwandlung. Eine Erinnerung, dass nichts von Dauer ist.

Beruf: Die Karte des Todes bedeutet eine schwierige und existentielle Situation. Möglicherweise ist Ihr Verweilen im Management beendet. Vielleicht erfährt Ihre berufliche Situation einen „Tod" – und damit einen neuen Anfang. Möglich ist aber auch, dass der Tod als Warnung erscheint, einen bisher eingeschlagenen Weg zu verlassen.
Richtig ist, sich auf Veränderungen einzustellen. Falsch ist, gegen Veränderungen anzukämpfen.

Geld: Sie haben sich verrechnet, falsch spekuliert. Sie müssen einen Verlust in Kauf nehmen. Je eher Sie bereit sind, auf- und abzugeben, desto eher können Sie neu beginnen. Manchmal erscheint die Karte des Todes aber auch als Warnung: dass Sie Ihre Geldgeschäfte zu leichtfertig und oberflächlich wahrnehmen.

Liebe: Jetzt müssen Sie loslassen, denn nur, was Sie loslassen, können Sie behalten. Diese Karte kann auch eine Mahnung sein, dass die Liebe ein Geschenk ist, ein Schmetterling, der jederzeit davon fliegen und Sie verlassen kann. Seien Sie dankbar für jede Sekunde des Lebens.

Die Frage von Annette C. aus Eschenbach, Schweiz

Der „Tod" und die Selbstständigkeit

Soll ich Angestellte im Gastgewerbe bleiben oder mich selbstständig machen mit Astrologie, Tarot und Reiki? Meine Karte „Der Tod".

Die Antwort des Tarot

Liebe Annette, der Tod bedeutet, dass Sie vor einer großen Entscheidung stehen, die nicht von heute auf morgen getroffen werden kann. Hier will vieles genau bedacht sein und abgewogen werden. Lassen Sie sich also ruhig Zeit. Sie sind auf dem richtigen Weg!

Karte XIV
Mäßigkeit

Mitte

Bild: Das Bild symbolisiert die vollzogene Hochzeit von Himmel und Erde, die Vereinigung, die Balance. Der Erzengel Michael, Bewohner des Himmels, berührt die Erde. Er steht mit einem Fuß auf dem Land, mit dem anderen im Wasser. Er ist offen und fest. Er verliert sich weder im Wasser, also in der Tiefe seiner Gefühle, noch im Schwung seiner Taten. Er erfüllt sein Leben in harmonischem Wechsel. Wie das Wasser, das in den Kelchen immer wieder seine Form findet, sich sammelt und verströmt, in Ruhe ist und in Bewegungen. Auf der Stirn trägt der Engel das Zeichen der Sonne, auf der Brust sind ein Quadrat und ein Dreieck, Zeichen der Siebenheit als heilige Zahl. Im Hintergrund ist eine strahlende Sonne, das Symbol des ewigen Lebens.

Deutung: Die Karte des rechten Maßes verweist auf die innere Mitte, auf innere Gewißheit und Stimmigkeit. Sie besagt, dass alle Teile der Existenz im rechten Maß aufeinander bezogen sind. Die Engelsgestalt steht mit einem Fuß im Wasser, mit dem anderen auf der Erde und sie besitzt Flügel. Somit ist sie offen und fest, verliert sich weder im Schwung ihrer Taten noch in der Tiefe ihres Gefühls. Sie vollzieht ihr Leben in harmonischem Wechsel. Sie ist wie das Wasser, das in den Kelchen immer wieder seine Form findet, sich sammelt und sich verströmt, in Ruhe ist und in Bewegung, die eine Seite füllt und die andere. Im Lichte der Karte des rechten Maßes gestaltet der Mensch sein Leben aus dem Gefühl der Mitte heraus, er wird zum Lebenskünstler, zum Jongleur seiner Existenz.

Aussage: Das rechte Maß. Harmonie und Ausgewogenheit. Das Gefühl der Mitte. Bewusste Lebensgestaltung. Stimmigkeit.

Beruf: Achten Sie bei allem, was Sie tun, darauf, Ihre Mitte nicht zu verlieren. Berücksichtigen Sie bei Ihren Entscheidungen so viele Gesichtspunkte wie möglich. Lassen Sie sich Zeit. Betrachten Sie Ihr Vorhaben von verschiedenen Seiten und aus unterschiedlichen Perspektiven. Wägen Sie ab. Es ist jetzt nicht der Zeitpunkt für große Aktivitäten. Genauso ungünstig ist es, mit anderen zu ringen. Friede und Harmonie verspricht Gelingen.

Geld: Achten Sie auf Ihre Finanzen. Suchen Sie nach dem Gefühl der Stimmigkeit. Prüfen Sie eigenhändig nach, ob Ihre Mitarbeiter keine Fehler machen. Achten Sie auch auf mögliche Unstimmigkeiten und Unterschlagungen. Insbesondere, wenn die Karte verkehrt, das heißt auf dem Kopfe stehend aufgedeckt wird, kann dies auch einen Hinweis auf betriebliche Schlampereien sein.

Liebe: Die Liebe vereint alles, Gegensätze und Gleiches. Die Liebe ist die Mitte des Lebens. Erst wenn Sie diese allumfassende Einheit spüren können, sind Sie bereit für die wahre Liebe.

Die Frage von Sonja M. aus Frankfurt

Muss ich bis zur Rente arbeiten?

Seit nunmehr über 40 Jahren stehe ich im Berufsleben. Ich möchte endlich nicht mehr täglich in die Arbeit gehen müssen – sondern meinen vielseitigen Interessen und Bedürfnissen nachkommen. Komme ich vielleicht bald auf anderem Wege (Lotto, Erbschaft) zu Geld? Die Karte „Die Mäßigkeit“ lässt sich für mich schwer deuten. Bitte helfen Sie mir, lieber Herr Bauer.

Die Antwort des Tarot

Liebe Sonja, ich spüre richtiggehend, wie sie die Arbeit nervt und ich wünsche Ihnen von ganzem Herzen, dass Sie damit aufhören können. Aber das Tarot gibt Ihnen einen anderen Hinweis. Der Engel der Mäßigkeit ist eine geheimnisvolle Karte . In etwa sagt sie: „Suche Deine Mitte, und alles ist in Ordnung!“ Gehen Sie genau so vor, dann ist alles in Ordnung.

Karte XV
Der Teufel

Besessenheit

Bild: Dargestellt ist ein furchterregendes Wesen mit Fledermausflügel, Adlerklauen und Steinbockhörnern. Es ist ein Fabelwesen, das es so nicht gibt. Es symbolisiert die Verzerrung der Realität. Auf seiner Stirn befindet sich ein Fünfstern, das Pentagramm. Es zeigt mit der Spitze nach unten und ist damit ein Zeichen schwarzer Magie im Unterscheid zur weißen. Der schwarze Bildhintergrund symbolisiert die Angst vor dem Unbekannten. Die beiden Gestalten unter dem Teufel sind wieder die Liebenden der Karte VI. Doch sind sie hier aneinander und an den Teufel gekettet. Damit wird ausgedrückt, dass sie vom Teufel besessen sind, dass statt Liebe Hass, Gier und Eifersucht vorherrschen.

Deutung: Der Teufel verkörpert den gefallenen und damit den auf sich gestellten Menschen, der sich ausschließlich aus sich heraus definiert, keinen höheren Willen, keine geistige Substanz, kein übergeordnetes Prinzip anerkennt. Er ist reine Natur, Triebhaftigkeit, Ego.

Aussage: Egoismus. Verblendung. Hörigkeit. Besessenheit. Gewalt. Eifersucht. Neid. Abhängigkeit. Extremismus.

Beruf: Sie sind getrieben. Sie sind von einer Idee besessen. Sie kommen nicht mehr los. Auf diese Weise ruinieren Sie sich, Ihre berufliche Situation und gegebenenfalls Ihr ganzes Unternehmen. Kommen Sie zur Ruhe. Finden Sie heraus, was hinter Ihrer Besessenheit steckt: Angst? Gier? Unsicherheit?

Geld: Sie sind mit dem Teufel im Bunde und sind bereit, Ihre persönliche Integrität zu opfern, um reich und bedeutend zu werden. Werden Sie dem Teufel auch Ihre Seele verkaufen?

Liebe: Liebe wird zu Gier, zu Abhängigkeit. Auch das ist ein natürlicher Vorgang. Erst wenn Sie dem Teufel begegnet sind, wissen Sie was Liebe ist. Jetzt können Sie nicht zurück, sondern müssen durch die Hölle.

Die Frage von Sabine W. aus Oberhausen

Soll ich den Urlaub wieder stornieren?

Sicherlich kein schlimmes Problem, ich weiß. Trotzdem beschäftigt mich der Sommerurlaub mit meinem Sohn Daniel sehr. Ich habe nämlich die Karte „Der Teufel“ gezogen. Das Reiseziel haben wir nicht selbst ausgewählt, sondern ein Computer im Reisebüro: Islot Mallorca. Ich wollte ursprünglich Cala Millor in Mallorca. Als die Dame das eingab, stürzte der Computer ab und dann war Islot das Resultat. Soll ich lieber noch stornieren?

Die Antwort des Tarot

Liebe Sabine, Sie müssen einfach eine „verrückte“ und ganz starke Energie haben. Was Ihnen alles passiert . . . Von daher kann ich mir nicht vorstellen, dass der Teufel Ihnen etwas anhaben könnte. Und übrigens: Der Teufel bedeutet Aufregung.

Die Frage von Ingeborg H. aus Worpswede

Warum will ich zurück?

Gemeinsam mit meinem Ehemann zog ich von Bremen nach Worpswede. Mein ganzes Geld aus einem Wohnungsverkauf steckte ich in dieses Haus. Aber ich bin nicht glücklich. Ich möchte wieder zurück nach Bremen. Meine Karte ist der „Der Teufel“.

Die Antwort des Tarot

Liebe Ingeborg, die Karte spricht für sich. Sie (vielleicht auch Sie beide) sind im Moment vom Teufel „besessen“. Das bedeutet schlicht und einfach, dass Sie zu viel wollen, Ihre Mitte verloren haben. Wenn ich mir einen Rat erlauben darf, dann würde ich mich an Ihrer Stelle erst einmal beruhigen, – wie es so schön heißt: auf den Boden kommen. Und dann werden Sie vielleicht in einem halben Jahr oder auch erst später wissen, was Sie als Nächstes unternehmen sollten. Nur um Gottes willen: Finden Sie erst einmal Ihre Ruhe. Das ist viel wichtiger als alles andere. Warten Sie noch ab und steigern Sie sich erst mal nicht in die ganze Angelegenheit hinein. Versuchen Sie, Ihr Glück am neuen Platz zu finden, ich bin mir sicher, Sie werden es finden.

Karte XVI
Der Turm

Zerstörung

Bild: Der Blitz schlägt in einen hohen Turm ein und zerstört seine Krone. Sinnbildlich stellt der Turm ein Gebäude aus Illusionen dar und die Krone steht für das Ego des Menschen, der sich in seiner eigenen Selbstgefälligkeit verloren hat. Eine blau gekleidete Frau und ein rot gewandeter Mann stürzen in die Tiefe. Das Grau des Turmes und der Wolken symbolisiert Depression und Verzweiflung, die durch die Dunkelheit des Hintergrundes und die gelben Feuerzungen noch verstärkt wird.

Deutung: Die Karte der Zerstörung erinnert den Menschen an ein Schicksal, dem er nicht entkommen kann. Diese Macht wirft ihn hinaus aus einem Gefühl der Erhabenheit und Sicherheit. Die Zerstörung hat viele Gesichter: Kritik, Verlust, Trennung, Niederlage, Enttäuschung, Mißerfolg, Ruin, Ohnmacht, Krankheit, Tod. In einem derartigen Zustand sucht der Mensch nach einem Ausweg, erfindet tröstende Erklärungen und verstrickt sich doch nur immer tiefer in sein Schicksal. Der einzige Ausweg liegt im sich Ergeben.
Erst wenn man loslässt, sich wirklich fallenlässt, die Furcht erlebt, beginnt man, den Sinn der Zerstörung zu ahnen: Es ist die Vertreibung aus dem selbst erschaffenen Paradies. Der Turm trägt die Namen Ego und Macht.

Aussage: Enttäuschung. Verlust. Niederlage. Ruin. Bankrott. Hochmut und Fall.

Beruf: Sie sind zu weit gegangen. Was Ihnen jetzt zustößt, ist kein hartes Schicksal, sondern eine Konsequenz Ihrer Überhablichkeit. Jetzt werden Ihre berufliche Position, Ihre Führungskompetenz in Frage gestellt.
Oft beinhaltet die Karte auch nur eine Warnung, einen Appell, in der gegenwärtigen Manier nicht weiterzumachen, sondern mehr Offenheit, Kollegialität und Einsicht walten zu lassen.

Geld: Stehen Sie vor dem Ruin? Haben Sie alle Ihre Ressourcen erschöpft? Haben Sie auf Sand gebaut? Sperrt Ihre Bank Ihre Wechsel? Im Extremfall kann die Karte der Zerstörung eine derartige Situation bedeuten. In der Regel allerdings bedeutet sie eher eine Warnung. Sie will Sie aufmerksam machen, wachrütteln, damit Sie Ihr materialistisches Denken hinterfragen.

Liebe: Sie sind zu sicher. Jetzt stürzt Ihre Liebe ein. Aber niemand will Sie zerstören. Es geht lediglich darum, Festgefügtes neu zu errichten und bei null zu beginnen. Das ist ein heilsamer Prozess, an dessen Ende eine wunderbare Liebe steht.

Die Frage von Eva Ch. aus Berlin

Soll ich bei ihm bleiben?

Meine Situation ist ziemlich verzwickt. Das Leben an der Seite meines Partners war nicht gerade einfach. Ich habe mir wirklich viel gefallen lassen. Jetzt ist er krank geworden und muss in ein Heim. Ich merke, dass ich an die Grenzen meiner körperlichen und auch psychischen Kräfte gelangt bin. Was soll ich tun? Bei ihm bleiben? Oder ist es verwerflich zu gehen? Meine Karte ist „Der Turm".

Die Antwort des Tarot

Liebe Eva, Ihre Situation hat sich wirklich zugespitzt. Jetzt kommt es zur Zerstörung. Etwas, was bisher Bestand hatte, zerbricht. Ich würde mir wünschen, dass es der Hochmut Ihres Mannes ist, der „vom Turm fällt". Vielleicht könnte dadurch alles leichter mit ihm werden. Eine Krankheit ist ja häufig ein Sturz in die Einfachheit und Dankbarkeit. Der zusammenfallende Turm bedeutet auf keinen Fall, dass irgend etwas Physisches zusammenbricht. Aber die Karte sagt nichts darüber aus, ob Sie bleiben oder gehen sollen. Diese Frage kann Ihnen auch niemand abnehmen. Sie müssen diese Entscheidung mit Ihrem eigenen Herzen treffen.

Karte XVII
Der Stern

Überfluss

Bild: Eine nackte Frau kniet in einer paradiesischen Umgebung. Aus zwei Krügen gießt sie das Wasser des Lebens über See und Land. Wasser macht die Erde fruchtbar. Somit erfüllt das Wasser des einen Kruges seine irdische Bestimmung, nämlich zu nähren. Wasser, das sich im Wasser verströmt, ist hingegen ein Zeichen von Überfluss. Des weiteren zeigt die Tarotkarte mehrere Symbole, die günstige Zeiten verkünden: Die Sterne stehen für astrologisches Glück. Ihre Anzahl sowie ihre Strahlen verkünden die Güte des Himmels. Der Baum bedeutet gewachsene Weisheit. Er war in der keltischen Baumastrologie sowohl Grundlage des Kalenders als auch sämtlicher Zukunftsprognosen. Der Vogel ist ein Hinweis auf ein günstiges Vogelflugorakel.

Deutung: Die Sternenfrau ist ein Sinnbild für die höchste Hingabe des Menschen. Er erfährt sie als Wonne beim Liebesakt. Er erlebt sie als Stille in tiefer Meditation. Er empfindet sie, wenn er in einer klaren Sternennacht die Ewigkeit ahnt. Es ist ein Gefühl eminenten Reichtums. Die Sternenfrau symbolisiert dieses Gefühl. Sie verströmt sich, Sie gibt. Das Wasser des einen Kruges entleert sich in den See. Wasser verbindet sich mit Wasser, wird zum See.
„Was geschieht, wenn ein Tropfen ins Meer fällt“, fragte der Schüler den Meister. Dieser antwortete: „Er wird das Meer.“ Genauso ist es mit der menschlichen Seele, wenn sie wirklich bewusst geworden ist: Sie ist in allem anderen; sie ist alles andere.
Der zweite Krug ergießt seinen Inhalt auf die Erde, macht sie fruchtbar und erfüllt somit eine irdische Bestimmung.

Aussage: Erfüllung. Überfluß. Glück. Ekstase. Feier. Fest. Fröhlichkeit. Göttlichkeit

Beruf: Sie sind auf dem Gipfel Ihres Erfolges. Wie ein leuchtender Stern sind Sie anderen ein Wegweiser. Sie haben erreicht, wovon Sie immer träumten, und Sie haben sich auf

Ihrem Weg nicht von Ihrer Bestimmung entfernt. Sie sind sich treu geblieben.

Geld: Jetzt ist der richtige Zeitpunkt, um Ihren Reichtum zu genießen, Ihr Geld auszugeben und mit Freunden Ihren Reichtum zu teilen. Denn Geld, das nicht ausgegeben wird, verliert seinen Zauber. Ihre Geschenke und Ihre Großzügigkeit werden Ihnen in vielfacher Weise zurückgegeben. Aber lassen Sie sich bei Ihrer Freizügigkeit nicht von diesen Gedanken leiten. Lassen Sie sich vom Engel des rechten Maßes inspirieren, leben Sie Ihr Glück.

Liebe: Wer liebt, berührt den Himmel, küsst die Sterne. Diese Karte erinnert Sie daran, dass es nichts gibt, was höher reichen kann als die Liebe. Suchen Sie sie, aber nicht bei einem Menschen, sondern bei sich selbst.

Die Frage von Edith D. aus Sindelfingen

Habe ich meinen Freund wirklich für immer verloren?

Ein sehr, sehr lieber Freund von mir ist nach Spanien ausgewandert. Kurz darauf bat er mich, ihm zu folgen, um herauszufinden, wie gut wir uns verstehen, wenn wir zusammenleben – ob vielleicht auch mehr daraus werden könnte. Ich wollte auch nachkommen, aber nicht sofort, sondern erst im Winter. Daraufhin reagierte er beleidigt. Er lehnte es dann ganz ab, dass ich zu ihm fahre. Also bleibe ich hier. War meine Entscheidung richtig oder hätte ich gleich zu ihm fahren sollen? Meine Karte: „Der Stern".

Die Antwort des Tarot

Liebe Edith, Sie haben eine wunderbare Karte gezogen. Die Sterne bekommen nur Menschen, die eine starke seelische Kraft haben. Sicher hatten Sie Ihre guten Gründe, nicht sofort nach Spanien zu gehen. Das Tarot macht Ihnen keine Vorwürfe. Also sollten Sie sich auch keine machen. Es ist jetzt an Ihrem Freund, einzusehen, was er an Ihnen hat, auch wenn Sie erst später unten eintreffen. Haben Sie den Mut, trotzdem zu ihm zu fahren? Das wäre das einzig Richtige! Selbst wenn ein Korb nicht auszuschließen ist.

Karte XVIII
Der Mond
Illusion

Bild: Am nächtlichen Himmel leuchtet der Mond zwischen zwei Türmen. Ein Krebs erhebt sich aus dem See. Er symbolisiert die niedrigen Triebkräfte des Menschen. Ein gewundener und immer schmäler werdender Weg führt zum Licht, doch er ist mühsam und gefährlich. Er wird von einem Hund und einem Wolf bewacht. Während der Hund für die freundlichen und hilfreichen Kräfte der Instinkte steht, verkörpert der Wolf deren gefährliche und vernichtende Seite. Er entspricht Cerberus, dem Höllenhund, dessen Aufgabe es ist, keine Seele aus der Unterwelt entweichen zu lassen. Das Blau des Himmels und des Wassers, das alle anderen Farben überstrahlt, steht für die Kraft des Glaubens und der Liebe, die aus der Welt des Zweifels und des Scheins herausführen kann.

Deutung: Der Mond symbolisiert Schein und Täuschung, Anziehung und Magie, Rhythmus und Vergänglichkeit. „So liegt der Fehler an dem Mond", sagt Shakespeares Othello, „er kommt der Erde näher und macht die Menschen toll." Letzten Endes steht der Mond für unser irdisches Leben mit all seiner Schönheit und genauso seiner Abscheulichkeit. Wie Krebs und Hund sind wir fasziniert oder voller Angst; und in Wirklichkeit ist alles ein Schein, Maya, Illusion … Die Wahrheit, die wirkliche Wirklichkeit, bleibt immer verborgen.

Aussage: Intuition. Gefühl. Schein. Anziehung. Verführung. Einbildung. Blendung. Abhängigkeit.

Beruf: Wenn Sie sich schon abplagen müssen mit dieser irdischen Aufgabe, mit dieser Schufterei einer Position im Management, dann vergessen Sie wenigstens das Lächeln nicht. Genießen Sie, was Sie glauben, tun zu müssen. Rationalisieren Sie Ihre Firma, investieren Sie in die moderne Technik, lernen Sie, wie man Menschen führt, richtig wirbt, managt, das Output erhöht …: Aber vergessen Sie nie: Es ist alles ein grandioses Theater, ein wunderhübscher Schein.

Geld: Der Geldfluss folgt wie alles Materielle dem Mond, nimmt also zu und ab. Wundern Sie sich also nicht. Sie können dieser natürlichen Bewegung nicht entgegenwirken. Das einzige, was Ihnen vielleicht gelingt, ist, den Geldfluss zu studieren, um zum richtigen Zeitpunkt abzugeben und zum richtigen Zeitpunkt zu kaufen. Aber auch dann bleibt die letzte Wahrheit: Je mehr Sie haben, desto mehr werden Sie immer wieder verlieren.

Liebe: Liebe ist ein Wunder, aber Liebe ist auch eine Illusion. Im Lichte der Karte des Mondes verstehen Sie, dass beides gleich ist, und Sie nie wissen, was gerade Ihre Wirklichkeit ist.

Die Frage von Kläre P. aus Essen

Ich bin müde und einsam. Was wird aus mir?
Lieber Herr Bauer, meine Seele leidet. Ich bin sehr einsam geworden. Und irgendwie habe ich auch keine Lust mehr zu kämpfen, dazu bin ich zu müde. Irgendwie habe ich nur Ärger (Erbstreit) und dazu bin ich auch noch krank geworden. Hat diese Quälerei bald ein Ende? Was sagt die Karte „Der Mond" dazu?

Die Antwort des Tarot

Liebe Kläre, die Karte verrät mir, dass Sie sich in einer eigenartigen Stimmung befinden. Sie fühlen Dinge und Sie glauben sie sogar zu sehen, die gar nicht existieren. Glauben Sie mir, in Wirklichkeit ist alles halb so schlimm. Sie müssen nur die Augen öffnen, dann ist der Albtraum zu Ende.

Die Frage Ruth B. aus Weidach

Das Geld von der Freundin?
Ich möchte gern ein anderes Auto. Eine Freundin würde es vorerst finanzieren, denn ich habe momentan nicht das Geld dazu. Kann ich das Angebot annehmen? Meine Karte ist „Der Mond".

Die Antwort des Tarot

Liebe Ruth, besser, Sie nehmen das Angebot nicht an. Die Karte sagt aus, dass Sie sich fragen müssen, ob denn das neue Auto wirklich von Nöten ist. Kann es sein, dass der Wunsch und der finanzielle Hintergrund nicht zusammenpassen? Warten Sie mit dem Kauf noch ab.

Karte XIX
Die Sonne

Glanz

Bild: Ein Kind reitet auf einem Pferd durch eine paradiesische Landschaft mit Sonnenblumen, die von einer riesigen Sonne, dem Symbol allen Lebens, überstrahlt wird. Das Kind repräsentiert den neuen Menschen, der in Übereinstimmung mit dem Göttlichen selber zu einem Licht, zu einer Sonne wird. Siegerkranz und Siegerflagge deuten auf die vollbrachte Wiedergeburt hin. Zugleich ist die große rote Fahne ein Symbol der unbändigen Lebenskraft und ähnelt einer „Rutsche", welche Himmel und Erde miteinander verbindet. Das weiße Pferd steht für die Zähmung und Reinigung des elementaren, sinnlichen Menschen.

Deutung: Im Unterschied zum Mond, der den Schein symbolisiert, steht die Sonne für das Sein, für Kraft, Zeugung, Energie, Geist. Der menschliche Geist ist ein Teil der Sonne, er leuchtet und er kreiert. Als Teil der Sonne sind der Mensch und alle anderen Geschöpfe Kinder, die kreativ und spielerisch das Leben genießen und in göttlicher Fügung ihrer Bestimmung folgen.

Aussage: Freude. Geist. Wärme. Schöpferkraft. Wahrheit. Kindlichkeit. Freude. Kreativität. Spiel. Glanz.

Beruf: Betrachten Sie Ihre Karriere, Ihre Führungsposition, Ihre Verantwortung als göttliches Spiel. Seien Sie schöpferisch, übernehmen Sie Ihren Teil an der Schöpfung, der Ihnen durch Ihre Position in die Hände gelegt wurde. Über all Ihrem Tun steht Heil, Gelingen und der Glanz der Sonne.

Geld: Betrachten Sie den Umgang mit Geld nicht verkrampft, sondern leicht und absichtslos. Über Ihren Geldgeschäften waltet ein gütiges Schicksal, sogar unerwartete (Spiel–) Gewinne sind möglich.

Liebe: Die Liebe macht Sie zu einem Kind der Sonne, geboren um zu tanzen, geboren, um das Licht zu finden und sich mit ihm zu vereinigen. Liebe ist ein Tanz des Lichtes mit der Dunkelheit.

Die Frage von Monika P. aus Karlsruhe

Ich hab viel versäumt. Kann ich das noch einmal aufholen?

Ich fühle mich überhaupt nicht mehr wohl in meiner Haut bzw. in meinem Job. Durch meine eigene Bequemlichkeit habe ich vieles in meinem Leben versäumt. Ich habe sehr unter meiner Familie gelitten. Langsam habe ich mich davon befreit. Meine Mutter ist jetzt im Altersheim, vorher habe ich sie lange Jahre betreut. Finde ich noch einmal Zufriedenheit in meinem Leben? Meine Karte: „Die Sonne".

Die Antwort des Tarot

Liebe Monika, ich hoffe sehr, dass Sie das Glück spüren können, das von dieser Karte ausgeht. Die Sonne sagt: „Ich bin das Leben und ich sorge mich für dich, so wie das Kind auf dem weißen Pferd und reite den Sonnenstrahlen nach." Verstehen Sie? Gehen Sie hinaus in die Natur, suchen Sie die Sonnenstrahlen und seien Sie wie ein Kind: Freuen Sie sich. Sie werden sehen, alles andere passiert von selbst!

Karte XX
Gericht

Auferstehung

Bild: Der Erzengel Gabriel, dessen Name „Stärke Gottes" bedeutet, ist mit der Posaune und dem Banner der Auferstehung abgebildet. Mit dem Klang seines Instruments weckt er die grauen Seelen aus der irdischen Beschränkung und ihrer Leiblichkeit. Den Bildinhalt können wir als das jüngste Gericht interpretieren. Doch geht es weder um die Bestrafung und Verdammnis in Zusammenhang mit dem jüngsten Gericht, noch hat die Karte überhaupt etwas mit Verurteilung zu tun. Es geht um Auferstehung, Erlösung, Befreiung, um Transformation, um einen Neubeginn auf einer höheren Ebene. Die Nacktheit der Bildfiguren offenbart die Geschlechtlichkeit, die Geheimnisse von Geburt, Hochzeit und Tod, bekannte und unbekannte Seiten der Sexualität.

Deutung: Die Karte der Auferstehung symbolisiert einen existentiellen Neubeginn. Die Vergangenheit ist vorüber, sie wird abgelegt wie eine alte Haut. Der Mensch erhebt sich in einer neuen Gestalt. Auferstehung bedeutet, dass das Leben schwingt, dass sich die Seele immer wieder transformiert. In dieser endlosen Transformation erfüllt sich auch die Gewißheit, dass die menschliche Seele, der Geist, das Bewusstsein, das höhere Selbst oder wie immer man es nennen will, unsterblich ist. Aufzuerstehen bedeutet auch gemessen und beurteilt zu werden. Der Beitrag für ein größeres Ganzes, für einen Betrieb, für die Gesellschaft, die Geschichte der Menschheit, werden im Lichte der Karte der Auferstehung beurteilt und richtig geordnet.

Aussage: Auferstehung. Bestimmung. Neubeginn. Wandlung. Halt. Die Vergangenheit ist vorüber. Beurteilt werden. Eine wichtige Aufgabe erhalten. Einen neuen Lebensabschnitt beginnen.

Beruf: Ihr bisheriges Tun ist das Maß für Ihr zukünftiges Wirken, das Alte wird auf einer höheren Stufe fortsetzt. Haben Sie Vertrauen. Möglicherweise spricht die Karte aber auch zu Ihnen als einer Person, die über andere zu Gericht sitzt. Dann ist es wichtig, dass Sie Ihre Aufgabe gewissenhaft ausführen. Das Schicksal anderer liegt jetzt in Ihrer Hand.

Geld: Vielleicht stagniert Ihre finanzielle Situation im Moment. Vielleicht wissen Sie nicht genau, wie es weitergehen soll. Vielleicht machen Sie sich Sorgen. Im Lichte der Karte der Auferstehung ist es wichtig, dass Sie der Existenz vertrauen. Im Moment werden die Karten neu gemischt. Aber Sie können sicher sein, dass nichts, was Sie bisher investiert haben, verlorengeht. Im Gegenteil, Sie werden die Früchte Ihrer Arbeit bald ernten können.

Liebe: Etwas Neues geschieht mit Ihrer Beziehung. Sie erfährt eine Transformation, sie wird größer und selbständiger. Wenn Sie gerade mit sich alleine sind, verkündet Ihnen diese Karte, dass sich die Situation ändern wird.

Die Frage von Claudia S. aus Neu–Isenburg

Lerne ich den faszinierenden Mann kennen?

Lieber Herr Bauer, ich habe vor kurzem meinen Yoga–Kurs „geschwänzt". Als ich stattdessen durch die Stadt lief, ist mir dieser faszinierende Unbekannte begegnet: ein junger Mann mit Walkman auf dem Kopf. Unsere Blicke trafen sich, wir lächelten uns an. Für einen Moment war ich völlig überwältigt vor Glück. Ich denke sehr oft an ihn. Können die Karten mir sagen, ob ich ihn wiedertreffen werde? Was weiß das Tarot noch über mich? Meine Zukunftskarte ist „Das Gericht".

Die Antwort des Tarot

Liebe Claudia! Leider verrät das Tarot nicht, ob sie diesen tollen, faszinierenden Mann noch einmal treffen und ob dann mehr passiert als beim ersten Mal. Aber etwas anderes verrät Ihnen das Tarot: Dass Sie diesen Mann schon kennen und zwar aus einem früheren Leben. Er ist jetzt in Ihr jetziges Leben eingebrochen, um Ihnen Ihr Herz zu öffnen. Das allein zählt, liebe Claudia. Mit diesem offenen Herzen sind Sie bereit für die Liebe.
Die Karte das Gericht erscheint immer dann, wenn das Thema oder die Frage besonders wichtig ist. So sagt Ihnen diese Karte: „Du fragt nach einer großen Liebe. Genau das ist jetzt die richtige Frage, weil jetzt die Zeit für diese große Liebe gekommen ist." Nur, ich sage es Ihnen noch einmal: Es muss nicht genau dieser Mann sein, seien Sie daher offen für neue Kontakte.

Karte XXI
Die Welt

Freiheit

Bild: Die tanzende Figur auf dem Bild ist weder Mann noch Frau. Als Hermaphrodit ist sie zweigeschlechtig und damit „ganz" geworden. Die beiden „Zauberstäbe" repräsentieren die ewigen Gegenkräfte, die in den Händen der tanzenden Gestalt ihre Polarität verlieren. Sie ist umgeben von einem ellipsenförmigen Lorbeerkranz, der wie ein Strahlenkranz auf alten Heiligenbildern die ganze Person umgibt. Die Kranzbinden in Form einer liegenden Acht sind Kennzeichen der Unendlichkeit. Umringt wird die Figur von den vier Cherubinen oder Urkräften der Existenz, dem Stier für das Erdelement, dem Löwen für das Feuer, dem Adler als erlösten Skorpion für das Wasser, sowie dem Engel für das Element Luft.

Deutung: Das Ziel des Lebens ist Befreiung von Abhängigkeit. Je reifer der Mensch ist, um so freier kann er werden: von gesellschaftlicher Bevormundung, beruflichen Zwängen, von Ängsten und Wünschen. Am Ende des Lebens steht die größte Befreiung an: der Flug der Seele in den grenzenlosen Raum. Um im Leben freier zu werden, heißt es, immer wieder alte Konditionen abzustreifen und die eigene Trägheit zu überwinden. Im Lichte der Karte XXI erfährt der Mensch diese Befreiung. Symbolisch gleitet er durch den Kosmos, umrahmt von einem Lorbeerkranz und umringt von den ewigen Kräften der Existenz. Der Stier bedeutet Erde und somit Materie. Der Löwe bedeutet Feuer und somit Geist und Erleuchtung. Der Adler ist der erlöste Skorpion und symbolisiert somit Transformation. Der Engel symbolisiert die Verbindung mit dem Himmel.

Aussage: Befreiung. Selbstverwirklichung. Unbegrenzte Möglichkeiten. Lösung von Abhängigkeit und Konditionierung.

Beruf: Mehr können Sie nicht erwarten. Sie haben unbegrenzte Möglichkeiten. Was immer Sie anpacken, über Ihrem Tun stehen Heil und Gelingen. Seien Sie jetzt nicht kleinmütig. Verlangen Sie viel, und

Sie werden viel bekommen. Geben Sie sich nicht mit Halbheiten und einem Kompromiss zufrieden. Greifen Sie nach den Sternen!

Geld: Gehen Sie davon aus, dass Sie unbegrenzte Ressourcen besitzen. Oder handeln Sie nach diesem Motto, als hätten Sie unbegrenzte Möglichkeiten und Mittel. Gehen Sie zu einer Bank oder einem Freund und leihen Sie sich Geld. Sie bekommen überall Kredit. Wenn Sie die Wahl haben, investieren Sie in Auslandsgeschäfte.

Liebe: Sie sind Liebe. Sie brauchen sie nicht mehr zu suchen, denn sie ist in Ihnen. So werden Sie zur großen Sonne, die andere anzieht, die in der Dunkelheit sind.

Die Frage von Birgit A. aus Österreich, Ehrenhausen

Wie gewinne ich mehr Zeit für mein Kind?

Ich bin ganztags in einer Bank beschäftigt. Der Beruf macht mir großen Spaß, aber ich bin Mutter einer fast vierjährigen Tochter, die mich braucht. Leider gibt es in der Bank keine Arbeitszeitverkürzung, nun bin ich auf der Suche nach einem passenden Halbtagsjob. Werde ich bald einen finden? Gibt die Karte „Die Welt" darüber Auskunft?

Die Antwort des Tarot

Liebe Birgit, die Karte „Die Welt" sagt: Lebe deine Freiheit! Sie sagt nicht unbedingt: Sei eine gute Mutter! Und jetzt? Sie haben wenig Zeit für Ihre Tochter? Dann schenken Sie ihr eben die wenige Zeit, die Sie haben. Ihre Tochter wird die Letzte sein, die von Ihnen fordert, dass Sie einen Beruf aufgeben oder kürzen sollen, der Ihnen Spaß macht. Bleiben Sie sich treu, dann sind Sie die beste Mutter, die ein Kind haben kann. Also seien Sie mutig, stehen Sie dazu, dass Sie eine berufstätige Frau sind. Weg mit Schuldgefühlen!

Die Frage von Ivana P. aus Essen

Wohnung oder Haus – was ist besser?

Lieber Herr Bauer, ich kann mich nicht so richtig entscheiden. Eigentlich suche ich schon seit längerem ein kleines Häuschen für mich, das aber nicht allzu teuer sein darf. Bis jetzt hatte ich keinen Erfolg. Was sagt die Karte „Die Welt" dazu?

Die Antwort des Tarot

Liebe Ivana, Sie sollen „ein freier Vogel" bleiben, sich nicht mit Schulden und Darlehen oder Grundstückspreisen etc. belasten. Das kann den Traum vom Eigenheim nämlich ganz schnell zerstören. Die Karte „Die Welt" bekommen nur „Engel". Genauer gesagt, Menschen, die überall zu Hause sind.

Karte 0
Der Narr

Unschuld

Bild: Ein blondgelockter Jüngling steht auf einem Felsvorsprung. Seine Haltung zeigt Kraft und Dynamik, mit der er sich auf die Reise des Lebens begibt. Obwohl er direkt am Abgrund steht und es so aussieht, als sei er schrecklich leichtsinnig, naiv, fahrlässig und töricht, scheint er der glücklichste Mensch auf der Welt: weil er den Abgrund nicht sieht. So kann er auch nicht hineinstürzen. In seiner linken Hand hält er eine weiße Rose, das Zeichen des ewigen Lebens. Der kleine weiße Hund versinnbildlicht zum einen die tierischen oder sinnlichen Fähigkeiten, den Instinkt. Zum anderen ist er ein Symbol der absoluten Treue und Ergebenheit. Der gelbe Himmel zeigt Erleuchtung an und die weiße Sonne unsere spirituelle Quelle, Weisheit, die Erleuchtung.

Deutung: Der Narr ist glücklich, weil er all seine Macht und Verantwortung abgelegt hat. Weil Glück ihm wichtiger ist als jede Position. Der Narr sieht den Abgrund nicht, und deswegen kann er auch nicht hinunterstürzen. Alle diejenigen jedoch, die mit erhobenem Zeigefinger ihn vor dem Sturz in die Tiefe warnen, purzeln selbst hinunter. Weil der Narr die Gefahr nicht sieht, bleibt er unschuldig, rein und glücklich. Er hat einen Schutzengel wie alle Narren und Kinder. Eigentlich gibt es nur zwei Menschen, die wirklich glücklich sind: der Weise und der Narr.

Aussage: Humor. Unschuld und Reinheit. Ungebundenheit und Glück. Der lachende Buddha. Das große kosmische Gelächter. Es darf gelacht werden.

Beruf: Gehen Sie nach Hause, vergessen Sie Ihre Termine, Ihre Rolle als Chef – und seien Sie nichts weiter als ein Mensch. Wenn Sie lachen können, wird alles erträglich.

Geld: Wie wäre es, wenn Sie mit einem Schlag Ihr ganzes Geld verlieren würden? Schrecklich? Dann sind Sie noch weit entfernt davon, ein weiser Narr zu sein. Erst wenn

Sie verstehen, dass Geld noch nie glücklich gemacht hat, dürfen Sie mit dem Narren um die Wette lachen. Ein Besitz bleibt Ihnen allemal: Im kleinen Säckchen am Stock des Narren befindet sich ein Tarot-Kartenspiel; darauf ist die Weisheit der ganzen Welt gesammelt.

Liebe: Dort am Abgrund beginnt eine andere Wirklichkeit. Dort beginnt eine Ahnung davon, dass der Mensch nicht ist, was er glaubt, sondern dass alles, was ihm widerfährt, ein Spiel höhere Absichten ist. Dort am Abgrund beginnt die Liebe, die unschuldig ist. Dort am Abgrund beginnt und endet alles.

Die Frage von Frage von Loni M. aus Wien

Können Sie mir helfen?

Lieber Herr Bauer, ich weiß nicht weiter. Ich habe ein Haus, in dem ich jetzt ganz alleine wohne. Jedes Stück in diesem Haus erinnert mich an die Vergangenheit, an einen Mann, der vor zehn Jahren gestorben ist, und meine vier Kinder, die alle längst außer Haus sind und höchstens ein- bis zweimal im Jahr mich besuchen kommen. Ich war früher eine Tänzerin, und war ständig unterwegs, New York, London, Paris, Moskau ... Ich habe aus Verzweiflung was ich machen soll, das Tarot gefragt und mich auf Sie, Herr Bauer, konzentriert. Vielleicht können Sie mir eine Antwort geben. Ich zog die Karte des Narren. Jetzt habe ich das Gefühl, er lacht mich auch noch aus. Können Sie etwas dazu sagen?

Die Antwort des Tarot

Liebe Loni, ich finde, das ist eine wunderbare Karte. Der Narr ist nicht der einfältige dumme Tor, jemand mit einem absolut niedrigen Intelligenzquotienten, sondern es ist ein begnadeter Mensch, jemand der weiß, dass man nichts behalten kann als das, was man auf der Haut trägt. Für Sie bedeutet der Narr tatsächlich, wieder einmal richtig zu lachen. Was wollen Sie denn mehr? Verkaufen Sie Ihr Haus, ziehen Sie in irgendeine nette Stadtwohnung oder wo immer Sie hin wollen. Wichtig ist, dass Sie sich erinnern, dass Sie ein besonderer Mensch sind, kein sesshafter Spießer, sondern ein Künstler, und jetzt sollen Sie tanzen und lachen, selbst wenn Sie am Abgrund stehen. Ich beglückwünsche Sie zu dieser Karte.

Das kleine Arkanum

Das kleine Arkanum und die vier Elemente

Karte I – Ass der Stäbe

Das kleine Arkanum besteht aus 56 Karten. Es setzt sich zusammen aus den 40 Spielkarten und den 16 Hofkarten.
Es gibt vier Elemente – Stab, Kelch, Schwert, Stern.
Jedes Element beginnt mit einem Ass, das zahlenmäßig der Ziffer Eins entspricht und setzt sich dann numerisch fort bis zur Ziffer Zehn.
Jedes Element hat außerdem vier Hofkarten: Bube, Ritter, Königin und König.
Das Hofkarten werden ab Seite 148 besprochen.
Die Stäbe stehen für Stärke, Kraft, Unternehmungsgeist, Tatendrang, Vitalität und körperliche Gesundheit.
Die Kelche stehen für die Herzensangelegenheiten: Liebesglück und Liebesleid und, damit verbunden, Glück oder Verzweiflung, Freude oder Traurigkeit.
Die Schwerter sagen, was das Leben durchkreuzt, was es behindert und zerstört,wie selbstbezogen und selbstsüchtig die geistige Kraft ist.
Die Münzkarten (man sagt auch Sternkarten dazu) helfen dem Menschen. Sie bringen Reichtum und Trost, Arbeit, Geld, Glück und Erlösung.
Was ich bin – die Stäbe
Was ich fühle – die Kelche
Was mich zwingt – die Schwerter
Was mich erlöst – die Sterne
Erinnern Sie sich an die Karte des großen Arkanums I, den Magier? Er verfügt über die vier Elemente der Schöpfung: den Stab, den Kelch, das Schwert und die Münze. So könnte er den Stab erheben und dazu sagen:
„Ich bin, wie ich bin, und ich will, was ich will!"
Genauso könnte er den Kelch in seine Hände nehmen und verkünden:
„Ich bin, was ich fühle!"
Greift er nach dem Schwert, würde er vielleicht folgende Worte dazu aussprechen:
„Ich bin, was ich erleide, was ich durchstehe und was ich schließlich erkenne."
Die Münze könnte er in die Höhe halten und dabei verkünden:
„Ich bin, was ich habe, ich bin mein Reichtum." Und dann: „Ich bin aber auch, was ich mir erarbeite."
Wer will, mag sich diese vier „L" als Hilfe für den Anfang merken:
Stäbe – Leben
Kelche – Liebe
Schwerter – Leid
Sterne – Erlösung

Karte II – Zwei der Stäbe

Karte III – Drei der Stäbe

Karte IV – Vier der Stäbe

Karte V – Fünf der Stäbe

Karte VI – Sechs der Stäbe

Karte VII – Sieben der Stäbe

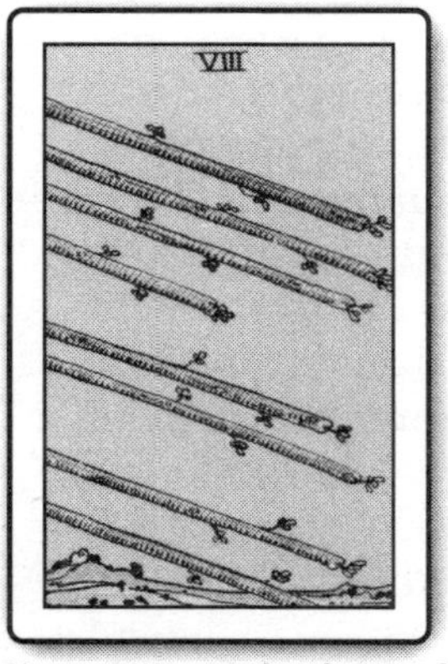

Karte VIII – Acht der Stäbe

Karte IX – Neun der Stäbe

Karte X – Zehn der Stäbe

Ass der Stäbe

Lebendigkeit

Bild: Ein hölzerner Stab mit grünen Trieben wird aus dem Himmel überreicht. Die frischen Pflanzentriebe repräsentieren die allgemein menschlichen und die individuellen Triebe und sind ein Zeichen dafür, dass das Leben ein göttliches Geschenk ist. Der Stab ist als Phallussymbol abgebildet und verkörpert das Feuerelement, das sich in Tatkraft, Aktivität, Männlichkeit, Lebenskraft und Energie ausdrückt. Auch Sexualität, Potenz und phallische Kraft gehören dazu, denn sie sind der Inbegriff der Feuerkraft. Die drei Bäume am unteren Bildrand stehen für Sexualität, Kinder und Kreativität, die zentralen Themen, die dem Feuer zugeordnet sind.

Deutung: Die Ziffer Eins steht am Anfang und ist in jeder anderen Ziffer enthalten. Sie verkörpert das Eine, das in allem ist. Der Stab symbolisiert das Feuerelement, das sich als Tatkraft, Aktivität, Männlichkeit, Lebenskraft, Gesundheit und Energie manifestiert.
So ist die Karte Stab-Ass ein Zeichen für die in jedem Lebewesen innewohnende Energie. Sie ist eine Erinnerung und eine Huldigung an das ewige Feuer und an den göttlichen Funken, der das Leben völlig durchströmt.

Aussage: Feuer. Anfang. Energie. Vitalität. Lebenskraft. Gesundheit. Lebendigkeit. Aktivität. Startkraft.

Beruf: Sie sind Feuer. Sie sind stark. Es ist herrlich, zu wissen, dass Sie Kraft haben und nichts zu fürchten brauchen. Alles steht Ihnen offen. Das ganze Leben ist ein Spielplatz Ihrer Kraft und Ihrer Möglichkeiten.
Verlassen Sie sich bei allen Unternehmungen vor allem auf Ihre Kraft, Ihre Energie, Ihren Tatendrang. Es muss gehandelt werden. Weitere Überlegungen sind überflüssig.

Geld: Jetzt ist keine Zeit, um sich lange mit Geldgeschäften aufzuhalten. Wenn Sie Geld haben, geben Sie es aus oder investieren Sie es in eine möglichst gewinnbringende Anlage. Im Moment ist Geld nicht am wichtigsten, sondern, dass Sie handeln.

Liebe: Das Feuer der Liebe erwacht in Ihnen. Sie erhalten auch eine Erinnerung, vielleicht sogar eine Ermahnung, dass das Feuer in Ihnen Nahrung benötigt. Und das Schönste „Futter" für Ihr Feuer ist eine Liebesaffäre.

Die Frage von Brigitte W. aus Werdau

Wann sieht es auf meinem Konto wieder besser aus?

Lieber Herr Bauer, auch mich quälen Sorgen. Und zwar finanzielle. Ich versuche nun schon seit längerem mein bestes, um endlich wieder auf die Beine zu kommen. Ist irgendwo in der nächsten Zukunft eine Lösung in Sicht? Ich warte nun schon so lange darauf, dass ich wieder lachen kann. Gibt die Karte „Ass der Stäbe" darüber Auskunft?

Die Antwort des Tarot

Liebe Brigitte, Ihr Brief klingt wirklich sehr traurig – und das ist es auch. Nicht so sehr, dass Sie in finanziellen Sorgen sind, sondern, dass Sie nicht mehr lachen können. Was hat denn das eine mit dem anderen zu tun? Die Karte passt sehr gut. Sie besagt nämlich, dass Sie Ihr Leben in die Hand nehmen sollen. Verantwortung übernehmen. Ich weiß, Sie haben geschrieben, dass Sie bereits alles versucht haben. Ich glaube Ihnen das auch. Aber das Tarot sieht das anders. Sie müssen noch fester zulangen, noch mehr tun. „Das Ass der Stäbe" ist eine Botschaft vom Tarot. Und die lautet: „Warte nicht auf bessere Zeiten! Mache sie Dir!"

Die Frage von Karl-Heinz Sch. aus Moosburg

Was kommt?

Herr Bauer. Nun bin ich ja nicht mehr der Jüngste, gehöre aber noch lange nicht zum alten Eisen. Zu Hause herumzusitzen, das ist nichts für mich. Ich möchte gerne arbeiten – und bin deswegen auch auf der Suche nach einem neuen Job. Was sagt die Karte „Das Ass der Stäbe" über meine berufliche Zukunft aus?

Die Antwort des Tarot

Lieber Karl-Heinz, Sie haben völlig Recht: Sie sind voller Kraft und Saft wie ein junger Baum. Das sagt die Karte „Das Ass der Stäbe". Sie sagt aber auch, dass Sie loslegen müssen und nicht darauf warten sollen, bis eine gütige Hand Ihnen einen neuen Job offeriert. Die Hand, die den Stab aus dem Himmel reicht, sagt: „Lieber Karl-Heinz, ich überreiche dir diesen Stab als Zeichen deiner Kraft. Jetzt leg los und lass dich nicht entmutigen von irgendwelchen Behinderungen."

Zwei der Stäbe

Unentschiedenheit

Bild: Ein rotgewandeter Fürst oder ein reicher Kaufmann steht auf den Zinnen seines Schlosses oder Herrenhauses und sieht in die Welt. Die eine Hand umfasst einen Stab und das bedeutet am Ganzen festzuhalten und alle Kraft des Augenblicks zu konzentrieren und in die Hand zu nehmen, wie die Weltkugel. Außerdem ist die Weltkugel ein Sinnbild für die eigene Weltauffassung und der Stab dafür, sie in die Tat umzusetzen. Um dies zu verwirklichen ist allerdings nötig, die Ansichten und Handlungsweisen der anderen Menschen zu kennen. Dafür steht der zweite, unberührte Stab im Bild. Graue Berge und ein großes Wasser im Hintergrund deuten die Schwierigkeiten und Hindernisse an, die überwunden werden müssen. Die weißen Lilien zeigen die guten Absichten und die roten Rosen die Hingabe an das Ziel.

Deutung: Die Erdkugel symbolisiert unendliche Möglichkeiten. Die Stäbe signalisieren Feuer und damit Aktivität. Die Ziffer Zwei bedeutet jedoch Un-ein-deutigkeit und Unentschiedenheit. Sie wird in Worten wie Zwei-fel und Zwei-deutigkeit eingefangen. Das eine hat seine Eindeutigkeit verloren, es muss warten, bis es auf einer neuen Stufe wieder vollkommen ist. So verkündet die Karte Stab-2, dass die Zeit noch nicht reif für Entscheidungen ist. Man wird vom Feuer beherrscht, kann es aber im Moment nicht ausleben. Der Geist ist gefangen; weder im einen, noch im anderen liegt Heil.

Aussage: Feuer. Mehrdeutigkeit. Unbegrenzte Möglichkeiten. Offene Situation. Druck. Nervosität. Warten müssen. Klarheit durch Nichtstun. Bewusstheit durch Polarisierung.

Beruf: Bezähmen Sie Ihre Ungeduld, auch wenn es Ihnen in den Fingern juckt. Statt zu handeln, sollten Sie sämtliche Möglichkeiten abwägen. Die Zeit ist ungünstig für Aktionen und Taten.

Geld: Sie suchen nach Möglichkeiten, um Ihre wirtschaftliche Situation zu verbessern. Aber Sie sehen (noch) keine klare Lösung. Warten Sie ab, bis die Zeichen eindeutig sind.

Liebe: Wenn Sie die Karte für sich alleine aufgedeckt haben, dann spiegelt sie Ihre innere Unsicherheit. Dann müssen Sie etwas unternehmen, um diesen Zustand zu beenden. Wenn Sie diese Karte aber für eine Beziehung aufgedeckt haben, dann signalisiert sie Ihnen, dass Sie in gegenseitigem Feuer erglühen.

Die Frage von Sieglinde H. aus I-Meran

Kann ich auf bessere Zeiten hoffen?

Drei schlechte Jahre mit mehreren Schicksalsschlägen liegen nun hinter mir. Als allein erziehende Mutter einer kleinen Tochter muss ich jetzt wieder für den Lebensunterhalt sorgen. Was sagt die Karte „Zwei der Stäbe“ über unsere Zukunft aus?

Die Antwort des Tarot

Liebe Sieglinde, Sie stehen jetzt tatsächlich am Anfang einer neuen Phase. So sieht es auch das Tarot. Aber das Tarot gibt Ihnen keinen Hinweis, wo es langgeht. So wie die Gestalt auf die Weltkugel in seiner Hand blickt und sich überlegt, wo es hingehen könnte, so brauchen auch Sie jetzt noch etwas Zeit, bis Sie sich klar werden, wohin Ihre weitere Lebensreise geht.
Im Moment können Sie also nichts anderes tun, als abwarten, sollten aber dabei auf die Zeichen achten. Sie werden deutliche Hinweise bekommen, wann es an der Zeit ist und in welche Richtung es geht.
Ehe Sie sich auf einen falschen Weg machen: Widmen Sie in dieser Phase möglichst viel Zeit Ihrer Tochter, sie wird es Ihnen danken.

Drei der Stäbe

Festigkeit

Bild: Ein Mann schaut auf das offene Meer. Sein Blick schweift über einen leuchtenden Horizont. Fest steht er auf der Anhöhe und wartet auf eine Reise oder ein Schiff. Auch das ist gemeint, dass er zuschaut, wie seine Geschäfte florieren. In seiner Kleidung spiegelt sich seine Haltung wieder. Sein roter Mantel drückt Lebenskraft, Ruhe und Erhabenheit aus. Sein grüner Überwurf symbolisiert Sympathie und Hoffnung, und der blaue Ärmel steht für den Glauben an sich selbst. Stäbe repräsentieren im Tarot das Element Feuer, und die Zahl Drei steht für Festigkeit und Entschlossenheit. Die drei Stäbe bedeuten also, dass das Feuer seine stabile Form gefunden hat.

Deutung: Die Stäbe signalisieren Feuer. Die Ziffer Drei ist eine stabile Zahl. Aus der Zahl Zwei, die labil und un-ein-deutig ist, entsteht durch Reflexion Bewusstheit und Klarheit und damit Festigkeit. Die Zahl Drei vollendet die Zahl Zwei. Es heißt: Vater, Sohn und heiliger Geist. Zu einer Familie gehören Vater, Mutter und Kind. Man sagt auch „aller guten Dinge sind drei", oder „ein Tisch mit drei Beinen wackelt nicht". Die Karte bedeutet, dass das Feuer eine stabile Form gefunden hat. Es handelt sich um gebündeltes, gefestigtes Feuer, um eine Kraft, auf die man sich verlassen kann.

Aussage: Feuer. Sicherheit. Stärke. Standfestigkeit. Sichere Ausgangsbasis. Entschlossenheit. Wissen, was man will. Ein Mann, ein Wort.

Beruf: Sie haben die richtige Lösung in der Tasche – oder Sie werden sehr bald wissen, was zu tun ist. Die Zeit des Abwägens und Abwartens ist somit vorüber. Nun soll gehandelt werden. Forcieren Sie Ihr Ziel und lassen Sie sich nicht mehr ablenken. Gelingen steht über allem, was Sie tun. Wichtig ist, Ihre Energien zu bündeln. Verzetteln Sie sich nicht. Gehen Sie in eine Richtung.

Geld: Es ist nicht wichtig, wie Sie sich entscheiden, und in welcher

Form Sie Ihr Geld anlegen, sondern dass Sie sich entscheiden. Sie sollen einen Entschluss fassen, der Ihre finanzielle Situation in Bewegung bringt. Treten Sie dabei nicht zögerlich, sondern fest und entschlossen auf.

Liebe: Eine gute Karte für Ihre Liebe. Ihre Verbindung ist fest, und Sie können sich aufeinander verlassen. Wenn Sie aber die Karte für sich alleine aufgedeckt haben, dann signalisiert sie, dass Sie zu festgefügt sind.

Frage von Hermann B. aus Bonn:

Soll ich aufs Land?

Lieber Herr Bauer, ich überlege mir, ob ich von Bonn wegziehe aufs Land. Ich bin aber nicht sicher. Jetzt habe ich das Tarot gefragt, was ich machen soll. Ich habe die Karte 3 Stäbe gezogen. Was bedeutet sie?

Antwort des Tarot

Lieber Hermann, die Antwort ist völlig klar. Sie sollen zu Ihrem vorsichtigen Entschluss stehen. Die Karte „Drei der Stäbe“ signalisiert immer auch etwas Festes, Unumstößliches. Also schwanken Sie nicht, stehen Sie zu Ihrem Wunsch, die Stadt zu verlassen! Es ist anscheinend an der Zeit, dass etwas Neues geschieht. Vielleicht entspricht Ihnen die Natur mehr als der Lärm in der Stadt. Vielleicht sind Sie ein Mensch, der Frieden braucht und dem die Stadt mit ihren vielen Verlockungen gar nichts mehr bedeutet. Noch einmal, die „Drei der Stäbe“ verstärkt einen Entschluss. Und bei Ihnen kann das doch nur heißen, dass Sie sich schleunigst eine Wohnung auf dem Land suchen sollen.

Vier der Stäbe

Freude

Bild: Vor einer Burg winken zwei Menschen mit Blumensträußen. Ihre roten und blauen Gewänder drücken die Spannung zwischen Mann und Frau aus, oder allgemein zwischen Geist und Gefühl. Das gesamte Bild, hauptsächlich in Gelb gehalten – der Farbe für Lebensfreude – ruft die Erinnerung an Feststimmung, Feierlichkeiten und an ein beschwingtes Lebensgefühl wach. Die Stäbe im Vordergrund sind mit einer aus Blumen und Früchten geschmückten Girlande verbunden.

Deutung: Die Stäbe bedeuten Feuer. Die Girlanden sind ein Symbol für Geselligkeit, Abenteuer, Spiel und Tanz. Die Ziffer Vier ist eine harmonische Zahl. Sie ist vollendet, wie das Quadrat oder der Würfel, der aus sechs Quadraten besteht. Das Element Feuer findet eine harmonische Form, es wird zu flüssigem Gold, zu materiellem Reichtum und manifestiert sich beim Menschen in Gefühl der Erhabenheit und Freude. In der Ziffer Vier ist aber die Zahl Zwei – und somit Polarität, Zweifel und Widerstand – zweimal enthalten. So liegt in der Ziffer Vier immer auch der Keim für einen Wechsel und Umschwung.

Aussage: Feuer. Ein freudiges Ereignis. Ein Fest. Kommunikation. Spiel. Tanz. Harmonie der Kräfte. Stimmigkeit.

Beruf: Sie haben Grund zum Feiern. Sie bekommen einen Anlass für ein Fest. Ihre Aktivitäten fallen auf fruchtbaren Boden. Was immer Sie tun, Sie kommen an. Gelingen liegt im freudigen Arbeiten. Wichtig ist, dass Ihnen das Arbeiten auch Spaß macht.
Es ist aber auch möglich, dass die Karte Sie daran erinnert, Ihr Image zu ändern. Vielleicht müssen Sie etwas dynamischer und sinnlicher auftreten. Vielleicht nehmen Sie Ihre Arbeit und Ihre Position zu ernst. Wenn Sie ohne Freude und Lust arbeiten, werden Sie niemals das leisten, was Sie können. Vielleicht ist es auch Ihr Firmenimage, das ein neues, freundliches Gesicht benötigt.

Geld: Schauen Sie jetzt nicht auf das Geld, das ausgegeben wird. Betrachten Sie das Geld als Möglichkeit sich zu amüsieren, ein Fest zu feiern. Seien Sie großzügig und denken Sie auch an die anderen. Über Ihren Geldgeschäften wacht ein gütiges Schicksal.

Liebe: Freude und Fröhlichkeit hat sich Ihrer Beziehung bemächtigt. Eine wunderschöne Karte, die Ihrer Beziehung den Segen des Himmels erteilt. Wenn Sie die Karte für sich alleine aufgedeckt haben, dann wird es Zeit, dass Sie die Augen öffnen und andere Menschen an sich heran lassen.

Die Frage von Sabine E. aus Potsdam

Mit 46 noch ein Baby?

Familiär und beruflich musste ich mich nach der Trennung von meinem Mann nach 20-jähriger Ehe neu orientieren. Seit kurzem habe ich einen neuen Lebensgefährten, von dem ich (ungeplant) schwanger bin. Was soll ich tun? Kompliziert das nicht alles noch weiter? Ich habe die Karte „Vier der Stäbe“ gezogen.

Die Antwort des Tarot

Liebe Sabine, ich hoffe, meine Antwort kommt nicht zu spät.
Also: Diese Karte verheißt Fröhlichkeit. Und Fröhlichkeit ist genau das Gegenteil von Sorgen- und Problemewälzen. Irgendwer und irgendetwas in diesem Kosmos will, dass Sie noch mit 46 ein Kind bekommen.
Also: Wenn die Ärzte ihr Okay geben, dann singen und tanzen Sie und lassen Sie geschehen, was geschehen soll. Die Karte „Vier der Stäbe“ verkündet tatsächlich manchmal ein Kind, das große Freude mit sich bringt.

Fünf der Stäbe

Auseinandersetzung

Bild: Fünf junge Burschen scheinen einen Wettkampf miteinander auszutragen. Doch wirkt der Kampf nicht aggressiv und zerstörerisch sondern wie ein Kräftemessen, ohne den anderen dabei verletzen zu wollen. Diesen Eindruck unterstützt der hellblaue Hintergrund. Denn die Farbe Blau symbolisiert Menschenliebe. Die rotfarbigen Kleidungsstücke drücken Vitalität und Lebensenergie aus. Feuer, das Element der Stäbe, braucht Reibung, um nicht zu erlöschen. Es sucht Herausforderungen, Kämpfe, Wetten, Streits, Rivalitätsgerangel und Konkurrenz. Das alles belebt und schürt das Feuer.

Deutung: Die Stäbe verkünden Feuer. Die Ziffer Fünf ist eine bewegliche Zahl, die sich nicht in gleiche Teile unterteilen lässt, und nicht zur Ruhe kommt. Die Karte Stab-5 spiegelt somit Reibung, Konkurrenz, Rivalität. Sie zeigt an, dass das Gleichgewicht verloren wurde und sich neu gestalten will. Sie verkündet Änderung und Aufbruch. Sie verkündet auch, dass große Kräfte am Wirken sind, dass das Feuer sich ausbreiten will.

Aussage: Feuer. Reibung. Auseinandersetzung. Lebendigkeit. Streit. Konkurrenz. Aufbruch. Männliche Seite. Auf zu neuen Ufern.

Beruf: Sie sollen sich behaupten. Vielleicht werden Sie angegriffen. Vielleicht müssen Sie selbst „angreifen", sich vorwärts schieben, die Ellenbogen gebrauchen, sich durchsetzen. Wichtig ist, dass Sie sich der Auseinandersetzung stellen und jetzt nicht den Pazifisten oder Edelmütigen mimen. Es liegt in der Natur des Feuers, sich auszubreiten. Es ist auch nicht entscheidend, dass Sie gewinnen, sondern, dass Sie dabei sind, bereit sind, sich zu messen, zu vergleichen. Wenn diese Karte für eine vor Ihnen liegende Verhandlung aufgedeckt wird, können Sie mit einer temperamentvollen

Auseinandersetzung rechnen und müssen all Ihr Können aufweisen, um überhaupt zu Wort zu kommen.

Geld: Sie müssen sich für Ihr Geld einsetzen. Vielleicht handelt es sich um mit Ihnen vereinbarte Kosten, für die Sie sich stark mach müssen. Möglicherweise geht es auch um verliehenes Geld, das zurückgefordert werden soll. Grundsätzlich zeigt die Karte an, dass Sie, wenn Sie (mehr) Geld möchten, sich dafür auch stark machen sollen. Sie bekommen nichts geschenkt.

Liebe: Wo Feuer wirkt, kommt es zu Reibung, die auch in einen Streit ausarten kann. Aber der Streit belebt die Beziehung.
Wenn Sie alleine sind, wird es höchste Zeit,die Begegnung mit anderen Menschen zu suchen.

Die Frage von Helke Ö. aus Pullach

Bekomme ich meine finanzielle Situation in den Griff?

Meine Situation ist schnell erklärt: Ich bin Ärztin und arbeite 14 Stunden täglich. Zusätzlich mache ich am Feierabend, an den Wochenenden und Feiertagen Notdienst. Man glaubt, bei so viel Arbeit dürfte man keine finanzielle Not haben. Irrtum! Ich bekomme gerade mal 3.200,- Mark brutto. Die Miete für die Praxis beträgt aber allein schon 3.000,- Mark. Sie können sich denken, dass ich so nicht weiterleben kann. Zeigt die Karte „Die Fünf der Kelche" einen Ausweg aus meiner Situation?

Die Antwort des Tarot

Liebe Helke, zunächst einmal bin ich schockiert über Ihre schlechte Bezahlung. Das zeigt, dass die Gesundheitsreform zum Nachteil der guten Ärzte fabriziert wurde. Was das Tarot betrifft, habe ich nun leider keine Antwort auf Ihre Frage. Die Karte „Fünf der Kelche" steht eindeutig für ein emotionales Problem, nicht für ein berufliches. Kann es denn sein, dass Sie immer noch unter einer (partnerschaftlichen) Trennung leiden, die Ihr berufliches Wirken stört? Dann wäre es dringend nötig, zuerst das Persönliche zu klären.

Sechs der Stäbe

Gewinn

Bild: Eine Gestalt reitet auf einem weißen Pferd. Sie trägt den Lorbeerkranz des Siegers auf dem Kopf. Es kann ein Reiter, aber auch eine Reiterin sein. Denn der Stab in ihrer Hand ist ein Phallussymbol. Der grüne Kranz, der daran festgebunden ist, ist wiederum ein Zeichen weiblicher Geschlechtskraft. Das Pferd steht für Bewegung, Trieb, Natur und Sexualität. Seine weiße Farbe symbolisiert Vollkommenheit. Die grünen Farbe signalisiert Sympathie, Hoffnung und Fruchtbarkeit. Die Menschen im Hintergrund erkennen den Reiter als Sieger an.

Deutung: Die Stäbe bedeuten Feuer. Die Ziffer Sechs beinhaltet zwei mal die Zahlt Drei und somit doppelte Festigkeit und Stabilität, also Gelingen auf der ganzen Linie. Wer sich im Feuer bewährt hat, erhält den Lorbeerkranz. Und wer sich als Sieger in einer Auseinandersetzung qualifiziert hat, der erfährt die Unterstützung der anderen.

Aussage: Sieg. Überlegenheit. Ansehen. Gewinn. Verantwortung und Leitung. Stolz und angenehme Neuigkeiten. Eine Auseinandersetzung gewinnen. Zum Vorgesetzten bestimmt werden. Befördert werden.

Beruf: Jetzt ist keine Zeit für Grabenkämpfe. Die Zeit, die Erfordernisse, bedürfen eines Leiters, der von allen unterstützt wird. Wenn die Karte für Sie aufgedeckt wurde, ist dies ein Hinweis, dass Sie kämpfen können. Sie haben sich als Sieger qualifiziert. Sie können sich auf Ihre Mitarbeiter verlassen. Steht die Karte für eine andere Person, ist es wichtig, dass Sie sich ihr gegenüber jovial verhalten. Es kommt jetzt darauf an, dass alle mit gebündelter Kraft in die gleiche Richtung drängen.

Geld: Die Karte verkündet Glück und Gelingen bei Ihren Geldgeschäften. Vielleicht bekommen Sie mehr Geld. Vielleicht erhalten Sie eine Position, die mit höherem Einkommen verbunden ist. Auch auf Geldgeber und Ihre Bank können Sie sich verlassen. Niemand wird Ihnen in den Rücken fallen.

Liebe: Wenn die Karte für Sie aufgedeckt ist, dann sind Sie jetzt im Vorteil und schlagen jeden Rivalen aus dem Feld. Wenn die Karte aber für jemand anderen aufgedeckt wurde, dann müssen Sie vorsichtig sein: Sie sind unterlegen.

Die Frage von Marion B. aus Bochum

Steuere ich auf den Abgrund zu?

Mein Leben gerät immer mehr aus den Fugen. Eine Herzklappen-Operation machte mich 1985 erwerbsunfähig. Nacheinander verließen mich mein Mann, mein Vater und im vergangenen Jahr auch mein 18-jähriger Sohn. Ich bin derzeit mit den Nerven völlig am Ende, gesundheitlich geht es mir nicht so gut. Ich habe die Karte „Sechs der Stäbe" gezogen. Wird sich meine Gesamtsituation verbessern?

Die Antwort des Tarot

Liebe Marion,keine Angst: Sie steuern nicht auf den Abgrund zu, sondern sind kurz davor, Ihrem Leben eine neue, positive Wende zu verleihen. In Kürze werden Sie neues Selbstvertrauen spüren und Sie wechseln dann die Seiten vom Verlierer zum Gewinner. Auch in der Beziehung zu anderen Menschen (Ihr Mann, Vater und Sohn) sind Sie kurz vor einem Abschluss der Probleme. Jetzt ist die Zeit gekommen, Konflikte zu lösen, ja sogar auf neue glückliche Verbindungen darf gehofft werden. Wirklich Marion, die Karte signalisiert das Ende Ihrer Irrfahrt. Keine Angst vor der Zukunft! Vertrauen Sie dem Leben, den Sternen, dem Tarot!

Die Frage von Monika K. aus Lauda

Ich möchte wieder in meine Wohnung.

Die „Sechs der Stäbe" ist die Antwort auf Monikas Frage: „Werde ich meine Schulden abbezahlen können, und komme ich wieder in meine Wohnung in der Pfalz?"

Die Antwort des Tarot

Liebe Monika, ich weiß leider nicht, ob Sie von Ihren Schulden freikommen werden, darüber verrät mir das Tarot nichts. Aber die Karte, die Sie aufgedeckt haben, die erzählt mir einiges über Sie: Sie sind eine starke Frau. Wenn Sie wollen, können Sie alles erreichen. Niemand und nichts kann sich Ihnen in den Weg stellen. Sie triumphieren über alle Hindernisse und Hemmnisse. Sie sind und bleiben ein Sieger. Jetzt wünsche ich Ihnen, dass Sie diesen Schwung in Ihr Leben tragen können. Dann wird sich sicherlich vieles positiv verändern.

Sieben der Stäbe

Stärke

Bild: Fast ein Riese steht auf einem Berg. Er verteidigt seine Position gegen einen Angriff. Doch er steht hoch über den Angreifern und drückt damit aus, dass er der Herausforderung gewachsen ist. Die eigenartige Fußbekleidung der Figur – an einem Fuß trägt sie einen Stiefel, am anderen einen Schuh – symbolisiert Offenheit und Verschlossenheit gegenüber triebhaften, tierischen Impulsen aus der Unterwelt, dem Unbewussten.

Deutung: Die Stäbe bedeuten Feuer und damit Kraft, Energie, Konkurrenz und Herausforderung. Auf der Karte kommt es zu einem Angriff auf die Leitung. Die Führungsposition muss verteidigt werden. Die Ziffer Sieben ist eine magische, eine heilige Zahl. Die Alten kannten nur sieben Planeten, Gott erschuf die Welt in sieben Tagen, der Mond dreht sich in vier mal sieben Tagen um die Erde, und die Woche hat daher sieben Tage. In vielen Mythen und Märchen ist die Sieben ein Symbol für übernatürliche Stärke (die Sieben Samurais, die glorreichen Sieben, die sieben tapferen Brüder). So spiegelt die Karte Stab-7 eine Situation, in der man einer Herausforderungen durch eine Überzahl von Angreifern gewachsen ist.

Aussage: Stärke. Selbstbehauptung. Übernatürliche Kraft. Magie. Eine Herausforderung, der man gewachsen ist. Einen Kampf gewinnen. Seine Position verteidigen.

Beruf: Sie sind stark, dynamisch, unschlagbar. Ihre Argumente sind besser, Sie wissen mehr als alle anderen zusammen. Wenn Sie angegriffen werden, dann müssen Sie sich auch verteidigen. Ziehen Sie sich jetzt nicht beleidigt zurück, sondern zeigen Sie die Zähne. Es geht dabei nicht nur um Sie, sondern auch um die Stimmigkeit der ganzen Angelegenheit: Es ist Ihr Recht und Ihre Pflicht, sich zu verteidigen. Wenn die Karte für eine andere Person steht: Sie haben keine Chance, zu gewinnen.

Geld: Vielleicht gibt es eine Krise, aber Sie sind ihr gewachsen. Vielleicht müssen Sie Ihr Geld verteidigen, aber Sie werden die Herausforderung gewinnen. In allem, was Sie tun, liegt große Stärke und Gelingen. Vertrauen Sie Ihrer Kraft, auch wenn die Aufgabe, die es zu bewältigen gilt, schier unmöglich scheint.

Liebe: Jetzt kann Ihnen niemand „an den Karren fahren". Das bedeutet auch, dass Sie einen Nebenbuhler aus dem Feld schlagen. Vorsichtig nur, wenn die Karte für jemand anderen steht. Dann stehen Sie auf verlorenem Posten.

Die Frage von Lisa M.
aus Bad Brückenau

„Sieben der Stäbe"
und ein kleiner Ort …

Ich bin über 65 Jahre und Rentnerin. Mich interessieren alle religiösen und spirituellen Fragen und Antworten. Meine Frage deshalb: Wie lässt sich dies leben in einem kleinen Ort, außer in Büchern?

Die Antwort des Tarot
Liebe Lisa, Sie haben Grund zur Freude. Ja, Sie können diese Seite in Kürze ausleben. Schreiben Sie Briefe, suchen Sie Kontakte über unsere Zeitung. Sie finden Gleichgesinnte! Der Geist des Tarot ist auf Ihrer Seite, und diese Kraft ist stark. Sie könne ihr vertrauen. Es gibt so viele Menschen wie Sie, und alle sind sie in einem geistigen Netzwerk miteinander verbunden. Und kümmern Sie sich nur nicht um das Gerde der anderen: Sie sind stark!

Acht der Stäbe

Achtung

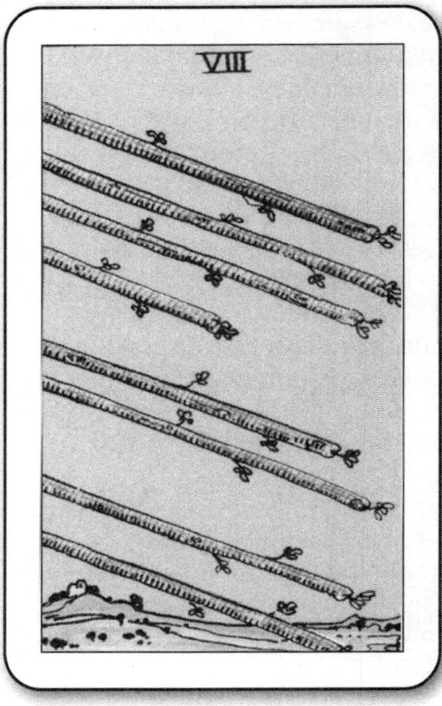

Bild: Acht Stäbe fliegen durch die Luft. In ihrem Flug neigen sie sich wieder der Erde zu. Der Höhepunkt ist überschritten. Eine Veränderung wird signalisiert. Sie muss aber nicht automatisch negativ sein. Die Karte strahlt nämlich kein sichtbares Unheil und keine Aggressivität aus. Diesen Eindruck unterstützt auch die Farbgestaltung. Der hellblaue Bildhintergrund symbolisiert den Himmel und steht für Menschenliebe und Glaube. Die grüne Landschaft macht einen friedlichen Eindruck. Die Farbe Grün bedeutet Hoffnung.

Deutung: Die Ziffer Acht ist gleichermaßen unendlich (als liegende „8" ist sie das Zeichen für Unendlichkeit) und spannungsgeladen (zweimal die Vier, also zweimal Widerstand und Polarität). Als unendliche Zahl steht sie für die ungeheuere Kraft, die in den acht Stäben gebannt ist: Etwas Gewaltiges (f)liegt in der Luft. In dieser Form wirkt die Acht bedrohlich. Das ist auch in dem Wort „Acht-ung" in seltsamer Weise eingefangen. Auch in anderen europäischen Sprachen besteht dieser Bezug zwischen Acht und Achtung.
Andererseits muss mit Widerstand gerechnet werden. Der Flug der acht Stäbe deutet daher auf eine gefährliche Wende hin. Eine Situation, ein Zeitabschnitt geht dem Ende zu. Die Stäbe neigen sich im Flug wieder der Erde zu, der Höhepunkt ist überschritten. Aber die Karte Acht allein zeigt noch nicht die Richtung der Wende; der Weg nach der Veränderung ist (noch) nicht bestimmt.

Aussage: Achtung. Vorsicht. Spannung. Energie. Eine Wende. Etwas Bedrohliches liegt in der Luft.

***Beruf*:** Feuer ist eine treibende Kraft. Feuer ist Energie. Feuer ist Lebendigkeit. Aber Feuer erschöpft sich auch. Die acht Stäbe verkünden eine Wende: Stress, Erschöpfung, Krankheit, Alter ... Es ist wichtig, dass Sie die Zeichen richtig zu deuten.
Vielleicht sind Sie überfordert. Vielleicht muten Sie sich selbst zu viel

zu. Was Sie jetzt benötigen, ist Entspannung, Ferien, ein paar Tage Urlaub. Bedenken Sie auch, dass Sie, wenn Sie jetzt in gewohnter Weise weiter arbeiten, auch an Ihren Reserven zehren.

Geld: Über allen Geldgeschäften steht ein großes Fragezeichen. Jetzt ist die richtige Zeit, um Spekulationsobjekte zurückzugeben und das Geld sicher anzulegen. Möglicherweise kündet die Karte Stab-8 aber auch eine generell schwierige Situation Ihrer Finanzen an. Möglich ist auch, dass Sie geliehenes Geld zurückgeben müssen. In jedem Falle ist es wichtig, dass Sie die Ursache des wirtschaftlichen Rückgangs erkennen: Haben Sie überreizt? Waren Sie leichtsinnig?

Liebe: Ihr Feuer, das bedeutet Ihre Vitalität, hat den Höhepunkt überschritten. Genießen Sie diesen Moment, es ist wie die Erschöpfung nach einem köstlichen Orgasmus.

Die Frage von Patricia T. aus Salzburg

In unserer Partnerschaft ist etwas ziemlich faul

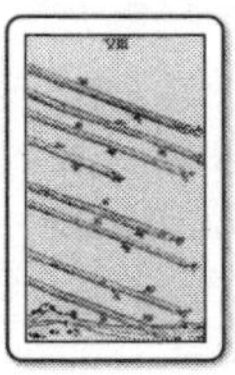

Lieber Herr Bauer, ich möchte Sie etwas fragen: Ich habe das Gefühl, dass meine Partnerschaft mit meinem Freund seit längerem nicht mehr richtig stimmt. Aber wenn ich mit ihm reden will, zuckt er nur die Schultern. Jetzt habe ich das Tarot gefragt und es kam die Karte „Acht der Stäbe“. Was bedeutet sie, lieber Herr Bauer?

Die Antwort des Tarot

Liebe Patricia, das Tarot bestätigt Ihr Gefühl. Irgendetwas stimmt nicht. Die „Acht der Stäbe“ ist aber auch kein deutlicher Hinweis für ein Problem, eher ist sie eine Warnung: So wie ein fliegender Speer irgendwann seinen Höhepunkt erreicht und dann sich wieder der Erde zuneigt, so ist Ihre Beziehung jetzt auf einem Höhepunkt angelangt und neigt sich möglicherweise dem Ende zu. Jetzt muss gehandelt werden. Sie haben völlig recht. Schütteln Sie Ihren Partner und sagen Sie ihm, dass Ihre Liebe auf dem Spiel steht. Wenn er dann immer noch nicht hören will, dann müssen Sie ihn vielleicht einmal eine Zeitlang verlassen, damit er endlich aufwacht.

Neun der Stäbe

Schwäche

Bild: Im Bildvordergrund steht ein Mann mit einem Stab. Hält er sich an dem Stab fest oder hält er den Stab fest? Genau das ist der bildliche Ausdruck für die Bedeutung der Karte: sich an etwas festhalten oder etwas festhalten. Den Stäben im Hintergrund wendet die Gestalt den Rücken zu. Sie bekommt nicht mit, was hinter ihrem Rücken vor sich geht oder hat sich bewusst davon abgewendet. Das weiße Band auf ihrem Kopf kann man auf verschiedene Weise deuten. Es kann ein Verband sein, der eine Verletzung schützt, eine Augenbinde, von der er sich befreit hat oder ein Stirnband. Hinter der Gestalt sind die grünen Berge der Hoffnung zu sehen, und auch die Schuhe und Strümpfe sind grün und weisen darauf hinauf hin, dass die Situation nicht ohne Hoffnung ist.

Deutung: Die Stäbe bedeuten Feuer. Auf der Karte Stab-9 ist das Feuer verbraucht. Es droht zu erlöschen. Die Karte Stab-9 verkündet daher einen Machtwechsel. Wer auf der Karte Stab-7 Sieger war, auf der Karte Stab-8 die Zeichen der Zeit nicht richtig deutete, kämpft auf der Stab-8 gegen seinen eigenen Niedergang. Die Ziffer Neun signalisiert häufig das Ende eines Zyklus.

Aussage: Angst vor Niederlage. Ein Machtwechsel steht bevor. Die Wende. Einen sinnlosen Kampf führen. Auf verlorenem Posten stehen. Ausgebrannt sein.

Beruf: Ein Machtwechsel ist fällig. Jedes weitere Festhalten an Ihrer Position schiebt das Ende nur vor sich her. Der Wechsel ist bestimmt. Sie verschwenden Ihre Lebenskraft. Sie sind ausgebrannt, leer. Was immer Sie festhalten und behaupten möchten, Ihre Position, Ihren Besitz, Ihr Geld: Die Zeit ist gekommen, dies alles loszulassen.

Geld: Haben Sie Ihr Feuer vergeudet, Ihr Geld verspielt? Jedenfalls sind Sie mit Ihrem Latein am Ende. Sie brauchen Zeit, sich zu besinnen.

Liebe: Jetzt ist eine Pause angesagt, sonst verausgaben Sie sich unnötig. Was immer Sie jetzt festhalten wollen, ist ohnehin schon verloren.

Die Frage von Susann H. aus Königswartha

Wie sieht meine Zukunft aus?

Ich bin jetzt 20 Jahre jung und seit viereinhalb Jahren aus der Schule. Nun habe ich bereits eine Lehre hinter mit und stecke jetzt in einer zweiten Ausbildung. Nebenbei tanze ich als Go-Go-Girl. Ein großes Problem habe ich nicht wirklich. Aber ich möchte trotzdem einfach gerne wissen, was die Zukunft noch alles für mich bereit hält. Ich habe die Zukunftskarte „Die Neun der Stäbe“ gezogen. Das ist doch das Glück der wachen Energie, oder Herr Bauer?

Die Antwort des Tarot

Liebe Susann, ich finde es toll, dass Sie in so jungen Jahren schon das Tarot fragen! Das verrät mir, dass in Ihnen eine Menge steckt. Nun zu Ihrer Karte. Die „Neun der Stäbe“ ist leider nicht das Glück der wachen Energie. Die Karte sagt vielmehr, dass Sie bald unzufrieden mit Ihrem Leben sein werden und etwas Neues wollen. Und dabei wird es nicht mehr so sehr nach außen, sondern nach innen gehen!

Die Frage von Christin H. aus Pölitz

Welcher Beruf ist meine Bestimmung?

Trotz guter Vorbereitung habe ich die Heilpraktikerprüfung ein weiteres Mal nicht bestanden. Ich möchte so gerne in meiner eigenen Praxis Menschen helfen, zu ihrer Gesundheit zurückzufinden. Und nun das Aus! Ich bin verzweifelt. Kann es sein, dass dieser Beruf nicht meine wahre Bestimmung ist? Ich habe die „Die Neun der Stäbe“ gezogen.

Die Antwort des Tarot

Liebe Christin, zunächst einmal: machen Sie sich bloß keine Vorwürfe! Ich kenne Leute, die sind fünf Mal durch die Prüfung gesaust und haben sie dann endlich bestanden – und sind heute gute Heilpraktiker. Nun zu Ihrer Karte: Sie sagt ledglich, dass Sie im Moment erschöpft sind, was ja auch kein Wunder ist. Jetzt machen Sie ein halbes Jahr Pause und dann: Auf ein Neues, Christin!

Zehn der Stäbe

Zusammenbruch

Bild: Eine gebückte Gestalt trägt ein Bündel von zehn Stäben. Sie scheint unter der Last fast zusammenzubrechen. Die Figur wirkt gedrungen und strahlt dadurch Schwere aus, was durch die bräunliche Farbe der Kleidung noch unterstützt wird. Ganz im Bildhintergrund steht überproportional klein ein Haus. Man kann es als Ziel deuten oder als Metapher für das „eigene Heim“ oder das „eigene Ich", das klein geworden ist und an den Rand gedrückt wurde.

Deutung: Stäbe bedeuten im Tarot Feuer. Die Karte Stab-10 spiegelt das Ende des natürlichen Feuerzyklus. Feuer entzündet sich (Stab-1), Feuer breitet sich aus (Stab-3 bis Stab-5), Feuer strebt einem Höhepunkt zu (Stab-6 und Stab-7), aber Feuer erschöpft sich auch (Stab-8 und Stab-9). Die Ziffer Zehn steht für einen endgültigen Schlussstrich – und einen frischen Neubeginn.

Aussage: Niederlage. Energielosigkeit. Bankrott. Mattigkeit. Erschöpfung. Stress.

Beruf: Sie sind geschlagen. Alles was Sie sonst schmückte und zierte, Ihre Kraft und Geschicklichkeit, Ihr Wissen, Ihr Besitz und die Menschen, die Sie bewunderten, das alles ist zur Last geworden. Was Sie jetzt nötiger brauchen als alles andere, ist eine schöpferische Pause, eine Kur, frische Luft und einen Menschen, der sich um Sie kümmert. Lassen Sie alle Ihre beruflichen Geschäft ruhen.

Geld: Die Karte erlaubt zwei Interpretationen zu Ihrer wirtschaftlichen Situation. Die eine deutet auf eine wirtschaftliche Erschöpfung, auf Verluste, sogar auf einen Bankrott hin. Die andere besagt, dass Sie erschöpft sind und alle Ihr Geld, Ihr Reichtum, Ihre ganze wirtschaftliche Situation zu einer Last für Sie geworden ist, der Sie sich entziehen möchten.

Liebe: Sie sind erschöpft, Ihr Feuer braucht Nahrung. Jetzt heißt die einzig richtige Entscheidung, sich zurück zu ziehen und in sich selbst aufzutanken.

Die Fragevon Margret K. aus Herne

Wann werde ich Ruhe und Frieden finden?

Diese Frage stellte sich Margret K. und deckte dann die Karte „Zehn der Stäbe" auf.

Die Antwort des Tarot

Liebe Margret, ich glaube, Sie haben die Antwort schon gefunden, denn Sie sind erschöpft, ausgelaugt und zweifeln am Leben. Jetzt geht es darum, etwas anderes zu finden – nämlich Vitalität und Glück. Dafür brauchen Sie aber zuvor eine Pause. Fahren Sie in den Urlaub oder machen Sie ein paar Tage frei und stellen Sie dann die Frage: „Wann werde ich wieder richtig leben?"

Das kleine Arkanum und die 10 Karten der Kelche

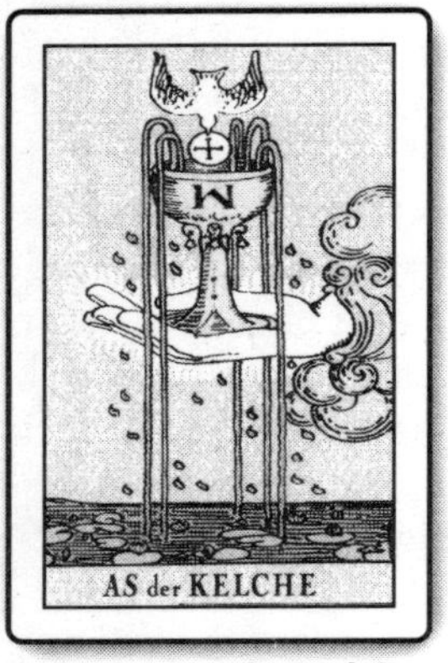

Karte I – Ass der Kelche

Die Kelchkarten stehen für Gefühle – Liebe, Leid, Glück und Verzweiflung. Jede einzelne dieser Karten spiegelt dem Tarot-Spieler eine andere Facette des aus dem Land der Gefühle. Je mehr Kelche auf einer Karte abgebildet sind, um so intensiver ist der Blick in den Spiegel der Gefühle.

Die Serie der Kelchkarten beginnt mit dem Kelch-Ass, einer wunderbaren Karte, die als Sinnbild dafür steht, dass Gefühle ein Geschenk des Himmels sind. Die Kelchkarten enden mit einer wiederum herrlichen Karte, der Kelch-10, dem Inbegriff emotionalen Glücks und Zufriedenheit. Ungefähr in der Mitte der Kelch-Reihe, also bei den Kelchkarten 4, 5 und 6, sind auch unangenehme Gefühlszustände abgebildet.

Es geht dabei darum, dem Menschen ein Versäumnis klar zu machen: Wer seine Gefühle nicht als „heiliges Geschenk des Himmels“ nimmt, dem begegnen Gefühle als schmerz- und leidvoll, als verletzend, ja sogar als etwas Böses.

Karte II – Zwei der Kelche

Karte III – Drei der Kelche

Karte IV – Vier der Kelche

Karte V – Fünf der Kelche

Karte VI – Sechs der Kelche

Karte VII – Sieben der Kelche

Karte VIII – Acht der Kelche

Karte IX – Neun der Kelche

Karte X – Zehn der Kelche

Ass der Kelche

Gefühl

Bild: Eine weißumstrahlte Hand ragt aus einer grauen Wolke und hält einen goldenen Kelch. Aus ihm fließt Wasser in einen Lotusteich. In vielen Mythologien und Religionen symbolisiert Wasser, oder ein mit Wasser gefüllter Kelch die Seele des Menschen und seine Gefühle. Eine Taube, die eine Hostie mit einem Kreuz in den Kelch legt, drückt die göttliche, die spirituelle Liebe aus. Das gesamte Bild ist ein Sinnbild des Wasserkreislaufs, von den Höhen des Himmels, durch die Taube repräsentiert, über die fünf Ströme zu den Tiefen der Erde, dargestellt durch die Seerosen auf dem Teich. Die Farbe Gold des Kelches steht für Licht und Erleuchtung, die Farbe Blau für das empfangende Prinzip.

Deutung: Wie alle anderen Kelchkarten auch, symbolisiert das Kelch-Ass das Wasserelement. Wasser steht für die rezeptive Seite des Menschen, für seine Fähigkeit zu spüren, zu empfinden und für seine Ausdruckskraft. Das Karte Kelch-Ass symbolisiert wie jedes Ass eine allumfassende Fähigkeit des Menschen. Hier ist es die Gabe zu empfinden und sich auszudrücken.

Aussage: Die Gabe zu fühlen, zu empfinden, sich selbst zu finden. Die Welt Kraft seiner Gefühle erfahren. Bei der Arbeit auf seine Gefühle achten. Eine Tätigkeit suchen, bei der auch die Gefühle eine Rolle spielen.

Beruf: Genießen Sie Ihre Arbeit, erfreuen Sie sich Ihrer Position! Ihre Tätigkeit bereitet Ihnen Freude. Sie entdecken, dass Ihr Beruf nicht nur Ihre Existenz sichert, sondern sie auch emotional nährt, dass Arbeiten Glücklich macht. Je mehr Sie vom Gefühl der Liebe in Ihr Tun einfließen lassen, um so sicherer, fröhlicher und erfolgreicher werden Sie sein. Die Karte erinnert Sie daran, dass Sie ein Recht auf Gefühle haben. Möglicherweise – besonders wenn die Karte auf dem Kopf aufgedeckt wird – deutet das Kelch-Ass an, dass Sie mehr Gefühl in Ihre Arbeit einfließen lassen sollen und wollen, dass Sie vielleicht eine Arbeit suchen, in der mehr Raum für Ihre Gefühle herrscht.

Geld: Ohne es vielleicht selbst zu bemerken, haben Sie ein sehr emotionales Verhältnis zum Geld: Sie haben es gerne in Ihrer Nähe, Sie lieben es. Genau das ist richtig! Das Geld mag auch Sie und kommt zu Ihnen. Vertrauen Sie dieser geheimnisvollen Gesetzmäßigkeit!

Liebe: Sie erblühen in Liebe. Da kann es nicht ausbleiben, dass Sie bald nicht mehr alleine sind. Wenn diese Karte für Ihre Liebe steht, heißt es, dass sie ein Geschenk des Himmels ist.

Die Frage von Elvira U. aus Unterschleißheim

Was sagt das „Ass der Kelche" zur Liebe?

In der sehr innigen harmonischen Beziehung mit meinem Freund kam ich mir dennoch nur als Lückenbüßer vor. Wir haben es nie geschafft, einmal acht Tage zusammenhängend miteinander zu verbringen. Jetzt habe ich die Beziehung beendet. Ich vermisse ihn, kämpfe aber mit mir, was ich tun soll – wieder die Aktivere sein? Werde ich mit meiner großen Liebe doch noch glücklich?

Die Antwort des Tarot

Liebe Elvira, ich glaube, Sie urteilen sehr mit dem Kopf. Wie kann man denn eine Liebe daran messen, ob sie acht Tage lang am Stück gut läuft oder nicht? Sie sehen es ja selbst, Ihr Herz denkt anders, sonst würden Sie sich jetzt nicht nach ihm sehnen. Das „Ass der Kelche" sagt Ihnen auch, dass Sie Ihrem Herzen folgen sollen und nicht irgendwelchen Ansprüchen, Maßstäben, Vorstellungen und Überlegungen.

Zwei der Kelche

Begegnung

Bild: Ein Mann und eine Frau stehen sich gegenüber. Die Frau bietet dem Mann einen Kelch dar. Der Mann streckt ihr die Hand entgegen, um ihn anzunehmen und bietet ihr wiederum seinen Kelch an. Es ist ein Austausch zwischen zwei Menschen, ein wechselseitiges Geben und Nehmen. Zwischen den beiden schwebt ein geflügelter Löwenkopf und der Merkurstab mit der doppelten Schlange. Beides symbolisiert Leidenschaft, die mit Spiritualität in Einklang steht. Die weißen Kleidungsstücke – bei der Frau das Kleid und beim Mann das Hemd – drücken Unschuld aus. Der blaue Umhang der weiblichen Figur repräsentiert das weibliche, das empfangende Prinzip. Die grünen Hügel mit dem Haus im Hintergrund versinnbildlichen Hoffnung und Fruchtbarkeit.

Deutung: Die Kelch-2 Karte verweist wie alle Kelchkarten auf Gefühl, Mitgefühl, Liebe und die rezeptive Seite des Menschen. Hier ist die Liebe zwischen zwei Menschen, zwei offenen Herzen, gemeint. Ob diese Liebe zur großen „Lovestory" wird oder zum Flirt für einen kurzen Augenblick, entscheiden die anderen Karten, denn die Ziffer Zwei beinhaltet immer auch den Zweifel und die Unentschiedenheit. So verweist die Kelch-2 eher auf einen möglichen Beginn einer Liebe. Oder sie will dem Tarotspieler sagen, dass er mit einem anderen Menschen auf gleicher Wellenlänge schwingt. Auf den Beruf bezogen, deutet die Karte an, dass vielleicht zu einem Kollegen eine gefühlsmäßige Bindung besteht, die eventuell selbst noch nicht richtig wahrgenommen wurde. Auch dies ist möglich, dass man eine Arbeit sucht, in der Gefühle leichter fließen können.

Aussage: Eine offene Begegnung. Ein Mensch, der so empfindet wie man selbst. Austausch von Schwingungen. Der Beginn einer Liebe. Gefühlsaustausch.

Beruf: Die Karte signalisiert, dass Sie verliebt sind: in Ihren Chef, in einen Arbeitskollegen, in einen Menschen, der Ihnen nahe steht. Vielleicht haben Sie selbst dieses Gefühl der Liebe noch gar nicht bemerkt. Dann ist es wichtig, dass Sie es entdecken, ihm nachspüren. Diese Liebe ist wichtig und richtig. Gelingen entsteht, wenn Sie sich verschenken, wenn Sie Ihren Verstand ausschalten. Aber gehen Sie auch nicht zu weit. Warten Sie, was die Zeit noch alles bringt.

Geld: Geld ist an sich nutzlos und tot. Erst wenn Sie es als Quelle der Liebe und des Glücks für sich und andere entdecken, wird es lebendig und bereichert Ihr Dasein.

Liebe: Zwei Herzen, die im gleichen Rhythmus schlagen, können zueinander finden, sich vereinigen. Die Karte zeigt den Beginn einer Liebe.

Die Frage von Heike T. aus Erfurt

Soll ich meinen Mann für einen anderen verlassen?

Lieber Herr Bauer, ich habe die Karte „Zwei der Kelche" gezogen. Mein Problem ist folgendes: Vor 13 Jahren habe ich aus den völlig falschen Gründen einen Mann geheiratet, den ich zwar mag und respektiere, aber ich liebe ihn nicht. Weil ich immer nachgegeben habe, sind wir gut miteinander ausgekommen. Jetzt habe ich einen anderen Mann kennen gelernt, der einen sehr guten Einfluss auf mich und meine Kinder hat. Aber ich habe Angst, mich von meinem Ehemann zu trennen, weil ich finanziell von ihm abhängig bin. Was können Sie mir raten?

Die Antwort des Tarot

Liebe Heike, die „Zwei der Kelche" ist leider keine Garantie, dass der neue Mann besser ist als Ihr Ehemann. Sie haben sich verliebt. Das ist wunderbar, aber waren Sie nicht auch in Ihren Mann verliebt? Zumindest zum Zeitpunkt des Kennenlernens? Und was ist daraus geworden? Mein Rat: Bringen Sie zuerst einmal Ihr Leben in Ordnung, bevor Sie wieder eine neue Beziehung eingehen. Wenn Sie die Trennung wirklich wollen, dann leiten Sie die nötigen Schritte ein.

Drei der Kelche

Fröhlichkeit

Bild: Drei Frauen, die Töchter der Fröhlichkeit, der Liebe und des Glücks, tanzen und trinken sich zu. Dies könnte auch der Tanz von Brautjungfern sein oder einfach ein Tanz aus überströmender Freude und Glück heraus. Außerdem versinnbildlichen die Jungfrauen die drei Grazien, die drei Nornen (Schicksalsgöttinnen) oder die drei Wünsche aus dem Märchen. Die Ziffer Drei ist eine stabile Zahl, sie vollendet die Zahl Zwei: Es heißt Vater, Sohn und Heiliger Geist, zu einer Familie gehören Vater, Mutter und Kind. So spiegelt diese Karte die Verlässlichkeit der Gefühle. Der Blumenschmuck und die Früchte erinnern an Erntedank. Auch die Farben auf der Karte strahlen Freude und Liebe aus.

Deutung: Wie alle Kelchkarten verweist auch die Kelch-3 auf die emotionale Seite des Lebens, auf Gefühl, Stimmung, Empfinden und Empfangen. Die Ziffer Drei ist eine stabile Zahl. So spiegelt diese Karte die Verlässlichkeit der Gefühle. Die Töchter der Fröhlichkeit, der Liebe und des Glücks tanzen, sie leben aus der Fülle heraus und fühlen sich geliebt und von anderen Menschen angenommen.

Aussage: Fröhlichkeit. Glück. Festlichkeit. Hülle und Fülle. Ein freudiges Ereignis. Eine Angelegenheit, um die es gut steht. Glück in der Liebe. Eine feste und stabile Beziehung. Eine tiefe und starke Verbindungen zu einem anderen Menschen. Erfolg. Ehre, Ruhm. Ein unerwartet positiver Geschäftsabschluss.

Beruf: Sie haben Anlass zum Feiern und Glücklichsein. Ein Erfolg ist Ihnen beschieden, den Sie auch verdienen. Lassen Sie alle Beteiligten, Ihren Chef, Ihre Kollegen und Ihre Freunde, an Ihrem Erfolg teilhaben. Erfolge, die man feiert, kommen immer wieder.

Geld: Sie haben eine Goldader gefunden. Ihr Geld vermehrt sich. Sie sind ein Glückspilz. Investieren Sie Ihr Geld, geben Sie es aus. Sie bekommen alles dreifach zurück. Die

Karte signalisiert aber auch, dass Sie Geld nicht zu hoch bewerten dürfen. Was nützt Ihnen Geld, wenn Sie nicht glücklich sind? Glück, Liebe, Zufriedenheit kann man nicht kaufen.

Liebe: Ihre Liebe findet den Segen des Himmels und erhält Beständigkeit. Wenn Sie diese Karte für sich alleine aufgedeckt haben, dann sagt es, dass Sie noch an einer alten Liebe haften.

Die Frage von Ute K. aus Nürnberg

Wie hilft mir „Die Drei der Kelche“ weiter?

Wann und wo werde ich wieder Arbeit finden? Als gelernte Arzthelferin bin ich seit über einem halben Jahr arbeitslos. Leider war meine Suche bisher vergeblich. Ich habe die Karte „Drei der Kelche“ gezogen.

Die Antwort des Tarot

Liebe Ute, ich weiß nicht, wie ich es Ihnen erklären soll, aber diese Karte, die Sie gezogen haben, hat überhaupt nichts mit Arbeit zu tun. Es ist eine eindeutige Beziehungs- oder Partnerkarte. Mit anderen Worten: Entweder Sie haben sich beim Bestimmen der Karte vertan oder Ihr Berufsproblem ist gar nicht das Entscheidende, sondern die Liebe. Irgend etwas ist geschehen mit Ihnen, woran Ihre Seele immer noch „knabbert“.
Das Tarot sagt noch Folgendes: „Ute, liebe Ute, du musst erst dein Beziehungsproblem klären, bevor du deine berufliche Situation in den Griff bekommen kannst.“

Vier der Kelche

Sättigung

Bild: Eine Gestalt sitzt unter einem Baum und vor ihr stehen drei Kelche. Wie beim Kelch-Ass wird ihr ein neuer Kelch gereicht. Doch die Person, die männlich oder weiblich sein kann, nimmt keine Notiz davon. Oberflächlich betrachtet, wirkt sie ruhig und zufrieden. Sie scheint zu schlafen oder ist so versunken, dass sie nicht bemerkt, was um sie herum vorgeht. Bei näherer Betrachtung wirkt sie niedergeschlagen. Ihre Verschlossenheit drückt vor allem die Haltung der Arme und Beine aus. Auch die Kleidung strahlt trotz des roten Hemdes weder Fröhlichkeit noch Vitalität aus. Ein Baum versinnbildlicht die Natur, aber auch die Natur des Menschen als einen Teil der Natur. Die Gestalt sitzt an den Wurzeln des Baumes und symbolisiert damit die Rückkehr zu den eigenen Wurzeln.

Deutung: Alle Kelchkarten verweisen auf die emotionale Seite, auf die Kraft der Gefühle und Stimmungen. Auf dem Bild der Karte Kelch-4 wird allerdings eine Situation dargestellt, auf der Gefühle hinderlich sind, weil sie einschläfern. Es ist eine Situation der Sattheit, einer Reaktion auf die Ziffer Vier. Sie bedeutet ursprünglich Widerstand und Auseinandersetzung mit Materie. Wer sich dieser Aufforderung nicht stellt, sondern sich gehen lässt, verschläft neue Möglichkeiten. Die Kelch-4 hat keine eindeutige Aussage. Manchmal verkündet sie Schwierigkeiten für eine bestehende Beziehung beruflicher oder privater Natur. Dann wieder steht sie für einen heimlichen Wunsch nach etwas Neuem. In jedem Falle ist diese Karte eine Mahnung, bewusst und aufmerksam zu sein.

Aussage: Sich auf Lorbeeren ausruhen. Durch Selbstgefälligkeit eine Chance verpassen. Ein unbewusster und ungelebter Wunsch nach Veränderung.

Beruf: Sie sind selbstgefällig und bequem geworden. Ihr Unternehmen, Ihr Betrieb oder Ihre Arbeit, dämmert dahin, Ihre Stelle gleicht dem Bett, in das Sie sich jeden Abend zurückziehen. Aber der Wunsch nach Erneuerung, Abwechslung und Expansion lebt in Ihren Träumen weiter.

Geld: Sie sollen handeln. Sie bekommen ein Angebot und bemerken nichts davon. Öffnen Sie die Augen. Greifen Sie nach den Chancen, die Ihnen geboten werden. Die Karte verweist häufig auf Erwerbsquellen, die man nicht wahrnimmt oder auf Angebote, die man übergeht.

Liebe: Sie träumen von der großen Liebe und sehen daher nicht die kleine, die sich vor Ihnen abspielt. Öffnen Sie die Augen, sonst verschlafen Sie auch diese Chance.

Die Frage von Werner A. aus Ludwigshafen

Bleibe ich für immer bei ihr?

Lieber Herr Bauer, seid einiger Zeit bin ich mit einer sehr lieben Frau zusammen und eigentlich sehr glücklich. Wir unternehmen viel, sind einfach ein gutes Team – auch optisch sind wir ein hübsches Pärchen. Nun quälen mich Zweifel, ob mir das Glück so hold bleiben wird. Werde ich für immer bei ihr bleiben?

Die Antwort des Tarot

Lieber Werner, Sie haben einen guten Schutzengel, der Sie immer daran erinnert, das Glück nicht zu „verschlafen“. Denn genau das ist die Bedeutung dieser Karte: Dass man nicht aufmerksam, nicht dankbar ist, für das, was man hat. Sorgen Sie sich also um Ihre Liebe, schlafen Sie nicht ein – dann hält sie ewig.

Die Frage von Margret Sch. aus Angermünde

Können wir ein Haus bauen?

Wir möchten ein altes Haus verkaufen und dafür einen altersgerechten Bungalow bauen lassen. Aber mannigfaltige Schwierigkeiten stellen sich meinem Mann (73) und mir (63) in den Weg. Wir sind schon ganz traurig, denn viel Zeit bleibt uns auf diesem Planeten nicht mehr. Meine Karte „Vier der Kelche“ und die Frage: Werde ich in nächster Zukunft einen Bungalow bauen lassen können?

Die Antwort des Tarot

Liebe Margret, diese Karte steht für „Sättigung“. Nicht etwa, dass Ihnen das Tarot Ihren ersehnten Bungalow nicht gönnt, aber die Karte sagt: Genießen Sie doch das,was Sie haben. Vielleicht ist damit gemeint, dass Sie Ihr Häuschen altengerecht renovieren sollten. Ich an Ihrer Stelle würde mich dem Stress auch nicht mehr aussetzen wollen. Überlegen Sie einmal, wie Sie Ihr Häuschen attraktiver und annehmlicher gestalten können.

Fünf der Kelche

Enttäuschung

Bild: Eine Gestalt in einem schwarzen Trauermantel steht in kummervoller, trauernder Haltung an einem Fluss. Der Mann oder die Frau scheint sehr betroffen zu sein über die umgestoßenen Kelche. Die drei Kelche, deren Inhalt sich auf die Erde verströmt, sind ein bildlicher Ausdruck für das Ende des sicheren Glücks, der Liebe und der Fröhlichkeit. Auch der Fluss, der durch das Bild fließt, steht für Gefühle: Gefühle, die fließen und sich ändern. Die beiden stehenden, gefüllten Pokale weisen auf die Chance eines Neubeginns, auf einen Ausweg hin. Die Burg im Hintergrund ist als ein Hort des Vergangenen, Verflossenen, wie auch des Bewahrenden und Zukünftigen zu sehen.

Deutung: Wie alle Kelchkarten verweist auch Kelch-5 auf die rezeptive, gefühlshafte Seite des Menschen. Hier wird das Gefühl der Trauer, des Schmerzes, der Betrübtheit und der Melancholie ausgedrückt. In der Logik der Zahlen gilt die Ziffer Fünf als auch als eine schicksalhafte Folge der Vier. Wer die Aufforderung auf der Ebene der Vier verschläft, trägt auf der Fünf die Folgen. Die Kelch-5 bedeutet die Veränderung einer beruflichen, beziehungsweise privaten Beziehung. Oft signalisiert sie sogar den Anfang vom Ende. Die Ursachen dafür liegen in gegenseitiger Missachtung. Die beiden aufrechten Kelche signalisieren allerdings auch eine Chance, sich zu öffnen und einen vertrauensvollen Neubeginn, eine neue tragfähigere Beziehung aufzubauen.

Aussage: Schmerz. Trennung. Verlust. Enttäuschung. Der Anfang vom Ende. Chancen für einen Neubeginn

Beruf: Sie haben sich vertan. Die Chancen sind verspielt. Sie haben zu lange gewartet. Jetzt hilft Ihnen allerhöchstens ein Neuanfang weiter. Auf bisherige Art und Weise gibt es kein Gelingen. Wenn Sie weiterhin untätig der Situation zusehen, wird sie sich verschlechtern. Häufig ist die Karte eine Mahnung. Sie nimmt die Zukunft vorweg. Dies gilt besonders, wenn die Karte verkehrt, das heißt auf dem Kopfe stehend, aufgedeckt wird

Geld: Sie haben sich verkalkuliert, vielleicht sogar falsch spekuliert. Das einzige, was Ihnen hilft, ist ein radikaler Neubeginn. Holen Sie Ihr Geld zurück.

Liebe: Jetzt ist der Traum zu Ende. Ihre Liebe erfährt einen Schock. Ob Sie sich davon erholen? Das hängt von Ihnen und Ihrem Schicksal ab. Aber verlieren Sie nur nicht gleich den Mut.

Die Frage von Christine W. aus Köfering

Wie werde ich mit meinem Leben fertig?

Ich habe jede Menge Enttäuschungen hinter mir. So viele, dass ich mittlerweile mit dem Schicksal hadere und an gar nichts mehr glauben kann. Das ging beruflich los. Dann kamen private Probleme dazu. Meine Eltern, meine Verwandten – alle haben mich im Stich gelassen. Sagt die Karte „Die Fünf der Kelche" etwas darüber aus, wie es mit mir weitergehen wird?

Die Antwort des Tarot

Liebe Christine, die „Fünf Kelche" bedeueten Abschied – und zwar von einer Beziehung. Das Tarot sagt, dass Sie noch an einer Liebe zu einem (ehemaligen?) Partner hängen und nicht loskommen. Vielleicht glauben Sie, dass Sie damit fertig sind. Aber das Tarot sieht das anders: Sie sind defintiv noch nicht losgekommen. Und ich sage Ihnen auch, warum Sie nicht fertig sind: Weil Sie sich (insgeheim) Vorwürfe machen. Solange Sie in dieser alten Misere hängen, kann nichts wirklich Neues geschehen. Lassen Sie in Liebe los. Schließen Sie ab! Die Zeit heilt auch Ihre Wunden. Das ist die wichtigste Botschaft für Sie. Wenn Sie mit der Vergangenheit fertig sind, kommt eine neue Zukunft.

Sechs der Kelche

Erinnerung

Bild: Das Bild ist nicht eindeutig zu interpretieren. Erstmal ist es anscheinend ein nettes Bild, auf dem sich zwei Kinder mit Blumen beschenken. Genauso gut aber könnten es Zwerge sein oder Kinder, die sich als Erwachsene verkleidet haben. Die Frau ist außerdem noch als Wandelfigur dargestellt. Ihr Gesicht ist einmal dem Männchen zugewandt, wenn man die gelbe Fläche als ihre Haare betrachtet. Doch diese kann genauso gut ihr Gesicht sein, das sich abwendet und von einem roten Kopftuch umgeben ist. Die Frau versinnbildlicht also Zuwendung und Verweigerung und das Männchen muss mit Annahme oder Ablehnung seines mit Blumen gefüllten Kelches rechnen. Auch die Blüten sind mit Vorsicht zu genießen. Es sind Stechapfelblüten, ein sehr giftiges Nachtschattengewächs, das als das bekanntesten Hexenkraut gilt, richtig angewandt aber auch als Medizin verwendet wird.

Deutung: Sämtliche Kelchkarten verweisen auf das Ur-Element Wasser und damit auf Gefühl, Stimmung, Empfindung, Verinnerlichung. Hier werden regressive, kindliche Gefühle dargestellt. Die Ziffer Sechs folgt der Zahl Fünf und bietet die Möglichkeit, das was auf der Stufe der Vier versäumt wurde, durch Aktivität wieder zurückzugewinnen. Das Kind, das in jedem erwachsenen Menschen lebt, ist immer bereit für ein neues Spiel. Aber auch das ist möglich, dass man sich in seiner Kindheit verliert, sich dort eine Wunderwelt vorstellt, sie es so nie gegeben hat. Besonders, wenn die Karte verkehrt, das heißt auf dem Kopfe stehend aufgedeckt wird, ist sie als Mahnung zu verstehen, sich mit dem Hier und Jetzt zu beschäftigen und nicht mit einer Wunschwelt.

Aussage: Regression. Das Kind im Erwachsenen. Sich an seine Kindheit erinnern. Ein neuer Anfang. Sich in der Vergangenheit verlieren

Beruf: Sie bekommen die Chance für einen echten Neuanfang. Sie müssen allerdings Ihrerseits auch bereit dafür sein. Vergessen Sie alles, was Sie wissen, vergessen Sie Ihre Erfahrungen, beginnen Sie wie ein unschuldiges Kind zu experimentieren und zu spielen. Gelingen erfolgt aus der Kraft des Kindlichen, Verspielten, Unschuldigen.

Geld: Finden Sie eine neue Beziehung zu dem Menschen, der Sie enttäuscht hat. Möglicherweise stehen Sie in einer Gehaltsverhandlung. Dann beginnen Sie Ihre Anstrengung, etwas herauszuschlagen, noch einmal ganz von vorne.

Liebe: Das Kind in Ihnen will spielen. Liebe schafft den Raum für dieses Kind. Seien Sie offen und schenken Sie sich diese Zeit der Kindlichkeit.

Die Frage Charlotte P. aus Ingolstadt

Was ist los mit mir?

Seit etwa einem Jahr bemerke ich etwas Eigenartiges: Die Menschen, die sich mir erst zugewandt haben, ziehen sich von mir zurück. Dies ist für mich als 51-jährige Witwe nicht leicht.

Die Antwort des Tarot

Liebe Charlotte, die Karte verheißt folgendes: Betrachten Sie bitte nicht alles gar so ernst. Seien Sie kindlich, leicht und verspielt. Sie sind jetzt Witwe. Da muss man erst mal mit fertig werden. Aber es ist kein „Stigma" für immer. Sie sind noch jung. Fragen Sie nach, warum man sich von Ihnen zurückzieht. Vielleicht gibt es einen ganz banalen Grund.

Sieben der Kelche

Magie

Bild: Sieben Kelche schweben in einer rosa Wolke, der Wolke der Täuschung oder des siebten Himmels? Jeder Kelch ist mit einer anderen Gabe gefüllt. Die verhüllte Gestalt im Strahlenkranz ist ein Sinnbild für die verhüllte oder unentdeckte Seite des Selbst und für wunderbare oder mysteriöse Geheimnisse. Der Kopf steht für Schönheit und ewige Jugend oder für Eitelkeit und mangelnde Reife, die Schlange für Versuchung und Eifersucht oder aber für Weisheit. Perlen und Schmuck bedeuten Reichtum und materielle Sicherheit, die Burg Macht und Größe oder Abgehobenheit und Einsamkeit. Der Lorbeerkranz als Zeichen des Sieges kann auch als Totenkranz gelten, denn auf dem Kelch ist ein Totenkopf zu erkennen. Der Drache verkörpert sowohl positive (weiße) Magie als auch die negative (schwarze) Magie.

Deutung: Wie jede Kelchkarte symbolisiert auch die Kelch-7 das Urelement Wasser und somit Gefühl, Sein statt Tun, Empfinden statt Handeln. Die Ziffer Sieben ist die Zahl der Magie und der unbegrenzten Möglichkeiten. In der Phantasie existieren Räume, die unerschöpflich sind.
Die Deutung der Karte ist so vieldeutig wie die Darstellung selbst. Sie fordert dazu auf, in der Phantasie einen Weg zur Lösung zu finden. Besonders Künstler verweist die Karte auf ihr schöpferisches Potential. Genauso kann die Karte aber auch eine Welt aus Schall und Rauch bedeuten. Man muss also bei der Interpretation der Karte Kelch-7 behutsam sein und eventuell andere Karten zur Unterstreichung einer bestimmten Deutung heranziehen.

Aussage: Schöpferkraft. Phantasie. Ungeahnte Möglichkeiten. Kraft des Unbewussten. Aber auch: Einbildung. Trug. Flucht aus der Wirklichkeit. Rausch. Emotionale Intelligenz.

Beruf: Die Kraft eines Neubeginns liegt in der Kraft der Phantasie. Ziehen Sie sich zurück, suchen Sie einen Raum, in dem Sie träumen können, entspannen Sie sich. Lassen Sie alle Ideen und Vorstellungen aufsteigen, kontrollieren Sie nichts. Lassen Sie Ihre Seele baumeln. Denken Sie weit und grenzenlos. Bevor Sie allerdings irgend etwas in die Tat umsetzen, sollten Sie sehr gründlich recherchieren.

Geld: Vorsicht heißt die Mutter der Porzellankiste. Sie haben Ideen, Sie erkennen überall großartige Möglichkeiten, aber dies alles zu realisieren, ist ein langer Weg. Bevor Sie Geld ausgeben, sollten Sie daher sehr gründlich recherchieren.

Liebe: Liebe macht den Menschen zum Magier, der seine Welt verzaubert. Was klein und grau war, wird groß und leuchtend. Das ist wunderbar, es inspiriert Sie. Es lässt Sie den Himmel berühren.

Die Frage von Renèe D. F. aus Lörrach

Bedeutet die „Sieben der Kelche" die Trennung?

Lieber Herr Bauer. Ich stehe vor den Scherben meiner Ehe und weiß nicht mehr weiter. Deswegen habe ich auch das Tarot gelegt und hoffe, Sie können mir einen Rat geben. Ich bin jetzt 26 Jahre mit meinem Partner zusammen. Jetzt droht die Trennung. Nach so langer Zeit! Soll ich aufgeben oder weiterkämpfen? Kommt die Trennung tatsächlich?

Die Antwort des Tarot

Liebe Renèe, Sie sehen jetzt nur die Scherben, aber nicht die Freiheit und alle tausend Möglichkeiten, die Sie jetzt haben. Was wollen Sie jetzt machen? Die Scherben kitten und ein „geleimtes" Leben führen? Auf einem Scherbenhaufen weitermachen? Oder den Besen holen und alles in den Müll kehren? So werden Sie frei. Und dann ergeben sich all die Möglichkeiten, die auf der Karte abgebildet sind: Ein neuer Anfang, ein neuer Mann, ein neues Haus, eine neue Liebe, ein neues Leben ... Aufregend nicht?

Acht der Kelche

Abschied

Bild: Im Bildvordergrund stehen acht Kelche aufgereiht. Die Lücke in der oberen Reihe betont die Figur, die den Kelchen den Rücken zuwendet, und sich am Ufer des Gewässers entlang entfernt. Die Person verlässt zwar etwas, aber sie steigt eine kleine Anhöhe hinauf, sie steigt also nach oben. Die rote Kleidung versinnbildlicht Lebenskraft. Das Wasser wirkt teilweise wie ein Fluss, ein Fjord oder ein Teich. Das alles sind bildhafte Gestaltungen für Gefühle. Die dunklen Klippen oder Berge, zu denen die Gestalt aufbricht, wirken zwar durch die schwarze Farbe bedrohlich, schimmern aber auch in der Farbe der Hoffnung, in Grün. Obgleich der Mond nur aus einer Sichel besteht, zeigt er dennoch ein vollständiges Gesicht. Auch das ist ein Hinweis, dass noch nicht alles hoffnungslos und verloren ist.

Deutung: Kelchkarten symbolisieren das Urelement Wasser und damit die rezeptive Seite des Menschen. Die Ziffer Acht wiederum bedeutet Polarität plus Widerstand. Die Karte verweist auf einen existentiellen Abschied und damit auch Neubeginn. Aus beruflicher Sicht handelt es sich dabei um eine Trennung von einem bestimmten Amt, Position oder Firma.

Aussage: Abschied. Trennung. Kündigung. Verzicht. Neubeginn. Die Suche nach neuen Ufern. Der Wunsch nach einem echten, existentiellen Neubeginn.

Beruf: Sie haben sich erfüllt und Sie haben gemerkt, dass Sie, wenn Sie nicht aus der Routine ausbrechen, erstarren. Heil liegt in einem neuen Anfang. Sie benötigen eine schöpferische Pause, einen Umweg, eine Weiterbildung, damit Sie in der Routine nicht untergehen. Zurecht sind Sie unzufrieden mit dem, was Sie erreicht haben. Ihr Weg führt Sie aus Sicherheit und Routine, aber das Ziel ist größer als dies: Sie suchen Erfüllung.

Geld: Scheuen Sie keine Anstrengung und kein Geld, um aus eingefahrenen Gleisen herauszukommen. Investieren Sie in Weiterbildung. Machen Sie eine schöpferische Pause. Fahren Sie in den Urlaub. Pausieren Sie.

Liebe: Kehren Sie Ihrem momentanen Leben den Rücken und machen Sie sich auf die Suche. Es eröffnet sich Ihnen ein ganz neuer Horizont. Bald werden Sie glücklich sein.

Die Frage von Floriane U. aus München

Ist es jetzt endgültig aus zwischen meinem Freund und mir?

Ich bin sehr traurig, Herr Bauer. Mein Freund hat mich verlassen. Er ist bei einer anderen Frau. Das hat er zwar schon öfters so gemacht, aber bisher kam er immer zurück. Es gab jeweils fürchterliche Dramen. Dieses Mal scheint es endgültig aus zu sein, oder nicht? Jedenfalls habe ich die Karte „Acht der Kelche" gezogen. Und die sieht doch wirklich nach einem endgültigen Abschied aus, oder nicht?

Die Antwort des Tarot:

Liebe Floriane, Sie haben recht, die Kelch 8 ist eine Karte des Abschieds. Sie verweist auf eine Trennung. Aber ich kann Ihnen auch sagen, dass es insofern keine Trennung für immer ist, weil am Ende der Reise, auf die sich die Gestalt begibt, eine neue und schönere Liebe kommt. Meinen Sie nicht auch, dass ein Mann, der Sie so häufig betrogen hat, Ihrer nicht wert ist? Machen Sie sich selbst auf die Reise. Je eher Sie den Trennungsstrich vollziehen, umso schneller finden Sie den Mann, der zu Ihnen steht und Sie nicht betrügt und demütigt.

Neun der Kelche

Ansehen

Bild: Ein Mann sitzt inmitten seiner Kelche. Sie sind hinter ihm aufgereiht wie auf einer Bühne. Gemeint ist die Bühne des Lebens. Das Gesicht des Mannes drückt Zufriedenheit und Fröhlichkeit aus, seine Armhaltung signalisiert Reichtum und das Gefühl: „Jetzt habe ich es geschafft." Die ganze Gestalt strahlt eine gewisse Selbstgefälligkeit aus. Die roten Strümpfe und die rote Mütze signalisieren Kraft, Willen und Begeisterung. Blau und Gelb sind die beiden vorherrschenden Farben auf der Karte. Die Farbe Blau verkörpert Gefühl und Glauben, die Farbe Gelb Klarheit und Licht.

Deutung: Sämtliche Kelchkarten symbolisieren das Urelement Wasser und damit die Kraft des Fühlens. Die Ziffer Neun wiederum ist eine dreifach stabile Zahl (Drei mal Drei). So signalisiert das Bild Gelingen, Sieg, Triumph, öffentliches Ansehen und Ruhm.

Aussage: Zuversicht. Gesundheit. Zufriedenheit. Lohn für Ihre Mühe. Sich sehen lassen können. Öffentliche Anerkennung. Ruhm.

Beruf: Glück, Gelingen und Heil stehen über Ihrem Tun. Wenn Sie offen und großherzig auftreten, trägt Sie die Kraft des günstigen Schicksals bis an die Spitze. Sie sind dazu bestimmt, andere zu führen. Weil Sie Ihr Herz nicht verleugnen, erhalten Sie die Zuneigung vieler Herzen.

Geld: Geld macht nicht glücklich. Es ist umgekehrt. Nur wenn Sie glücklich sind, sind Sie wirklich reich, und das Geld strömt in Ihre Richtung.

Liebe: Sie „platzen" beinahe vor Liebe. Sind voller Gefühle. Jetzt fehlt nur noch der richtige Mensch, mit dem Sie diese Gefühle teilen können. Wenn Sie diese Karte für Ihre Liebe gezogen haben, dann können Sie sich glücklich preisen.

Die Frage von Jeanette I. aus CH-Unterägeri

Findet mein Sohn seinen Weg noch einmal zurück zu mir?

Mein Sohn und seine Freundin haben sich komplett von mir distanziert. Eigentlich ist es eine lange Geschichte. Es gab zwischen uns viele Missverständnisse, die keiner wollte – und trotzdem sind sie passiert. Ich leide sehr darunter und möchte wissen, ob irgendwann einmal wieder eine Kommunikation stattfinden wird. Er kann doch sein Elternhaus nicht einfach vergessen, oder? Was bedeutet die Karte „Neun der Kelche" in diesem Zusammenhang?

Die Antwort des Tarot

Wenn ich mir die Karte anschaue, dann drängt sich mir der Verdacht auf, dass Ihr Sohn sich von Ihnen entfernt, um selbstständig zu werden. Aber er geht im Kreis. Das heißt, dass er zu Ihnen zurückkommen wird. Was Sie nicht tun sollten, ist, ihm nachzugehen, denn so treiben Sie ihn nur immer weiter fort. Warten Sie. Seien Sie sich Ihrer selbst sicher! Beschäftigen Sie sich mit etwas anderem.
Im Klartext heißt das: Vergessen Sie Ihren Sohn – dann kommt er zurück!

Zehn der Kelche

Zufriedenheit

Bild: Das Bild stellt die heile Welt dar. Mann und Frau verbunden in einer innigen Geste winken vor Freude und heißen das Glück willkommen. Die zwei Kinder vervollkommnen das Liebespaar zur Familie. In der Kleidung von Mann und Frau sind in harmonischem Gleichklang die beiden Farben Rot und Blau zu sehen. Blau für Gefühle, Glaube, das empfangende weibliche Prinzip und Rot für Lebenskraft, Wille, Vitalität und das gebende männliche Prinzip. Die idyllische Landschaft durchfließt ein ruhiger Bach, der Bach der Gefühle, der die Wiesen der Hoffnung und Fruchtbarkeit tränkt. Das Haus im Hintergrund bildet einen Hort der Geborgenheit. Die gesamte Szene überstrahlt der goldene Regenbogen des Glücks, mit den zehn Kelchen als Sinnbild für Vollendung und Erfüllung.

Deutung: Sämtliche Kelchkarten symbolisieren das Urelement Wasser und damit Gefühl, innere Erfahrung und innere Sicherheit. Die Ziffer Zehn wiederum bedeutet Abschluss und Erfüllung. Die Deutung der Karte lautet daher eine Ankunft in Zufriedenheit. Nicht außen ist der Ort, den man gefunden hat, sondern im Inneren, genau so wie man das Ende des Regenbogens niemals findet. Die Karte verweist auf alle Glücksumstände des Lebens.

Aussage: Freude. Ein Fest. Vollendung. Sie sind angekommen. Sie sind zu Hause. Sie finden Anerkennung und öffentliche Bestätigung.

Beruf: Großartig ist der Lohn für Ihr offenes Herz. Weil Sie Ihrem Beruf Ihr Glück und Ihre Liebe geben, kommen Sie alles zehnfach zurück. Der Same der Liebe ist aufgegangen. Sie haben viel mehr erreicht, als Sie je zu hoffen wagten. Und Sie wissen, dass Ihnen niemand das Glück, das Sie in Ihrem Inneren finden, nehmen kann.

Geld: Ein Märchen erzählt, dass sich am Ende eines jeden Regenbogens ein Eimer mit Gold befindet. Das Geheimnis jedoch ist, dass nur derjenige fündig wird, der sich ein offenes Herz bewahr, der bereit ist, seinen Schatz zu teilen: mit seiner Familie, seinen Freunden, mit allen Menschen ... Wer hingegen nur an seinen eigenen Wohlstand denkt, erreicht nie das Ende des Regenbogens.

Liebe: Das schönste, was eine Liebe finden kann, ist die Erkenntnis, dass man füreinander bestimmt ist und zusammen gehört. Die Karte bescheinigt Ihnen genau dieses Glück.

Die Frage von Elisabeth W. aus Fürstenfeldbruck

Kann ich noch glücklicher werden?

Lieber Herr Bauer, ich bin sehr glücklich, weil ich diese wunderbare Karte, die „Zehn derKelche" gezogen habe. Ich habe gefragt, was ich in meinem Leben verändern müsste, um noch zufriedener zu werden. Was meinen Sie dazu?

Die Antwort des Tarot:

Liebe Elisabeth, ich verstehe Ihre Freude. Diese Karte bekommen nur Menschen, die offen sind, die bereit sind für ein großes Geschenk – und Sie sind so ein Mensch; deswegen kam die Karte zu Ihnen.
Die Antwort ist also klar: Sie brauchen nichts zu ändern, Sie sollen lediglich Ihr Herz offen halten für derartige Geschenke. Wissen Sie, liebe Elisabeth, das Glück ist immer in unserer Nähe. Es entfernt sich niemals wirklich von uns. Die meisten Menschen haben aber vergessen, wie es aussieht und suchen es daher irgendwo vergeblich. Die Karte „Zehn der Kelche" ist wie ein Blick in den Spiegel der Glückseligkeit.

Das kleine Arkanum und seine 10 Karten der Schwerter

Karte I – Ass der Schwerter

Die Schwertkarten im Tarot sind sehr nicht leicht zu verstehen. Im Unterschied zu den anderen Karten, den Kelch-, Stab- und den Münzkarten, fällt auf, dass sie allesamt dunkler, grausamer, unangenehmer sind. Die Schwertkarten symbolisieren Kampf. Allerdings ist damit in aller Regel kein physischem Kampf gemeint. Dies Karten symbolisieren die negative Kraft des unerwachten Menschen, der seine Welt nicht wahrnimmt, wie sie ist, sondern gebrochen durch seine Selbstbezogenheit: Kaum ein Mann kann eine Frau sehen, ohne das Verlangen zu spüren, mit ihr zu schlafen. Kaum eine Frau kann einen Mann betrachten, ohne daran zudenken, ob sie ihn bekommen könnte. Wir können den Garten unseres Nachbarn nicht betreten, ohne den Gedanken des Neides, der Feindschaft, der Gier oder der Abwertung. Dieser Filter, den unser ganzes Sein umgibt, der aus der Selbstbezogenheit herrührt, verleiht den Schwertkarten ihr Fundament. Sie sind ein Spiegel unseres Egos, der Gier und der Possessivität, des Neides und der Eifersucht. Letztendlich sind sie Ausdruck unseres nicht erwachten Seins.

Auch bei den Schwertkarten existieren zehn Karten. Am Anfang steht die „Eins“ bzw. das Ass. Das „Finale“ ist die „Zehn der Schwerter“, die grausame Vollendung, die zugleich auch eine Erlösung bedeutet, weil man mit seinem unerwachten Bewusstsein am Ende ist.

*Karte II –
Zwei der Schwerter*

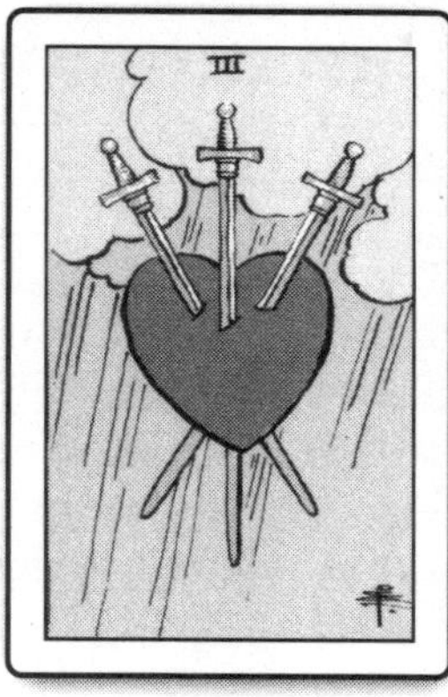

*Karte III –
Drei der Schwerter*

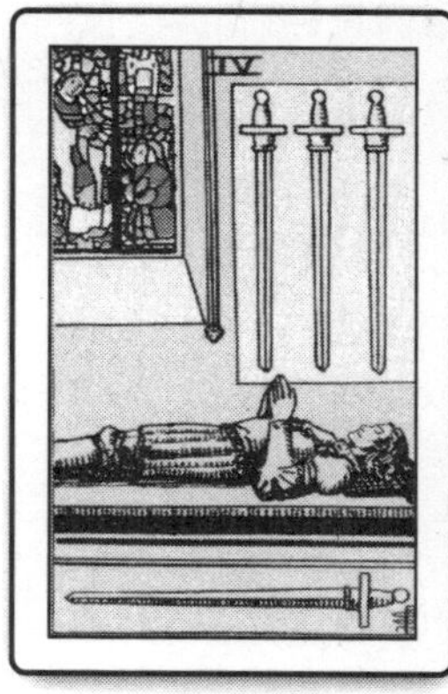

*Karte IV –
Vier der Schwerter*

*Karte V –
Fünf der Schwerter*

*Karte VI –
Sechs der Schwerter*

*Karte VII –
Sieben der Schwerter*

*Karte VIII –
Acht der Schwerter*

*Karte IX –
Neun der Schwerter*

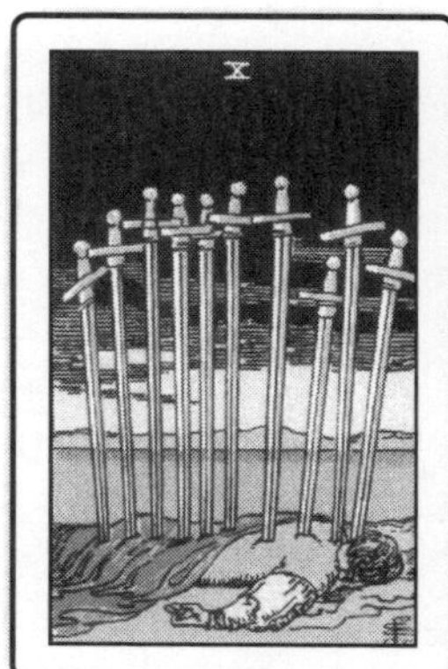

*Karte X –
Zehn der Schwerter*

Ass der Schwerter

Entscheidung

Bild: Aus einer grauen Wolke reicht eine Hand und ein Schwert. Das Symbol für Geist, für Wissen und Intellekt. Es assoziiert aber auch Schärfe, die schneidende Schärfe des Verstandes. Über dem Schwert schwebt die Krone der Erkenntnis. Die beiden immergrünen Pflanzen, die es umranken, ein Zweig und eine Alge, sind ein Hinweis auf die ewige Kraft des Geistes. Die Krone versinnbildlicht aber auch die persönliche Krönung, die man erleben kann, wenn einem etwas bewusst wird, wenn einem ein Licht aufgeht. Die sechs gelben Flämmchen, die um das Schwert tanzen, erinnern an Irrlichter oder an die Feuerzungen aus der Pfingstgeschichte, mit denen der Heilige Geist auf die Erde kam und die Jünger Jesu erleuchtete. Die Landschaft unten im Bild wirkt kalt, karg und leer.

Deutung: Das Schwert ist ein Symbol für das Urelement Luft, seine psychologische Entsprechung ist der menschliche Verstand. Dieser Verstand kann wie ein Schwert schneiden, trennen, verletzen, aber auch die Wahrheit verkünden. Durch die Kraft des Verstandes erhebt sich der Mensch über seine animalische Natur. Er kann erkennen. Damit wird er aber auch in sich selbst gespalten: Er reflektiert über sich, ist Subjekt und Objekt zugleich und verliert damit seine paradiesische Einheit und Unschuld. Die Ziffer Eins oder das Ass verkörpert wieder das Eine, in dem alles ist. Mit der Gabe des Geistes lässt sich sowohl die Wahrheit finden, als sie auch bekämpfen und verdrehen. Der Verstand besitzt – genau wie das Schwert – zwei Seiten.

Aussage: Die Kraft klarer Gedanken. Entscheidung. Erkenntnis. Aber auch Verhärtung. Verkopfung. Streitlust. Rechthaberei.

Beruf: Gebrauchen Sie Ihren Verstand. Setzen Sie Ihre grauen Gehirnzellen ein. Wenn Sie etwas nicht verstehen, dann verschaffen Sie sich den nötigen Überblick. Wenn Sie über andere entscheiden, ist es wichtig, dass Sie klar und neutral urteilen. Ein Schwert kann verletzen, und genauso ist es mit Entscheidungen und Beurteilungen.

Geld: Sie haben es in der Hand, ob Sie reich werden oder nicht. Aber wenn Sie sich für mehr Geld entscheiden, dann müssen Sie wissen, dass Sie sich damit auch für all das entscheiden, was mit Geld unlösbar verbunden ist: Glanz, Ansehen, Wohlstand – aber auch Angst vor Verlust, Gier, und Neid.

Liebe: Wenn Schwerter in der Liebe auftauchen, dann gibt es etwas zu klären, gilt es einen Entschluss zu fassen und sich nicht darum zu drücken. Das Schwert-Ass ist eine grundsätzliche Aufforderung, mehr Klarheit in seine Liebe zu bringen.

Die Frage von Gabriele J. aus Berlin

Gibt es Hoffnung?

Ich habe meine erste große Liebe wieder getroffen. Wir waren schon mal verheiratet, aber vor 13 Jahren ließen wir uns scheiden. Jetzt haben wir erkannt, dass wir uns noch lieben. Kommen wir wieder zusammen?

Die Antwort des Tarot

Liebe Gabriele, Sie haben sich einmal entschieden – damit basta! Das ist hart? Ja, das empfinde ich auch so, aber Sie haben sich für diese Karte entschieden, und ich muss Ihnen sagen, was sie bedeutet. Außerdem möchte ich Ihnen noch eine persönliche Erfahrung aus meiner therapeutischen Praxis mit auf den Weg geben: noch nie haben Menschen, die sich einmal getrennt haben, wieder zusammengefunden. Sie bleiben eine Weile zusammen, manchmal sogar ein paar Jahre. Aber die Trennung kam wieder. Unausweichlich!

Die Frage von Martina B. aus Essen

Werde ich mein Ziel erreichen?

Ich bin selbstständig und möchte durch die Zusatzausbildung zur „Podologin" meine berufliche Situation weiter verbessern. Werde ich mein Ziel erreichen und im Juli eine Externenprüfung machen?

Die Antwort des Tarot

Liebe Martina, die Karte signalisiert in Ihrem Fall eindeutig Gelingen. Das Schwert ist ein Symbol für Geist, Wissen und Intellekt, ja sogar für „scharfen Verstand". Wenn Sie die Karte genauer anschauen, sehen Sie, dass eine Krone dieses Schwert ziert. Es ist die Krone der Erkenntnis. Sie liegen mit Ihrer Entscheidung also goldrichtig. Jede Form von Weiterbildung steht unter einem guten Stern.

Zwei der Schwerter

Zweifel

Bild: Eine Frau sitzt mit verbundenen Augen am Meer. Sie wirkt ruhig und abwartend, doch die zwei gekreuzten Schwerter in ihren Händen signalisieren Gefahr. Die Karte zeigt die Doppelbödigkeit unseres Intellekts: Auf der einen Seite demonstriert die Gestalt, dass sie ohnmächtig ist, dass sie nichts sieht und sich daher nicht entscheiden kann. Auf der anderen Seite trägt sie zwei scharfe Waffen (ihr geistiges Potential) und verrät durch die verbundenen Augen, dass sie wahllos um sich schlagen kann. Dem Meer, dem Sinnbild für Emotionen und somit ihren eigenen Gefühlen kehrt sie den Rücken zu. Ihre Augenbinde zeigt, dass sie im Moment davon Abstand nimmt der Wahrheit ins Gesicht zu sehen. Doch mit verbundenen Augen schauen schärft auch die Wahrnehmung, so, wie sich bei blinden Menschen die anderen Sinne schärfen. Es besteht also Hoffnung, dass sich alles noch zum Guten wendet. Auch der weiße Fleck auf der Stirn der Gestalt als Andeutung des dritten Auges steht dafür.

Deutung: Sämtliche Schwertkarten symbolisieren das Urelement Luft, das im Tarot als Kraft, aber auch als Last des menschlichen Verstandes gedeutet und dargestellt wird. Die Ziffer Zwei wiederum beinhaltet Polarität und daraus resultierend, Zweifel und Verzweiflung. Die Karte spiegelt einen Zustand, in dem der Verstand in Dunkelheit (die Gestalt kann nicht sehen) gefangen ist und sich nicht entscheiden kann – oder sich auch nicht entscheiden will. Vielleicht weil der Gedanke der Dualität noch nicht verstanden ist. Vielleicht, um möglichen Angriffen vorzubeugen oder um Unsicherheit und Unkenntnis vorzubeugen.

Aussage: Zweifel. Zweifelhafte Situation. Quälende Entscheidungsunfähigkeit. Selbstschutz. Angst vor Verletzlichkeit.

Beruf: Unheil steht über Ihrem Tun. Eine verfahrene Situation erzwingt Ihr Innehalten. Sie brauchen Mut und Vertrauen, um die Augen zu öffnen, damit Sie klar sehen und entscheiden können. Oder ist es nur eine Hinhaltetaktik, die Sie veranlasst, sich nicht zu entscheiden? So oder so, letztlich schaden Sie sich nur selbst, denn Sie verzichten auf die Kraft Ihres Geistes. Sie übernehmen keine Verantwortung, und Sie überlassen die Entscheidung anderen.

Geld: Geld regiert die Welt – und Geld ruiniert sie auch. Das ist das Gesetz. Also spielen Sie nicht den unschuldigen Engel, der damit nichts zu tun haben will.

Liebe: Es hilft nichts, wenn Sie die Augen zumachen, so tun als ob Sie ein Engel wären. Und in Wirklichkeit haben Sie Angst vor der Liebe, wagen es aber nicht auszusprechen.

Die Frage von Anna-Maria W. aus CH-Niederönz

Was oder wer gibt mir endlich etwas Freude und Liebe ...

... in mein innerliches Chaos? Für andere habe ich alle meine Kraft gegeben, aber niemals etwas zurückerhalten. Jetzt bin ich kraftlos – elend, seelisch verkrüppelt. Es darf doch jetzt nicht das Ende sein! Ich habe die Karte „Die Zwei der Schwerter“ gezogen.

Die Antwort des Tarot

Liebe Anna Maria, das klingt furchtbar, was Sie mir erzählen. Man kann es gar nicht fassen, dass ein Mensch sich dermaßen leidvoll beurteilt. Sie müssen ein schlimmes Schicksal haben.
Nun zu Ihrer Karte. Die „Zwei der Schwerter“ spiegelt eine Person, die sich selbst dazu verurteilt, nicht aktiv zu sein. Sie verbietet sich sozusagen ihr eigenes Leben. Sie ist „verzaubert“, eingesponnen in ein Drama der Vergangenheit. Aber wenn Sie genau hinschauen, ist es nur eine Augenbinde und die Haltung, die man ändern müsste, um aus dem hilflosen Geschöpf eine gefährliche Frau werden zu lassen. Vielleicht ist das auch bei Ihnen so: Sie müssen die Augen öffnen und die Schwerter, die Sie ja haben, gebrauchen!

Drei der Schwerter

Kummer

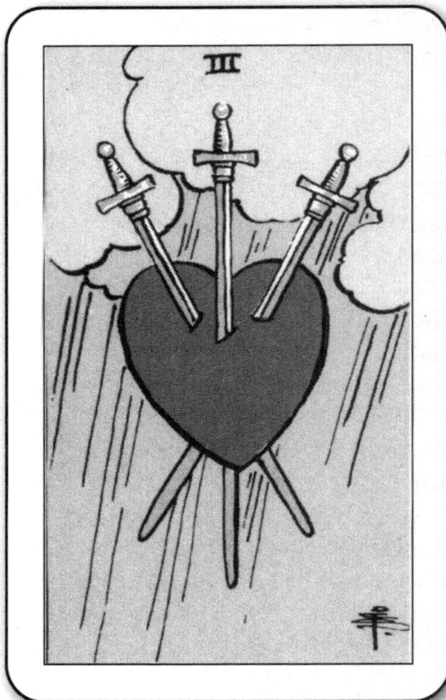

Bild: Ein rotes Herz wird von drei Schwertern durchbohrt. Rot ist die Farbe der Liebe, des Gemütes und symbolisiert darüber hinaus Wille, Trieb, Lebenskraft und Lebensfreude. Die Wolken und der Regen am Bildhintergrund sind grau gemalt, und verstärken die düstere und grausame Stimmung.

Deutung: Sämtliche Schwertkarten symbolisieren das Urelement Luft, das im Tarot als Kraft, aber auch als Last des menschlichen Geistes verstanden und dargestellt wird. Die Ziffer Drei wiederum steht für Festigkeit und Stabilität. Die Karte zeigt daher den Zustand tiefer und absoluter Verurteilung. Es ist keine physische Gewalt, die verletzt und schmerzt, sondern eine geistige: Der Verstand in seiner Unmäßigkeit hat zugeschlagen.
Symbolisch steht das durchbohrte Herz für Leid, seelische Krisen und inneren Tod. Oft verweist die Karte auch auf alte Verletzungen, die nicht völlig aufgearbeitet sind. Taucht die Karte auf, ist es notwendig, den Schmerz anzunehmen und somit die Dynamik der Selbstverurteilung zu beenden.

Aussage: Trauma. Existentielle Enttäuschung. Tiefe Verletzung. Trennung. Kündigung. Schmerz.

Beruf: Sie durchleben eine Krise. Sie müssen eine Niederlage verarbeiten. Wichtig ist, dass Sie sich selbst nicht verurteilen und den positiven Kräften vertrauen. Oft ist eine Niederlage die Folge einer früheren Schuld oder eines früheren Versagens. Aber das bedeutet nicht, dass etwas wirklich vertan oder verloren ist. Sie erhalten eine neue Chance, alles nochmals zu überdenken und entsprechend Ihrer jetzigen Einsichten und Möglichkeiten zu handeln.

Geld: Sie haben sich verkalkuliert und müssen eine finanzielle Niederlage verkraften.

Liebe: Diese Karte verweist immer auf großen Liebesschmerz, der entweder aus einer verflossenen oder einer momentanen Partnerschaft resultiert.

Die Frage von Günter H. aus Weimar

Werde ich wirklich alles verlieren?

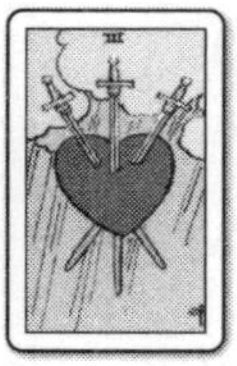

Es scheint, als hätte sich das Schicksal total gegen mich verschworen. Ich bin gänzlich pleite, geschieden und meine Töchter lassen mich allein. Wer Schulden hat, hat keine Freunde – das habe ich schmerzlich erfahren. Ich lebe in großer Angst, nun auch noch Haus und Hof zu verlieren. Mein Herz ist schon sehr angegriffen, doch eine Bypass-Operation kann ich mir im Moment nicht erlauben. Und nun auch noch diese schlechte Zukunftskarte: „Die Drei der Schwerter"!

Die Antwort des Tarot

Sind Sie ein Pessimist, lieber Günter? Warum quälen Sie sich selbst so? Die Karte „Die drei Schwerter" zeigt mir, dass Sie sich selbst so fertig machen, weil Sie damit zeigen wollen, wie verletzt Sie sind. Ich bitte Sie, hören Sie auf damit. Geben Sie dem Leben, geben Sie sich eine Chance! Fangen Sie an, alles in einem positiven Licht zu sehen. Wer Schlechtes „sucht", der bekommt es auch. Darum ist es wichtig, dass Sie Ihre Einstellung ändern. Und noch etwas: Wo soviele Schuldgefühle sind, da ist auch eine Schuld. Dort müssen Sie beginnen.

Vier der Schwerter

Ohnmacht

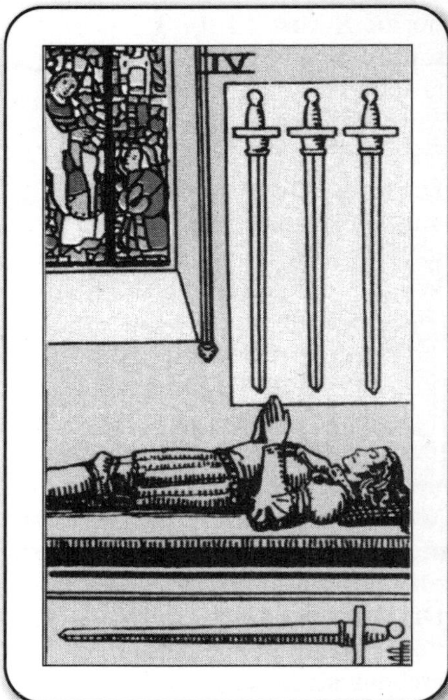

Bild: Ein Ritter liegt aufgebahrt auf einem Sarkophag in einer Kirche. Es ist nicht erkennbar, ob er nur schläft oder tot ist. Drei Schwerter hängen sichtbar über ihm, verkörpern eine bekannte Macht. Das vierte Schwert befindet sich unter dem Ritter und ist Ausdruck einer unbekannten Macht. Eine Seite einer Angelegenheit liegt also im Verborgenen. Es ist die Aufgabe und die Verheißung dieser Karte, sie zu erkennen. Der Ritter, der Sarkophag und das vierte Schwert sind in die Farbe Gelb gehüllt, die Klarheit und Erleuchtung bedeutet. Das bunte Kirchenfenster, das wie ein Mosaik dargestellt ist, versinnbildlicht die verschiedenen Erfahrungen, Erkenntnisse und Eindrücke, die es zu verarbeiten gilt. Auf dem Heiligenschein der größeren Figur sind die Buchstaben P-A-X zu sehen, das auf lateinisch Frieden bedeutet.

Deutung: Die Schwertkarten symbolisieren das Urelement Luft, das im Tarot als Kraft, aber auch als Last des menschlichen Geistes verstanden und dargestellt wird. Auf der Karte Schwert-4 ist die Kraft des Geistes erschöpft und verliert sich im Schattenreich dunkler Gedanken. Die Schwerter sind stumpf geworden, verletzen nur noch das eigene Ich.

Aussage: Ohnmacht. Rückzug von der Außenwelt. Verzicht. Opfer. Verzweiflung. Innerer Tod. Selbstverurteilung. Depression. Leid.

Beruf: Sie haben sich in Ihrem eigenen Gefängnis verloren. Irgendeine Instanz Ihres Seins hat Sie verurteilt. Ihr Gewissen lässt Sie leiden. Vielleicht waren Sie zu ungestüm. Vielleicht haben Sie einen Fehler gemacht. Vielleicht sind Sie im Konkurrenzkampf unterlegen. Jedenfalls werden Sie dafür betraft – und Sie selbst sind der Richter.

Geld: Wenn Sie Geld und materiellem Wohlstand so viel Kraft über Ihr Leben einräumen, ist es kein Wunder, dass Sie bei einem Verlust in eine Depression fallen.

Liebe: Sie versuchen durch Rückzug in Leid und Depression Ihren Partner zu beeindrucken. Das ist ein verständlicher, aber letztendlich der falsche Weg. Öffnen Sie die Augen, und vor allem sagen Sie, was Sie verletzt hat.

Die Frage von Rosemarie P. aus Neustadt

Wie besiege ich meine Ängste?

Ich möchte Körper, Geist und Seele in Einklang bringen. Was sollte ich tun, um meine lebenslangen Ängste und Blockaden aufzulösen? Seit drei Monaten mache ich Kung Fu. Ich zog die Karte „Vier der Schwerter".

Die Antwort des Tarot

Liebe Rosemarie, Sie sehen es ja selbst, auch das Tarot spiegelt Sie als einen Menschen, der große Probleme hat. Nun gilt es die Karte „Vier der Schwerter" zu verstehen: Sie symbolisiert einen Menschen, der sich selbst zum Opfer macht und auf seine vitale Lebenskraft verzichtet. Irgendwo in Ihrer Vergangenheit, liebe Rosemarie, haben Sie sich entschieden, Ihre Vitalität zu opfern, wahrscheinlich, um ein Drama in Ihrer Ahnenreihe auszugleichen. Sie haben sich etwa gesagt: „Ich opfere meine Vitalität, damit ein vergangenes Unrecht endlich eine Genugtuung erfährt!" Von daher finde ich es sehr gut, liebe Rosemarie, dass Sie jetzt einen Kampfsport betreiben. So wecken Sie Ihre Vitalität und werden ausbrechen aus Ihrem eigenen Gefängnis.

Die Frage von Marlies N. aus Bielefeld

Kommt meine Tochter zu mir zurück?

Vor knapp zwei Jahren zog meine Tochter nach einem Streit überraschend aus. Es vergeht kein Tag, an

dem ich nicht an sie denke, aber sie will nichts mehr mit mir zu tun haben. Seit ich einen neuen Chef habe, überlege ich auch einen Berufswechsel, aber ich bin zu 70 Prozent schwer behindert. Meine Karte: „Vier der Schwerter".

Die Antwort des Tarot

Liebe Marlies, tun Sie mir einen Gefallen. Gehen Sie zurück an die Stelle, an der Sie diese Tarotkarte aufgedeckt haben, mischen Sie die Karten erneut und ziehen Sie nochmal eine Karte. Und das machen Sie so lange, bis Sie die Karte „Die Liebenden" gezogen haben. Denn Sie sind voller Liebe. Also, warum zeigen Sie mir eine Karte, die so schrecklich ist?

Fünf der Schwerter

Kampf

Bild: Die Karte zeigt eine Szene nach einem Kampf. Ein Krieger scheint den Kampf gewonnen zu haben. Er ist dominant im Vordergrund abgebildet und trägt die Waffen der Besiegten. Aber der Himmel mit den grauen zackigen, aggressiven Wolkenfetzen verkündet keinen Sieg, sondern einen endlosen Kampf. Die Fortsetzung der Auseinandersetzung wird auch durch die zwei Schwerter in der linken Hand ausgedrückt. Denn die Zahl Zwei verweist immer auf Zwei-fel. Der Gesichtsausdruck der Gestalt im Vordergrund kann als Siegeslächeln oder als hämisches Grinsen über einen mit Niedertracht errungenen Triumph gelten. Im Hintergrund ist das Meer als Symbol für Gefühle zu sehen. Durch die schwarzen Striche wirkt es nicht wie Wasser, das fließt und sich jeder Form anpasst, sondern ist starr und rigide.

Deutung: Die Schwertkarten symbolisieren das Urelement Luft, das im Tarot als Kraft, aber auch als Last und Zügellosigkeit des menschlichen Geistes verstanden und dargestellt wird. Auf der Karte Schwert-5 ist die Gier des menschlichen Verstandes ausgedrückt. Die Karte steht für den Willen zur Eroberung und nach Expansion. Sie verkörpert die Gier nach Reichtum, Ruhm und Macht. Wer dabei aber das Maß verliert, seine ihm innewohnenden Möglichkeiten überreizt, ruft die Mächte der Existenz und wird in einen Kampf verwickelt, den er nie gewinnen kann, der immer im Leid endet, wie alle Kriege aller Zeiten und alle egoistischen Expansionen der Geschichte.

Aussage: Gemeinheit und Hinterlist. Beleidigung. Verrat. Arroganz des Intellektes. Gier nach Reichtum, Macht und Geld. Größenwahn.

Beruf: Sie wollten zuviel, und Sie kämpfen jetzt einen Kampf mit Ihren eigenen Grenzen. Sie haben Ihre Mitte verloren. Selbstbesinnung allein führt weiter.

Geld: Die Karte spiegelt Ihre Gedanken. Ihr Kopf führt einen großen Kampf gegen die Existenz – und daher auch gegen andere Menschen, Kollegen, Konkurrenten, der ganzen Geschäftswelt. Worum es geht? Darum dass Sie nicht genügsam sind mit dem, was Sie haben!

Liebe: Ein Kampf scheint zu Ende, aber in Ihrem Herz tobt immer noch der Krieg. Es wird wohl so weitergehen, bis Sie eine tiefere Einsicht erfasst hat.

Die Frage von Sabina F. aus CH-Zuchwil

Wird es doch noch die wahre Liebe?

Ich bin im Moment sehr im Zweifel. Mein Partner und ich leben seit einiger Zeit getrennt. Ich liebe ihn immer noch und ich denke, auch er ist nicht uninteressiert an einer Weiterführung unserer Beziehung. Kommen wir wieder zusammen und wird es dann noch eine richtig tolle Partnerschaft bzw. die wahre Liebe?

Die Antwort des Tarot

Liebe Sabina, eigentlich müsste Ihnen Ihre Intuition sagen, dass es nicht so gut aussieht mit Ihrer Liebe – bei dieser Karte. Sie passt ja nur wahrlich nicht zu einer wahren Liebe, oder? Aber vielleicht hilft sie Ihnen. Die fünf der Schwerter zeigt eine Auseinandersetzung, einen Kampf, der nie zu Ende geht. Einmal gewinnt der eine, dann der andere, manchmal herrscht auch (vorübergehend) Waffenstillstand, aber es kommt nie zu einem wirklichen Frieden.
Warum? Weil man sich schon aus einem früheren Leben kennt und nur weiterführt, was schon früher nicht möglich war.

Die Frage von Katharina D. aus Düsseldorf

Ich wurde missbraucht

Seit einem halben Jahr habe ich mich von meiner Familie getrennt, um alleine meinen Weg gehen zu können. Ich arbeite meine Vergangenheit auf (Kindsmissbrauch) und möchte auch noch eine Ausbildung schaffen. Aber ich weiß nicht recht, was ich mit meinen 23 Jahren werden will. Wann komme ich innerlich und äußerlich zur Ruhe? Was sagt die Karte „Fünf der Schwerter"?

Die Antwort des Tarot

Liebe Katharina, Ihr Schicksal berührt mich. Sie müssen die Vergangenheit loslassen (was Sie ja auch tun). Aber sie spielt für Sie immer noch eine Rolle, sonst würden Sie sie hier nicht erwähnen. Und solange Sie nach hinten schauen, liebe Katharina, können Sie nicht zugleich in die Zukunft blicken und den richtigen Beruf finden. Die Karte sagt mir, dass Sie mit der Vergangenheit kämpfen. Das ist verständlich, aber jetzt ist es Zeit, loszulassen. Dann – Sie werden sehen – öffnet sich Ihnen eine neue Zukunft und dort wird auch ein neuer Beruf für Sie sein.

Sechs der Schwerter

Scheinfrieden

Bild: Ein Boot treibt, von einem Fährmann gesteuert, auf dem offenen Wasser. Das Boot ist ein Sinnbild für den menschlichen Geist auf dem Wasser des Unbewussten. Für die Reise über das große Wasser, mit neuen Hoffnungen und alten Ängsten, dafür stehen die sechs Schwerter, die im Boot stecken. Wie gut die Reise gelingt, hängt vom „Durchblick" ab, den die Schwerter ermöglichen. Die beiden verhüllten Gestalten, ein Erwachsener und ein Kind, drücken Trauer und Schmerz aus. Die Zahl Sechs ist eine stabile Zahl, sie ist eine schicksalhafte Folge der Zahl Fünf. Der dort errungene Sieg führt zu einer Phase der Beruhigung. Für eine Zeitlang soll Frieden herrschen.

Deutung: Die Schwerter im Tarot sind ein Ausdruck der Zügellosigkeit des Verstandes und seiner Gier nach immer mehr: mehr Geld, mehr Macht, mehr Sicherheit, mehr Ruhm ... Notwendigerweise prallen die Menschen mit ihrem Ansinnen aufeinander. Um einen Kampf und eine mögliche Niederlage zu vermeiden, zieht sich der eine scheinbar zurück, bietet einen taktischen Frieden an. Aber wie sieht das Friedensangebot aus? Treiben die Schwerter das Boot nicht auf den Grund? Das Bild spiegelt auch die Farce aller Abrüstungsbeschlüsse, nach denen immer noch so viele Waffen übrig bleiben, um die Welt zigfach vernichten zu können.

Aussage: Ein Friedensangebot. Ein Konflikt soll aus der Welt geschafft werden. Eine Veränderung, die nicht unbedingt etwas verändert. Ein neuer Lebensabschnitt, der das Alte in sich trägt. Eine Reise über das (große) Wasser, mit neuen Hoffnungen und alten Ängsten. Opferhaltung.

Beruf: Sie müssen sich zurückziehen, klein beigeben, ein Friedensangebot machen. Den Kampf weiterzuführen, bringt Unheil. Aber auch der Friede ist noch lange nicht sicher. In Ihrem Inneren triumphiert weiter Ihr Wunsch, über den anderen zu thronen.

Geld: Ein taktischer Rückzug ist das Mindeste, was von Ihnen verlangt wird. Auf längere Sicht ist es jedoch wichtig, Ihre unbewusste Einstellung zum Geld aufzuarbeiten.

Liebe: Es ist Ihnen hoch anzurechnen, dass Sie nicht mehr kämpfen wollen. Aber ob dies der richtige Weg ist...? Die sechs Schwerter schlagen das Boot leck, und es wird bald untergehen.

Die Frage Ute G. aus Homburg

Soll ich etwas Neues beginnen?

Ich bin fast 54 Jahre alt und frage mich, ob ich noch eine Umschulung beginnen soll. Auf diese Frage habe ich die Karte „Sechs der Schwerter" gezogen. Ich verstehe sie nicht. Können Sie mir helfen, Herr Bauer?

Die Antwort des Tarot

Liebe Ute, würden Sie in einem Boot über das Wasser fahren, in dem sechs Schwerter stecken? Wie weit würden Sie kommen ...? Verstehen Sie die Antwort? Eine Umschulung zum jetzigen Zeitpunkt wäre so, als würden Sie mit diesem Boot übers Wasser fahren. Sie kommen nicht an. Mit anderen Worten: Eine Umschulung zum jetzigen Zeitpunkt wäre falsch.

Sieben der Schwerter

List

Bild: Ein Mann stiehlt sich mit fünf Schwertern davon. Er strahlt List und Überlegenheit aus. Es sieht nach einem gewitzten Diebstahl oder nach Verrat aus. Das bunte Zeltlager rechts im Hintergrund steht für eine Behausung, eine Heimat, die selbst beweglich oder veränderlich ist. In der Bildmitte sind ganz klein noch drei Zelte zu erkennen. Bei der Farbgestaltung der Karte überwiegt die Farbe Gelb, die für geistige Klarheit, aber auch für Neid und Missgunst steht.

Deutung: Die Schwertkarten symbolisieren das Urelement Luft, das im Tarot als Kraft, aber auch als Last und Zügellosigkeit des menschlichen Verstandes begriffen und dargestellt wird. Die Bündelung der Schwerter auf den Schultern des Kriegers bedeutet Gelingen durch Konzentration und Klarheit. Die zurückbleibenden beiden Schwerter jedoch spiegeln den Zwei-fel. Ob dieser Kampf wirklich zu Ende ist? Aus der latenten Konkurrenz und Kampfbereitschaft, die durch die beiden verbleibenden Schwerter ausgedrückt wird, resultiert Unheil und Angst. Es ist kein Sieg errungen, und auch der Friede ist nicht hergestellt.

Aussage: List. Erfindung. Schläue. Vorübergehende Überlegenheit. Konzentration auf das Wesentliche.

Beruf: Sie tun gut daran, sich auf das Wesentliche zu beschränken. Es ist auch wichtig, dass Sie die Argumente Ihrer Konkurrenten kennen. Probleme entstehen, wenn Sie sich nicht sicher sind, was Sie wollen. Definieren Sie Ihre Ziele genauer.

Geld: Sie wähnen sich sämtlichen Konkurrenten um eine Nasenlänge voraus. In Wirklichkeit ist die entscheidende Auseinandersetzung noch nicht geführt. Freuen Sie sich nicht zu früh.

Liebe: Eine List bringt vorübergehend Erleichterung, aber letztendlich bleibt das Problem bestehen. Sie müssen tiefer schürfen, bis Sie eine Antwort auf Ihr Problem finden.

Die Frage von Johanna S. aus Frankfurt

Kann ich meinen Mann glauben?

Lieber Herr Bauer, mein Mann hat mich betrogen. Ich habe ihn sozusagen dabei erwischt. Ich sah ihn und seine Freundin in der Stadt im Auto sitzen und miteinander schmusen. Er hat mir gesagt, dass es nichts wäre, dass sie nur eine Freundin sei, mit der „nichts Ernstes“ laufen würde. Er hätte sich im Auto nur verabschiedet. Er schwört, dass ich mich auf ihn verlassen könne. Jetzt habe ich das Tarot gefragt und die „Sieben der Schwerter“ gezogen. Wie soll ich sie verstehen?

Die Antwort des Tarot

Liebe Johanna, das Tarot stellt Ihren Partner leider in ein anderes, zwar negatives, aber eindeutiges Licht. Das Tarot sagt, dass er einen faulen Trick mit Ihnen spielt, dass er Sie nur einlullen und beruhigen will, damit er Sie nicht verliert. Aber in Wirklichkeit treibt er ein raffiniertes, wenn nicht gar übles Spiel. Ich würde der Sache nachgehen. Und Ihren Mann noch einmal zur Rede stellen.
Grundsätzlich: Wenn jemand spürt, dass in der Beziehung etwas nicht stimmt, dann muss mit offenen Karten gespielt werden. Und wenn dann einer sagt, es sei doch überhaupt nichts los, dann ist der meistens ein bequemer Lügner.

Acht der Schwerter

Demütigung

Bild: Eine weibliche Gestalt steht mit einem Band gefesselt und mit verbundenen Augen inmitten von acht Schwertern. Es wirkt wie eine öffentliche Opferung. Allerdings ist die Frau in einer Art und Weise gebunden, dass sie sich jederzeit befreien könnte. Das Bild spiegelt also eine Situation, in der man sich bewusst oder unbewusst hilfloser gibt, als man in Wirklichkeit ist. Die Burg im Hintergrund auf dem hohen Felsen symbolisiert mütterliche oder väterliche Urkräfte, den Sitz der Geborgenheit. Das Rot des Kleides der Frau steht für Lebenskraft, Wille und Trieb. Die rote Farbe bedeutet auch, dass die Frau nicht nur wehrlos ist. Auf dem Boden verbinden sich Erde und Wasser zu Schlamm und versinnbildlichen dadurch die Verbindung von Materie und Psyche, von Körper und Seele.

Deutung: Die Schwertkarten symbolisieren das Urelement Luft, das im Tarot als Kraft, aber auch als Last und Zügellosigkeit des menschlichen Geistes verstanden und dargestellt wird. Die Darstellung auf der Karte Schwert-8 zeigt eine Demonstration von Leid. Dem Verstand scheint Selbstbestrafung und Unterwerfung immer noch lieber zu sein, als sich mit den Konsequenzen des eigenen Verhaltens auseinanderzusetzen.

Aussage: Opfer. Demütigung. Schande. Verrat. Verleumdung. Selbstbestrafung. Denunzierung. Unterwerfung. Verurteilung. Demonstration von Hilflosigkeit. Versteckte und verdrängte Lust.

Beruf: Sie sind wie ein Kind, das annimmt, wenn es nur richtig schreie, einer Bestrafung zu entgehen. Wovor haben Sie Angst? Was kann Ihnen denn geschehen? Aber vielleicht ist es ja auch als eine kluge List gedacht, sozusagen Damenopfer, um dadurch noch mehr zu gewinnen. Besser wäre es, darüber zu reden, dass Sie vielleicht überfordert sind, eine Pause benötigen oder überhaupt diesen Job aufhören sollen.

Geld: Sie sind überfordert, und Sie haben Angst. Aber anstatt mit jemandem darüber zu reden, werden Sie krank und hilflos.

Liebe: Tief in Ihrer Vergangenheit finden Sie eine Demütigung, die Sie noch nicht überwunden haben. Jetzt spült das Schicksal die Vergangenheit wieder hoch. Sie müssen sich mit ihr beschäftigen.

Die Frage von Regina E. aus Berlin

Ein Licht am Horizont?

Ich habe Schweres durchgemacht: in der Liebe und auch finanziell. Glück ist meiner Meinung nach, gesunde Kinder zu haben, eine Wohnung, Arbeit und vieles mehr. Ja, auch das ist Reichtum, nicht nur Geld. 1954 geboren, bin ich schon etwas älter, aber ich fühle mich nicht danach. Wird sich mein Leben in Zukunft positiv gestalten? Meine Karte: „Acht der Schwerter“.

Die Antwort des Tarot

Liebe Regina, es tut mir Leid, aber ich muss Ihnen ein wenig „den Kopf waschen“, Ihre Karte zwingt mich dazu. Sie haben sich abgefunden mit dem, was ist! Sie verstecken sich hinter Ihren Sorgen und Nöten. Sie sagen: „Schaut her, helft mir bitte, mir geht es schlecht!“ Ein wenig müssen Sie schon selbst tun! Wenn Sie jetzt eine Wut auf mich verspüren, ist das gut so: Dann sind Sie wenigstens wach!

Neun der Schwerter

Verzweiflung

Bild: Ein Mensch sitzt auf seinem Bett und hält in tiefer Verzweiflung die Hände vor sein Gesicht. Er ist aus dem Schlaf, aus einem Alptraum erwacht und fühlt sich immer noch von seinen Visionen verfolgt, welche die neun Schwerter versinnbildlichen. Auf seiner Bettdecke sind rote Rosen und astrologische Zeichen abgebildet. Die roten Rosen verkörpern die Menschen, die dem Verzweifelten Liebe schenken möchten und auf Liebe warten. Die astrologischen Zeichen und die Rosen sind eine Metapher. Sie fordern auf, nicht im Leid zu verharren, sondern die Gunst der Stunde zu nutzen und die Zeichen der Zeit zu erkennen. Auf dem Bettkasten ist ein Relief abgebildet. Es ist nicht klar, ob die beiden Figuren miteinander kämpfen oder aufeinander zueilen.

Deutung: Die Schwertkarten symbolisieren das Urelement Luft, das im Tarot als Kraft, aber auch als Last des menschlichen Geistes verstanden und dargestellt wird. Die Last beruht darauf, dass der Verstand grenzenlos und egoistisch ist und danach strebt, Macht und Reichtum zu erlangen. Die Schwerter sind ein Ausdruck dieser expansiven Gewalt. Wo es um Macht geht, ist Ohnmacht nur die andere Seite, nämlich die des Verlierers. Hinter der Angst und Ohnmacht des Menschen auf der Karte Schwert-9 versteckt sich Aggressivität und Egoismus.

Aussage: Alptraum. Verzweiflung. Wahnvorstellung. Selbstbeschuldigung. Qual über einen Misserfolg oder über falsches Verhalten. Märtyrertum. Leidvolle Selbst-Darstellung.

Beruf: Die Aufgabe, die Sie sich vorgenommen haben, wächst Ihnen über den Kopf, wird zum Alptraum, der Sie nächtens verfolgt. Wichtig ist, die Augen zu öffnen und hinter dem Gespinst der Angst Ihre eigenen Machtansprüche zu erkennen.

Geld:. Hinter Ihrer Existenzangst und Ihrer Angst vor dem Ruin verbirgt sich Ihr Wunsch nach Macht, Sicherheit und Reichtum.

Liebe: Der Schmerz ist groß. Er verfolgt Sie bis in Ihre Träume hinein. Ihre Beziehung hat eine schicksalhafte Wende genommen. Aber noch ist nicht alles verloren.

Die Frage von Anneliese R. aus A-Wien

Soll ich den Schluss-Strich ziehen?

Langsam werde ich richtig wütend – und ratlos. Deswegen habe ich mir jetzt die Tarot-Karten gelegt. Zur Deutung meiner Karte „Neun der Schwerter“ brauche ich aber Ihre Hilfe. Mein Problem: Mein Mann hat seit nunmehr neun Jahren eine Freundin. Er will sie nicht aufgeben. Soll ich nun endlich den Schlussstrich ziehen? Gefühlsmäßig habe ich mich schon gelöst, aber ich habe Angst vor dem finanziellen Fiasko. Ihr Rat ist mir sehr wichtig, lieber Herr Bauer.

Die Antwort des Tarot

Liebe Anneliese, Sie haben die Wahl: Sie können so weiterleben und für jedes Jahr ein weiteres Schwert bekommen, oder aber Sie nehmen das zehnte Schwert, das Ihnen noch fehlt, und hauen damit die Verbindung zwischen Ihnen und Ihrem Mann entzwei. Dieser Mann ist Ihrer nicht wert. Und Sie haben auch nichts davon, wenn Sie diese Qualen aushalten. Denn ein derartiges Opfer wird nicht belohnt, sondern vom Leben immer auch noch bestraft. Ihr Problem wird nur immer größer, wenn Sie es vor sich herschieben und nicht lösen.

Zehn der Schwerter

Ruin

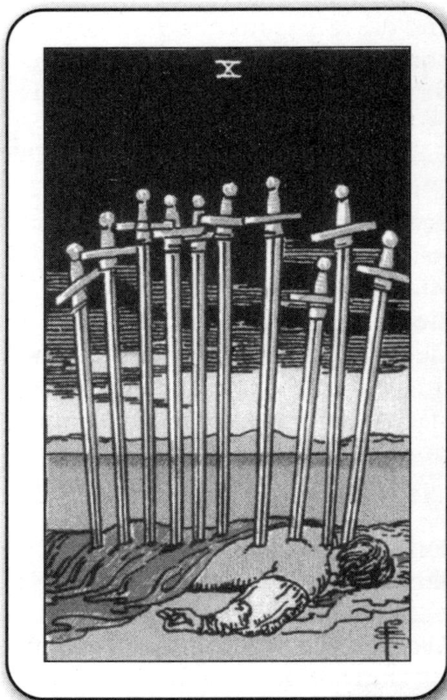

Bild: Eine Gestalt liegt, von zehn Schwertern durchbohrt, am Boden. Die Situation ist dramatisch. Es sieht nach Gewalt, Tod, Niederlage, Ruin aus. Dass es sich jedoch nicht um einen tatsächlichen, also physischen Tod handelt, sieht man den Wunden, aus denen kein Blut fließt. Das Rot der Decke, die über die Gestalt ausgebreitet ist, symbolisiert Lebenskraft, Wille, Selbstbewusstsein und Stärke. Das ist es, was von den Schwertern vernichtet wird. Der schwarze Himmel unterstreicht die düstere Szenerie. Doch am Horizont hinter dem blaugrünen Meer und den Bergen von Hoffnung und Glauben setzt sich ein breiter Streifen Gelb durch. Es dämmert ein neuer Tag. Es gibt einen Lichtblick.

Deutung: Die Schwertkarten symbolisieren das Urelement Luft, das im Tarot als Kraft, aber auch als Last und Zügellosigkeit des menschlichen Geistes verstanden und dargestellt wird. Die Karte Schwert-10 ist dabei das grausame Finale. Diese Karte deutet auf keinen physischen oder materiellen Ruin hin. Sie spiegelt vielmehr einen inneren Zustand wider. Es ist die Situation eines Menschen, der sich in der Welt der Schwerter, und damit der Welt der Wünsche und Begierden verloren hat. Jedes Schwert ist Ausdruck seiner Gier nach mehr Macht, Geld, Ansehen, Sicherheit, und, und, und. Das Ego zerbricht buchstäblich an seinen eigenen Machenschaften. Durch diesen Zusammenbruch findet der Mensch zurück auf die Erde, wird einsichtig und kann mit der aufgehenden Sonne einen neuen, stimmigeren Weg einschlagen.

Aussage: Ruin. Katastrophe. Schrecken. Grausamkeit. Ende. Das Äußerste, was man ertragen kann. Festgenagelt sein. Überfall. Bedrohung. Das Ende des Tunnels. Eine Chance zur Umkehr. Neue Hoffnung.

Beruf: Sie sind mit Ihrem Latein am Ende. Sie wollten zuviel – jetzt geht überhaupt nichts mehr. Aber ein neuer Tag beginnt, und auch Sie können Ihr Leben neu gestalten. Aller Anfang beginnt mit der Erkenntnis, dass Sie nicht nur das Opfer sondern auch Täter sind. Jedes Schwert ist ein Zeichen Ihrer Ferne zu sich selbst und den Ihnen innewohnenden Möglichkeiten. Gelingen liegt im Sich-Bescheiden. Heil erwächst aus Demut und Dankbarkeit.

Geld: Das Schicksal schickt Sie in eine Klärungsphase. Sie werden hart angefasst, weil Sie sich selbst vernachlässigt haben. Lassen die Finger von Geldgeschäften.

Liebe: Diese Karte bedeutet immer eine schreckliche Erfahrung im Zusammenhang mit Partnerschaft und Liebe. Zuweilen liegt der Schmerz schon so lange zurück, dass ihn das Bewusstsein bereits vergessen hat, aber im Unterbewusstsein ist die Wunde so offen wie am ersten Tag. Man muss sich mit seiner Vergangenheit beschäftigen.

Die Frage von Jutta P. aus Rostock

Wofür soll ich mich entscheiden?

Nach einer gescheiterten Ehe vor vier Jahren habe ich mit viel Optimismus versucht, mir ein neues Leben aufzubauen. Nun habe ich einen Mann kennengelernt, der mein Inneres berührt hat und sehr ähnlich denkt wie ich. Er ist aber nurmehr für ein bis zwei Jahre hier in Deutschland und geht dann zurück nach Afrika, wo er bereits mehrere Jahre lebte. Handle ich richtig, wenn ich diese verbliebene Zeit mit diesem Mann hier leben und genießen möchte? Ich zog die Karte „Die Zehn der Schwerter“. Was sagen Sie dazu, Herr Bauer?

Die Antwort des Tarot

Liebe Jutta, was soll ich Ihnen sagen? Die Karte spricht wirklich für sich. Wenn Sie sich mit dieser Karte an mich wenden, dann wollen Sie (unbewusst) hören, dass die Geschichte ein böses Ende nimmt. Also, ich sage es Ihnen und gebe es Ihnen schriftlich: Das nimmt ein böses Ende. Lassen Sie die Finger davon!

Das kleine Arkanum und seine 10 Karten der Münzen

Karte I – Ass der Münzen

Nach den Schwertkarten kommen die Karten der Münzen. Sie verkörpern das Element Erde und alles, was diese hervorbringt, wie Arbeit, Beruf, Berufung und Selbstverwirklichung. Über das Element Erde finden wir unsere Lebensaufgabe, damit auch den Sinn des Lebens und somit unsere tiefste Befriedigung und Erfüllung. Jede Münzkarte ist eine andere Darstellung dieser Hinwendung an das Element Erde. Mit den Schwertkarten gelangt der Mensch bis ans bittere Ende seiner Selbtverstrickung. Im Reich der Münzen kann er sich daraus befreien und sich selbst verwirklichen. Die Zigeuner und einfachen Wahrsager der Straße betrachten die Karten der Münzen oft nur als einen Hinweis auf Reichtum und Geld (und entsprechend, wenn sie ungünstig liegen, für Armut und Verlust). Aber die Deutung der Münzkarten reicht viel weiter, sie schneidet existentielle Fragen des Seins und der Erleuchtung an. Es ist daher auch eher fragwürdig, diese Karten überhaupt „Münz"-Karten zu nennen. Viel eher passen die Namen „Stern"-, „Licht" oder „Glücks"-Karten.

Karte II –
Zwei der Münzen

Karte III –
Drei der Münzen

Karte IV –
Vier der Münzen

Karte V –
Fünf der Münzen

Karte VI –
Sechs der Münzen

Karte VII –
Sieben der Münzen

Karte VIII –
Acht der Münzen

Karte IX –
Neun der Münzen

Karte X –
Zehn der Münzen

Ass der Münzen

Erfüllung

Bild: Eine Hand überreicht ein Geschenk aus dem Himmel. Es ist eine goldene Münze mit einem Fünfstern, dem Pentagramm. Die Spitze des Sterns zeigt nach oben. Das ist ein Zeichen für die Kräfte der weißen Magie. (Mit der Spitze nach unten wäre es das Abzeichen der Schwarzmagie). Im Vordergrund ist ein von Blumen umkränztes Tor zu sehen. Es ist eine Metapher für das Tor zum Paradies. Die blauen Berge im Hintergrund gelten als altes Symbol der Hochzeit zwischen Himmel und Erde. Die Lilien im Vordergrund werden mit der Jungfrau Maria assoziiert. Sie gelten als Sinnbild des Guten und wurden daher zu den Pflanzen gerechnet, die Hexen und böse Geister abwehren können.

Deutung: Die Pentagramm-, Fünfstern- oder Münzkarten stehen im Tarot für das Urelement Erde. Letztendlich ist damit unser Erdball genauso gemeint wie unsere physische Existenz. Das Tarot verkündet einen sinnhaften, liebevollen und dankbaren Umgang mit der „Mutter Erde" und dem „Tempel Leib". Das Erdelement verweist auf das respektvolle Dienen, auf bewussten Umgang, auf Wissen, Weisheit und Erfüllung. Jedes Lebewesen besitzt Gaben und Fähigkeiten, die es entwickeln will. Und jedem Wesen obliegen Aufgaben, die es zu erfüllen gilt. Das Münz-Ass erinnert den Menschen daran, dass er nicht losgelöst ist von einer höheren Ordnung. Sie steht für das Glück und die Gnade an dieser höheren Bestimmung in Freude teilhaben zu können.

Aussage: Glück. Äußerer wie innerer Reichtum. Gütiges Schicksal. Erfüllung.

Beruf: Über Ihrem Tun steht Gelingen, Glück und Reichtum. Zunächst ist damit äußerer Reichtum gemeint, also Geld und Besitz. Aber genauso wichtig ist Ihr innerer Reichtum wie Wissen, Glück, Zufriedenheit und Freude. Gemäß der geheimnisvollen Logik des Tarot sollen sich innere und äußere Reichtum entsprechen. Wenn Sie mit sich im Einvernehmen leben, dann werden Sie auch im Äußeren das finden, was Sie glücklich macht. Äußerer Reichtum ohne die richtige innere Einstellung macht nicht glücklich, sondern ängstlich, gierig und überheblich. Achten Sie daher bei Ihren Tun darauf, dass Sie sich selbst treu bleiben und Ihre innere Stimme, Ihr Gewissen nicht überhören.

Geld: Über Ihren Geldgeschäften wacht der weiße Adler des Glücks. Sie werden Ihren Wohlstand vermehren. Verlangen Sei nicht mehr, als Ihnen zusteht, und geben Sie nicht weniger, als gerecht ist.

Liebe: Die Karte verweist auf ein Geschenk, das Ihnen die Existenz macht: Sie können Ihre Liebe auf eine verlässliche Basis stellen. Wichtig ist, dass Sie verstehen, dass Sie nur in der Weise gemeinsam wachsen, wie Sie auch gemeinsam etwas vollbringen.

Die Frage von Christina D. aus Oldenburg

Bin ich stark genug für das, was kommt?

Lieber Herr Bauer, ich habe mir für die zweite Hälfte meines Lebens jede Menge vorgenommen. Es war nicht immer leicht in meiner Vergangenheit, aber das ist ja wohl auch normal. Ohne Sorgen wäre das Leben langweilig. Manchmal aber frage ich mich, ob ich auch wirklich stark genug sein werde für die Zukunft, für meine Pläne – einfach, um das Schicksal, das mir auferlegt wurde, zu meistern. Auf diese Frage habe ich die Karte „Ass der Münzen" gezogen. Was bedeutet sie?

Die Antwort des Tarot

Liebe Christina, Sie haben eine starke Karte gezogen. Genau bedeutet sie, dass Sie an Ihren Aufgaben wachsen. Das ist das Geheimnis der Pentakelkarte: Wenn man das Richtige tut, dann erhält man Kraft und kann unendlich viel erreichen. Aber es muss etwas sein, was nicht dem eigenen Ego dient. Wenn Sie aber eine Aufgabe ist, die der Menschheit nützt, dann werden Sie niemals zu wenig Kraft haben.

Zwei der Münzen

Spiel

Bild: Eine Gestalt jongliert mühelos mit zwei Pentakelscheiben und demonstriert so Flexibilität und Anpassungsfähigkeit. Die zwei Scheiben sind in eine Unendlichkeitsschleife eingehüllt, die den unendlichen Fluss des Lebens spiegelt. Das Grün von Schleife und Schuhen steht für Natürlichkeit und Hoffnung. Die helle Frische der Farbe drückt aus, dass die Gestalt noch „frisch in ihren Schuhen", also ihrem Standpunkt erst seit kurzem bezogen hat. Der hohe rote Hut ist sowohl als Symbol des Egos als auch als Phallussymbol anzusehen. Der schabrackenartige Saum deutet auf eine bewegte oder bewegende Sexualität hin. Außerdem zeigen die roten und gelbroten Kleidungsstücke Lebenskraft, Willen und Trieb. Die blauen Wellenberge im Bildhintergrund mit den unterschiedlich großen Schiffen erinnern an das ewige Auf und Ab, an die Balance im Leben.

Deutung: Die Münz- oder Sternkarten symbolisieren das Urelement Erde und damit den Umgang mit den Belangen des Lebens. Die Ziffer Zwei wiederum steht für Unentschiedenheit, aber auch Gleichheit von Dingen. Wer im Einklang mit seiner inneren Natur lebt, ist glücklich, zufrieden und heiter. Er entwickelt eine entspannte Beziehung zum Leben, wird zum Lebenskünstler, zum Jongleur, der mit den Aufgaben und Möglichkeiten des Seins spielerisch umgeht. Dann ergibt sich das eine wie das andere, und man wird erlöst vom quälenden Zustand der Unentschiedenheit und Wertigkeit. Man nimmt die Dinge wie sie kommen. Man erkennt, dass letztendlich das eine genauso wichtig ist wie das andere. Man bewertet nicht und ist ein glücklicher Mensch.

Aussage: Der spielerische Umgang mit einer Entscheidung. Eine Sache von geringer Bedeutung. Eine Bagatelle. Das eine ist wie das andere. Sorglosigkeit. Ein einfaches Leben. Heiterkeit. „Lachen ist die beste Medizin."

Beruf: Entspannen Sie sich, begegnen Sie dem Leben spielerisch. Selbst wichtige und verantwortungsvolle Dinge erledigen sich leichter, wenn Sie nicht dramatisieren, sondern lächeln.

Geld: Verbissenheit bei Ihren Geldgeschäften bringt im Moment gar nichts. Geld an sich ist nichts, Papier, Metall, Müll. Was Sie wirklich suchen, ist das Glück, von dem Sie glauben, dass man es mit Geld kaufen kann. Ob diese Rechnung je aufgeht?

Liebe: Spielen Sie mit den gegebenen Möglichkeiten und Sie finden eine wunderbare Freundschaft.

Die Frage von Theo B. aus Hamburg

Mache ich etwas falsch?

Lieber Herr Bauer, ich will ja nicht jammern, aber ich habe es irgendwie satt. Jetzt sitze ich schon fünf Jahre in der Grafikabteilung einer Zeitung und muss immer noch einfach Bilder einkleben. Die anderen dürfen ihre Ideen verwirklichen. Mache ich etwas falsch? Ich habe auf diese Frage die Tarot-Karte „Zwei der Münzen" gezogen. Ich bitte um Ihre Hilfe: Was sagt sie mir?

Die Antwort des Tarot

Lieber Theo, danke für Ihren offenen Brief und Ihre Frage. Ich kann Ihnen keine einfache Antwort geben. Weil die Karte „Zwei der Münzen" nicht einfach ist. Ich will Ihnen dazu eine kleine Geschichte von Buddha erzählen: Zu Buddha kam einmal ein Mann, der sagte: „Führe mich zur Erleuchtung!"
Buddha sagte zu ihm: „Kein Problem, trage einfach mein Gepäck und folge mir nach!"
Der Mann folgte Buddha viele Jahre lang nach, trug sein Gepäck und wartete, wenn Buddha wartete. Nach fünf Jahren hatte er genug und er fragte Buddha: „Hör mal, ich dachte, du führst mich zur Erleuchtung, aber ich trage ja nur dein Gepäck!" Da sah ihn Buddha an und sagte: „Solange du einen Unterschied machst zwischen wichtigen Arbeiten und unwichtigen, wirst du nie erleuchtet werden."
Lieber Theo, haben Sie meine Geschichte verstanden? Es gibt einfach keine wichtigen und unwichtigen Arbeiten. Die „Zwei der Münzen" sagt: Spiele mit den Möglichkeiten! Ich bin sicher, wenn Sie aufhören auf etwas zu warten, dann wird die Veränderung, auf die Sie warten, geschehen.

Drei der Münzen

Verwirklichung

Bild: Auf dem Bild sind drei Figuren zu sehen. Die Gestalt auf der Bank stellt einen Steinmetz dar. Die anderen beiden einen Mönch, und den Baumeister, der einen Plan oder eine Bildvorlage hält. Die dargestellte Szene kann eine Prüfungssituation sein, etwa eine Gesellenprüfung. Oder Mönch und Baumeister begutachten die Qualität der Arbeit. Durch die schwarze Farbe wird die Karte oft missverstanden und als negativ angesehen. Das Dunkle zeigt jedoch, dass es sich hier um eine Situation in einem Kellergewölbe oder eine Krypta handelt. Das Schwarz und der unterirdische Standort stellen die persönlichen Bedürfnisse und Verhaltensweisen dar, die bisher stiefmütterlich behandelt wurden oder weisen darauf hin, dass das persönliche Licht und das eigene Ich zu kurz kommen, wenn Beruf und Berufung von falschem Ergeiz bestimmt sind.

Deutung: Die Münzkarten symbolisieren das Urelement Erde und damit den Umgang mit den Belangen des Lebens. Die Ziffer Drei wiederum bedeutet Festigkeit, Stärke, Wichtigkeit und Stabilität. Die Karte steht somit für eine bedeutsame Lebensaufgabe, den Beruf oder noch besser, der Berufung eines Menschen. Wer seine Lebensaufgabe kennt, besitzt ein Fundament, das trägt und Sicherheit schenkt, Sinn und Richtung verleiht. Das Bild stellt einen Bezug zur mittelalterlichen Zunft der Freimaurer her. Als Gesellen- oder Meisterstück wurde oft die Ausführung eines Kirchenfensters verlangt. Dabei blieb der Künstler selbst im Hintergrund. Die Kirchenfenster tragen keine Namen. Auch für asiatische Künstler war es eine Selbstverständlichkeit, keinen Namen in ihren großartigen Kunstwerken zu hinterlassen. In ihrem Glauben ist ein Künstler ein Werkzeug Gottes und daher als Individuum unbedeutend.

Aussage: Arbeit. Selbstverwirklichung durch Arbeit. Lebenswerk. Eine Aufgabe, die wichtiger ist als alles andere.

Beruf: Was immer Sie tun, es ist richtig für Sie. Sie stehen in einer wichtigen Lebensphase. Sie verwirklichen sich. Sie sind ein Part eines größeren Ganzen. Heil liegt in Bescheidenheit.

Geld: Investieren Sie Ihr Geld dort, wo es nicht nur Ihrem Eigenstreben nützt. Machen Sie sich nützlich durch eine Spende. Entziehen Sie Ihr Geld solchen Menschen, die nur an Gewinn und Vermehrung interessiert sind.

Liebe: Sie arbeiten an einer wunderbaren Entwicklung. Soweit Sie diese Karte für eine Beziehung gezogen haben, können Sie sicher sein, dass es richtig ist, Ihre Kraft in sie zu investieren.

Die Frage von Heinrich W. aus Kassel

Kann ich Heilpraktiker werden?

Lieber Herr Bauer, ich möchte Heilpraktiker werden. Ich habe für diesen Wunsch die „Drei der Münzen" gezogen. Was bedeutet sie?

Die Antwort des Tarot

Lieber Heinrich, Sie hätten keine bessere Karte ziehen können als die „Drei der Münzen". Diese Karte verweist einen auf seinen Lebensweg, auf seine Aufgabe, die man im Leben ausführen muss. Es scheint so, dass es Ihre innere Bestimmung ist, Heiler zu werden und anderen Menschen zu helfen. Von daher ist Ihr Entschluss völlig richtig, und ich wünsche Ihnen alles Gute auf diesem Weg. Ich bin sicher, dass Sie ein Segen für viele Menschen sein werden.

Vier der Münzen

Besitz

Bild: Ein junger Mann sitzt auf einem Sockel vor einer Stadt. Er sieht nach Reichtum und Wohlstand aus. Er hält Gold in seinen Händen, steht auf Gold und ist von Gold gekrönt. Doch er scheint sich nicht darüber zu freuen. Seine Haltung und seine Mimik drücken Angst und Verdruss aus. Er sitzt geduckt da und wirkt, als hätte er Angst oder erwarte eine Bestrafung. Er hält sich an seinem Besitz fest, sucht Sicherheit, die jedoch materielle Werte nicht geben können. Die Münze auf seinem Kopf sagt aus, dass sich sein Denken um nichts anderes mehr dreht als eben um Sicherheit, Wohlstand und Status.

Deutung: Die Münzkarten symbolisieren das Urelement Erde und damit den Umgang mit den Belangen des Lebens. Die Ziffer Vier ist eine problematische Zahl. Sie ist einerseits harmonisch (Rechteck mit vier gleichen Seiten), anderseits abgeschossen, statisch und „tot". Auf der Pentakel-4 Karte überwiegt der statische Charakter. Die Münzen in den Armen des Menschen bedeuten greifbare Wirklichkeit, Status und Sicherheit. Die Münze am Kopf drückt aus, dass sogar das Denken sich um nichts anderes mehr dreht als um materielle Sicherheit, Wohlstand und Status.

Aussage: Statusdenken. Materielle Fixierung. Sicherheit und Routine. Wohlstand.

Beruf: Sie haben eine Position erreicht und möchten diesen Status nicht mehr verlieren. Sie fürchten das Risiko und hängen an dem, was Sie haben. Aber Ihre Logik ist falsch. Die Zahl Vier ist ein Hinweis für Stagnation. Man kann nichts festhalten. Das Leben ist ein Prozess, ein ständiges Geben und Nehmen. Wer loslässt, kann wieder neu zugreifen. Wer gibt, bekommt zurück.

Geld: Ihre Identität beruht auf Ihrem Wohlstand, Ihrem Reichtum, Ihrem Geld. Jetzt müssen Sie über Ihren Besitz wachen, weil mit jeder Mark, die verloren geht, ein Stück Ihrer Identität verschwindet.

Liebe: Manchmal muss man etwas geben, um noch mehr zu bekommen. Sie halten an etwas fest, was Ihre Entwicklung letztendlich behindert.

Die Frage von Brigitte K. aus Markdorf

Kann ich den Traum erfüllen?

Ich habe meine Berufung gefunden: als Sängerin. Ich bin in drei Chören – auch als Solistin. Meinen Gesangsunterricht kann ich mir aber als Bäckerei-Verkäuferin kaum leisten. Erhalte ich vom Leben eine Chance, meinen Traumberuf Sängerin umsetzen? Meine Karte ist: „Die vier Münzen".

Die Antwort des Tarot

Liebe Brigitte, warten Sie nicht auf das Schicksal. Machen Sie Ihr eigenes, nehmen Sie Ihr Schicksal selbst in die Hand. Und keine Sorgen über Ihre Zukunft! Lernen Sie von den Vögeln. Machen die sich etwa Sorgen um ihre Zukunft, wenn sie morgens oder abends singen? Die Existenz, das Leben, Gott kümmert sich besonders um Menschen, die singen können.

Die Frage von Aurelia V. aus Stuttgart

Werde ich jemals Lotto-Millionärin?

Meinen sehnlichsten Wunsch teilen sicher viele Leser mit mir: Ich möchte so gern im Lotto gewinnen. Ich spiele immer fleißig, aber bis jetzt hat es noch nie geklappt. Gibt es Rituale oder Tipps, wie man die richtigen Zahlen tippen kann? Ich würde das Geld wirklich dringend brauchen. Ich glaube, die Zukunftskarte „Die Vier der Münzen" ist gar nicht so schlecht. Oder?

Die Antwort des Tarot

Liebe Aurelia, das Tarot sagt nichts über Lottogewinn aus. Leider! Sonst wäre ich auch schon längst Millionär. Aber die „Vier der Münzen" sagt etwas anderes: Sie zeigt einen Menschen, der sein Geld festhält, der Angst hat, etwas zu verlieren, und der wie Sie nichts lieber möchte als den großen Reichtum. Nur, das Tarot sagt: Wer ängstlich festhält, der kann nicht wachsen. Ich wünsche Ihnen von Herzen, dass Sie gewinnen. Vielleicht müssen Sie aber erst lernen, loszulassen!

Fünf der Münzen

Mitgefühl

Bild: Zwei arme, verletzte, zerlumpte Bettler irren frierend durch den Schnee auf der Suche nach Almosen. Sie haben keine Heimat, sind Geächtete. Das zeigt das Pestglöcklein am Hals der linken Figur. Das Bild drückt Ausgestoßenheit, Einsamkeit, Hilflosigkeit, Krankheit, Armut aber auch seelische Kälte und geistige Not aus. Das Weiß des Bodens bedeutet nicht nur Schnee, sondern auch „jungfräuliches" Neuland und Spuren, die sich im Schnee verwischen als Sinnbild für einen unklaren, und undeutlichen Weg. Das hell erleuchtete Kirchenfenster strahlt Wärme aus und offenbart, dass es auch in den finstersten Augenblicken einen Lichtschimmer der Hoffnung gibt.

Deutung: Die Münzkarten symbolisieren das Urelement Erde. Die Ziffer Fünf wiederum steht für die Belange des menschlichen Lebens: Glück und Unglück, Reichtum und Armut. Das Tarot bezieht sich auf eine universelle Liebe, die mit universeller Weisheit einhergeht. Das bedeutet, dass der Unwissenden den Wissenden um Rat fragen, der Arme den Reiche um eine Gabe und der Kranke den Gesunde um Hilfe bitten kann.

Aussage: Armut. Elend. Verlust. Die Folgen von Missachtung. Die Bitte an andere um Hilfe. Trost. Mitgefühl.

Beruf: Sie sind aufgefordert, zu geben. Man appelliert an Ihr Mitgefühl. Strenge ist jetzt völlig fehl am Platz. Es kann aber auch sein, dass Sie die Position des Bittstellenden einnehmen. Dann ist es wichtig, dass Sie Ihre Schwere und Ihr Leid zugeben und um Hilfe bitten. Wenn Sie sich verschließen, verschließen sich auch die anderen.

Geld: Jetzt ist der falsche Zeitpunkt, nur den eigenen Gewinn im Auge zu behalten. Sie werden aufgefordert auch an die anderen zu denken. Sind Sie selbst in Not, dann können Sie getrost um Hilfe fragen.

Liebe: Es ist der Schatten, der einen das Licht suchen lässt. Jetzt sind Sie in einer schmerzlichen Phase, aber dieser Schmerz wird Sie dazu führen, wieder wirkliche Freude zu finden.

Die Frage von Christine A. aus Berlin

Ist jetzt alles zu spät??

Neulich abends ging es mir richtig beschissen. Im Job nichts als Ärger, zuhause erzählt mir mein Sohn, dass er in der Schule nicht weiterrückt. Auf meinen Mann ist ohnehin kein Verlass. Dann zog ich zu allem Überfluss auch noch die Karte „Fünf der Münzen", wo diese traurigen Gestalten herumirren. Ist jetzt alles zu spät?

Die Antwort des Tarot

Manchmal müssen wir durch den Schmerz und durch das Leid. Da beisst die Maus leider keinen Faden ab. Es gibt keinen Weg, der immer nur sonnig ist. Es ist sogar wichtig, dass wir diesen schmalen und engen Pfad immer wieder einmal betreten. Denn nur dann wollen wir weiterwachsen. Nur dann strengen wir uns an. Wenn es uns immer gut ginge, würde kein Mensch auch nur einen Finger rühren, um weiter zu wachsen. Es ist wie mit einem guten Wein. Je steiniger der Boden ist, um so besser wird der Wein. Ein guter Winzer sagt, dass der Wein leiden muss, wenn er gut werden will. Sie haben wohl an diesem Abend eine derartige Leidensphase durchgemacht. Ich weiß aber auch, dass diese Karte niemals das Ende ist. Sie werden sehen, Sie werden auch wieder auf der sonnigen Seite gehen, und vielleicht gehen Sie längst auf ihr spazieren und haben Ihre Sorgen von damals schon vergessen.

Sechs der Münzen

Ausgleich

Bild: Auf dem Bild sind drei Gestalten zu sehen. Der rot gekleidete Mann strahlt Wohlstand aus. Er verteilt Almosen. Die Waage in seiner Hand zeigt, dass er nicht zu viel, aber auch nicht zuwenig geben will. Das Rot seines Gewandes strahlt Lebenskraft, Willen und Erhabenheit aus. Die linke Figur versinnbildlicht, dass man lernen muss, um etwas zu bitten, die rechte, dass man lernen muss, zu warten. Alle Beteiligten gewinnen dazu. Der Knieende kann mit dem Geld Hunger und Durst stillen. Der Stehende bekommt das positive Gefühl, etwas Gutes getan zu haben. Und die dritte Gestalt lernt den Umgang mit Geduld.

Deutung: Die Münzkarten symbolisieren das Erd-Element, also den Umgang mit Arbeit und das Bewusstsein über die materielle Welt. Die Ziffer Sechs setzt sich aus der Ziffer Zwei (sie beinhaltet Polarität und Ausgleich) und der Ziffer Drei (Stabilität) zusammen, denn 2 x 3 ist 6. In Verbindung mit dem Erd-Element signalisiert die Ziffer Sechs daher, dass Stabilität durch Ausgleich erreicht wird. Man muß also geben, um Ruhe und Frieden zu finden. Die Karte zeigt den „Ausgleich des Schicksals". Demjenigen, dem Unrecht geschehen ist, kündet die Karte Gerechtigkeit an. Und denjenigen, der selbst im Unrecht ist, erinnert sie an die ausgleichende Hand des Schicksals. Im Lichte dieser Karte ist es daher ratsam, nach den Ursachen der momentanen Situation zu forschen. Manchmal liegen die Gründe sehr weit zurück. Sogar karmische Einflüsse früherer Leben können ein Rolle spielen.

Aussage: Die Gerechtigkeit des Schicksals. Karma. Schuld und Sühne. Aufforderung von seinem Reichtum zu geben und zu teilen.

Beruf: Gerechtigkeit verspricht Gelingen, und Wiedergutmachung bringt Heil. Wägen Sie genau das Für und Wider ab und entscheiden Sie weise. Es kann sein, dass Sie in eine Situation kommen, ein Unrecht wieder gut zumachen. Dabei ist es nicht wichtig, ob Sie selbst

Schuld tragen. Es geht um ein höheres Spiel der Kräfte, in der das Viele weiß, dass es geben muss, um das Wenige zu nähren.

Geld: Zählen Sie Ihr Geld nicht, um herauszufinden, wieviel Sie haben, sondern wieviel Sie geben können. Das kann eine kleine Gabe an den nächsten Bettler oder eine großzügige Spende für einen gemeinnützigen Zweck sein. Wenn Sie jetzt nur ans Horten denken, werden Sie verlieren.

Liebe: Das Schicksal macht Ihnen ein Geschenk. Sie dürfen nur nicht gleich zu gierig sein, sonst fliegt es wieder davon.

Die Frage von Antoinette D. aus CH-Fribourg

Alles geht schief. Finde ich einen bald Ausweg aus dieser Misere?

Mein Dasein ist im Moment nur noch eine Qual für mich. Das erste Problem: Mein Ex-Partner hat per Gericht erreicht, dass ich das Haus verlassen musste und auch meine Kinder nicht mehr sehen darf. Das zweite Problem: Ich habe einen netten Löwe-Mann kennen und lieben gelernt – doch diese Liebe fand keine Erfüllung. Trotzdem komme ich nicht von ihm los. Problem drei: Jetzt habe ich einen Zwillinge-Mann kennen gelernt, der aber weiter weg wohnt. Könnte diese Liebe mir endlich Halt geben? Liegt in den Armen dieses Mannes meine Zukunft? Mir fehlen einfach Klarheit und Selbstvertrauen. Was sagt die Karte „Sechs der Münzen" darüber aus?

Die Antwort des Tarot

Liebe Antoinette, diese Karte steht für das Schicksal, das einem das zurückgibt, was man verdient. Liebe Antoinette: Irgendetwas müssen Sie falsch gemacht haben in der Vergangenheit. Und jetzt zahlen Sie dafür. Aber ich habe das Gefühl, dass Sie langsam „genug" bezahlt haben. Vielleicht ist jetzt die Waage jetzt wieder ausgeglichen. Das wünsche ich Ihnen auf jeden Fall.

Sieben der Münzen

Ernte

Bild: Ein junger Mann betrachtet wie in stille Andacht versunken seine Arbeit. Er hat seine Arbeit getan und muss warten, um nicht unreife Früchte zu ernten. Die Karte versinnbildlicht eine Zeit des Reifens und des Wartens. Die unterschiedlich farbige Fußbekleidung drückt aus, dass Wunsch und Wirklichkeit, Wille und Notwendigkeit zwei „verschiedene Paar Stiefel" sind. Damit wird ausgedrückt, dass der menschliche Wille sich dem höheren Sein und Werden der Natur in Geduld unterordnen muss. Auf dem Weinstock, der das Bestehende symbolisiert, sind sechs Münzen. Die eine Münze vor den Füßen des Mannes steht für etwas Neues, das hinzukommt. So darf mit einer Vermehrung gerechnet werden.

Deutung: Wenn das Feld bebaut ist, ist die meiste Arbeit getan. Der Gärtner kann ruhen, bis die Ernte reif ist. Die Ziffer Sieben ist eine geheimnisvolle und rätselhafte Zahl. Hier spiegelt sie das Wunder des Lebens: Wie ist es möglich, dass aus dem Samen eine Rose wird? Wie entsteht menschliches Leben? Die Karte verkündet ein überraschendes Ergebnis, das aber irgendwann initiiert wurde. Sie rät aber auch zum Warten und erinnert daran, dass jetzt nichts mehr getan werden kann. Dann darf mit einem positiven Ausgang der Situation gerechnet werden. So kann die Karte auch eine Mahnung sein, die eigene Ungeduld zu bezähmen.

Aussage: Eine Angelegenheit reift ohne weiteres Zutun. Eine Saat geht auf. Lohn und Ernte. Zeit der Ruhe und Versammlung. Kreative Pause. Warten auf Erfolg.

Beruf: Sie haben getan, was getan werden muss. Jedes mehr ist nicht nur vergeblich, sondern sogar schädlich. Oder glauben Sie, dass eine Pflanze schneller wächst, wenn Sie sie an den Blättern ziehen? Genauso ist es jetzt um Ihr Tun bestellt. Es benötigt Zeit, Geduld, Beobachtung, Pflege. Entspannen Sie sich und richten Sie Ihre Gedanken auf ein gutes Gelingen und eine reichliche Ernte. Verordnen Sie sich eine kreative Schaffenspause.

Geld: Lassen Sie Ihr Geld ruhen und unternehmen Sie nichts, um Ihren Gewinn zu vergrößern. Ihre finanzielle Situation wird sich verbessern, aber sie folgt dabei eigenen Gesetzen, die Sie nicht beeinflussen und schon gar nicht beschleunigen können.

Liebe: Träumen Sie Ihre Wünsche und glauben Sie an ihre Erfüllung, dann wird sich Ihr Schicksal auch zum Guten wenden.

Die Frage von Ruth S. aus Zürich

Kann ich astrologisch arbeiten?

Lieber Herr Bauer, ich habe gerade eine Ausbildung zum Astrologen abgeschlossen. Jetzt möchte ich sofort mit der Arbeit beginnen, habe auch einen kleinen Raum in meiner Wohnung zur Praxis erklärt. Die Tarot-Karte die ich dafür gezogen habe, ist die Münz 7. Können Sie dazu etwas sagen?

Die Antwort des Tarot

Liebe Ruth, erst einmal herzlichen Glückwunsch zum Astrologen. Es ist schön, dass es immer mehr Menschen gibt, die „die Sterne auf die Erde holen“. Jetzt zu Ihrer Karte: Sie mahnt Sie zur Geduld. Man kann jetzt nichts erzwingen. Schauen Sie doch selbst einer Pflanze zu, wie sie wächst. Sie braucht ihre Zeit. Ja, man muss sie gießen und die Erde lockern, aber es hilft doch nichts, wenn man an den Stengeln oder den Blättern zieht. So macht man sie höchstens kaputt. Verstehen Sie, was ich meine? Sie müssen die Arbeit wachsen lassen wie einen Baum. Ich bin sicher, dass Sie, wenn Sie sich ein bißchen Zeit lassen, viel Freude und Glück mit Ihrem Beruf haben werden.

Acht der Münzen

Fleiß

Bild: Ein junger Handwerker arbeitet an einer goldenen Scheibe. Seine Haltung ist konzentriert und er macht einen zufriedenen Eindruck. Er meißelt den Stern in die Münze und steht so für die Möglichkeit, das eigene Schicksal zu prägen und wird so zum Sinnbild einer aktiven Lebensgestaltung. Dass er stolz ist auf das, was er geschaffen hat, zeigen die Münzen, die er an seiner Wand zur Schau stellt. Die roten Schuhe und Strümpfe signalisieren Lebenskraft und den Willen, seinen eigenen Weg zu gehen.

Deutung: Die Münz- oder Sternkarten symbolisieren das Urelement Erde und damit den Umgang mit den Belangen des Lebens. Die Ziffer Acht (2 X 4) wiederum ergibt sich aus der Zwei (Polarität, Reflexion und daraus folgend Bewusstsein) mal Vier (Materie, Tun). Im Zusammenhang mit dem Erd-Element bedeutet die Acht, dass Bewusstheit aus beständigem Tun folgt oder dass die Arbeit das Bewusstsein formt. Erfolgreich zu sein ist schwer und verlangt mühsames Arbeiten. Die Karte erinnert an eine sich endlos wiederholende Tätigkeit. Dann ist die Karte auch eine Erinnerung, dass jeder sein Schicksal in seinen eigenen Händen trägt und beständig daran arbeitet.

Aussage: Eine wichtige Arbeit vorantreiben. Eine Lebensaufgabe. Erfüllung in der Arbeit. Mühsamer, aber lohnender Weg. Fleiß. Ausdauer. Jeder ist seines Glückes Schmied.

Beruf: Scheuen Sie keine Mühe, zählen Sie nicht Ihre Überstunden, arbeiten Sie auf Teufel komm raus. Ihr Business wächst mit. Sie sind Ihres eigenen Glückes Schmied. Steht die Karte für ein ganzes Unternehmen, so heißt es, alle Mitarbeiter zu motivieren, das Maximum herauszuholen.

Geld: Sie sitzen auf einer Goldader. Was Ihre Hände anfassen, was Ihre grauen Zellen spinnen, wird zu Geld. Scheuen Sie daher keine Mühe, verschieben Sie Ihren Urlaub und den Feierabend. Stellen Sie Ihr Bett notfalls ins Büro und lassen Sie

Ihr Telefon keinen Augenblick unbewacht.

Liebe: Jetzt geht es darum, mit allen Mitteln an Ihrer Beziehung zu arbeiten. Scheuen Sie keine Mühe, alles wendet sich zum Guten.

Die Frage von Dorothee K. aus CH-Spreitenbach

Liebt er mich so wie ich ihn?

Lieber Herr Bauer, ich habe mein Herz verloren. Ich bin wie ein junges Mädchen verliebt und frage mich nun, ob er mich auch so liebt wie ich ihn. Gibt es eine gemeinsame Zukunft? Meine Karte: „Die Acht der Münzen".

Die Antwort des Tarot

Liebe Dorothee, ich hoffe, ich zerstöre jetzt keinen Traum von Ihnen, aber es hilft ja nichts, wenn ich Ihnen die Wahrheit nicht sage. Aber die Acht der Münzen ist keine „Liebeskarte". Soweit die schlechte Nachricht. Die gute lautet, dass Sie einen Freund gefunden haben, einem der schon viele Leben an Ihrer Seite stand. Jetzt kommt es ganz auf Sie an: Wenn Sie ihn als Liebhaber wollen, dann verlieren Sie ihn, wenn Sie ihn aber als einen guten Freund willkommen heißen, dann bleibt er. Glauben Sie jetzt nicht, dass es sehr einfach wäre, zu sagen: „Na gut, dann nehme ich ihn eben als Freund!" Sie müssen ihn aus Ihrem Herzen lassen. Und das ist sehr schwer. Und Sie sagen ja selbst, dass sie Ihr Herz verloren hätten.

Neun der Münzen

Wunder

Bild: Eine junge Frau steht prächtig gewandet in einer paradiesischen Landschaft mit einem Weinberg und hält einen Falken auf der Hand. Weinberge gelten von alters her als Symbol für harte Arbeit und die Trauben für den Lohn dieser Mühe. Wein bedeutet nach antiker Tradition dionysischen Genuss und apollinische Freude. Die geneigte Kopfhaltung der Gestalt zeigt die bewusste Zuneigung zu sich selbst, zu seinem Schicksal, zur aktuellen Lebenslage, sowie zu den Höhenflügen des Geistes und zur Ekstase der Sinne. Der Falke zeigt eine Jagdpause an.

Deutung: Die Münzkarten symbolisieren das Urelement Erde und damit den Umgang mit den Belangen des Lebens. In der Ziffer Neun wiederum ist die Zahl Drei dreimal enthalten. Drei bedeutet Stabilität und Festigkeit. Im Zusammenhang mit dem Erd-Element bedeutet die Drei daher beruflichen Erfolg und Gewinn, Erhabenheit und Sieg. Der Pfau gilt als Königstier so dass mit einem wahrhaft üppigen Ergebnis gerechnet werden kann. Der Pfau ist aber auch ein Symbol des Wunderbaren, so dass die Karte auch für unerwartetes Glück steht. Manchmal erinnert die Karte aber auch daran, die eigenen Augen zu öffnen, und das Wunder jedes einzelnen Augenblickes zu erkennen.

Aussage: Erfolg. Lohn. Erfüllung. Überraschung. Schönheit und Vollendung. Eine Sache wendet sich zum Besten. Ein Wunschtraum, der sich erfüllt. Eine Zeit, das Leben zu feiern. „Wunder kommen von sich wundern."

Beruf: Ihrem beruflichen Erfolgsstreben ist eine anhaltende Glücksphase beschieden. Sie bekommen Angebote, Ihr Geschäft floriert, Sie machen sich in Ihrer Branche einen Namen – kurz, Sie schwimmen auf einer Welle des Erfolgs. Das Schönste: Sie müssen sich nicht einmal groß anstrengen. Alles geschieht wie von selbst.

Geld: Geht es nach dem Tarot, dann regnet es bald Geld. Sie bekommen mehr Aufträge, neue Kunden, viele

Klienten. die sich bald in bare Münze verwandeln. Die Karte ist aber auch so zu verstehen, dass Sie das, was Sie haben und bekommen, nicht als selbstverständlich, sondern als ein Geschenk begreifen sollen.

Liebe: Ein glücklicher Moment in Ihrem Leben ist Ihnen sehr nahe. Öffnen Sie Ihr Herz und lassen Sie es bei sich eintreten. Es wird Ihr ganzes Leben bereichern.

Die Frage von Irmtraud P. aus Brey

Wann komme ich endlich wieder voran?

Es ist alles wie verhext, lieber Herr Bauer! Liegt es am Schicksal, dass alles stagniert? Oder liegt es an mir? Meiner Motivation? Warum geht einfach nichts weiter? Ich habe auf meine Frage die Karte „Die Neun der Münzen" gezogen.

Die Antwort des Tarot

Liebe Irmtraud, ich habe lange über Sie und die Karte nachgedacht. Und dann ist mir etwas Seltsames passiert: Mir erging es wie Ihnen! Ich fühlte mich plötzlich erschöpft und wurde furchtbar müde. Und dann habe ich verstanden: Was Ihnen fehlt, ist eine Herausforderung, Ihr Leben ist ein bisschen fad und langweilig geworden. Die Karte „Neun der Münzen" ist eigentlich eine wunderbare Karte. Ein wenig spiegelt sie das Paradies wider. Aber es sieht so aus, als wäre Ihr Paradies ein bisschen zu langweilig. Und was mein Rat ist? Riskieren Sie öfters mal einen Besuch – wenn schon nicht in der Hölle, dann doch wenigstens in der aufregenden und spannenden Welt davor! Verlassen Sie Ihre gewohnten Bahnen.

Die Frage von Aike Y. aus Wiesbaden

Kann ich meinem Mann glauben?

Mein Mann hat mich vor einem Jahr verlassen und lebt, er ist Türke, mit einer jüngeren Frau in der Türkei. Nach einem Urlaub bei seinem Vater erzählte mir unser Sohn, dass mein Mann wieder zu mir zurück will, weil er mich noch liebt.

Die Antwort des Tarot

Liebe Aike, die Karte ist grundsätzlich eine Glückskarte. Was auch immer Sie tun, Sie werden Ihr Glück finden. Ob dies nun heißt, dass Ihr Exmann wieder kommt, oder ein Neuer – das verrät uns die Karte nicht. Auf alle Fälle sollten Sie nichts überstürzen. Falls Ihr Mann Sie zurückhaben will, soll er um Sie kämpfen. Finden Sie nicht auch? Sie können gelassen sein, denn wenn er es nicht ist, so kommt ein anderer! Sie werden eine glückliche Frau in einer festen Beziehung.

Zehn der Münzen

Vollendung

Bild: Die Karte ist so reich an Farben, Formen und Symbolik, wie kaum eine andere. Die Zehn Münzen verkörpern die zehn Stationen des kabalistischen Lebensbaumes, der Ganzheit und Vollendung bedeutet. Es fehlen bei der Darstellung allerdings die Zweige, die die einzelnen Stationen verbinden. Dies repräsentiert auf der einen Seite die Individualität, wirft aber auch die Frage auf, ob die verschiedenen Kräfte und Personen des Bildes, Frau, Mann, Kinder und Greis, miteinander kommunizieren oder unverbunden, also beziehungslos neben einander stehen. Der Torbogen und das Haus im Hintergrund können Geborgenheit oder auch Abschottung als Formen des Zusammenlebens bedeuten. Die Waage auf dem unteren Wappen des Tores symbolisiert die Ausgewogenheit von Geben und Nehmen. Das Meer und der Sturm am linken Bildrand erinnern an die Stürme des Lebens, die es auf dem Weg zur Vollendung auszustehen gilt.

Deutung: Die Münzkarten symbolisieren das Urelement Erde und damit den Umgang mit den Belangen des Lebens. Die Ziffer Zehn wiederum schließt den Kreis der magischen Sterne und erhöht damit die Zahl Eins. Der Mensch, der auf der Karte Münz-Ass die Gabe der Einsicht erhält, findet auf der Stern-10 eine Bestätigung. Er kann sich im Spiegel dieser Tarotkarte sicher wähnen, dass er die richtigen Schlüsse über sein Leben zieht.

Aussage: Vollendung einer langen Reise oder Suche. Günstige Zeit für neue Formen der Familie. Gemeinschaft. Gruppenleben.

Beruf: Gelingen und Heil stehen über Ihren beruflichen Entscheidungen. Sie können sicher sein, dass sie das Richtige tun und an Ihrer Berufung und Bestimmung arbeiten. Ihnen genügt es nicht, nur Geld zu verdienen oder erfolgreich zu sein: Sie wissen, dass Arbeit ein Prozess der Selbstverwirklichung darstellt.
Die Karte verweist Sie auch auf Menschen, die wie Sie denken. Das

können Ihre Arbeitskollegen oder Menschen sein, mit denen Sie aus Gründen geistiger Übereinstimmung (Verein, Club, Freundeskreis) zusammenkommen.
In jedem Fall ist Teamarbeit wichtig. In einer Gruppe gleichgesinnter Menschen finden Sie die Voraussetzungen für Wachstum und Erfolg.

Geld: Geld an sich ist im Moment unwichtig. Viel bedeutsamer ist, eine sinnvolle Aufgabe zu haben. Umgekehrt können Sie sicher sein, dass Sie nicht mehr verdienen werden, solange Sie Ihre Einstellung zu Geld und Reichtum nicht stimmig ist. Im Lichte der Stern-10 ist mit Reichtum immer innerer und äußerer Reichtum gemeint. Das eine ohne das andere ist bedeutungslos.

Liebe: Eine Freundschaft ist mehr als eine Liebe. Denn in einer Liebe werden Sie immer auch Eifersucht und Leid empfinden. In einer Freundschaft sind Sie großzügig und schenken dem anderen seine Eigenheit, und dies bekommen Sie dann auch zurück.

Die Frage von Gundula K. aus Herzebrock

Wann kommt nach dem beruflichen Erfolg endlich das private Glück?

Vor 14 Jahren brach mein Leben auseinander, ich stand vor dem Nichts. Doch jetzt bin ich stolz auf das, was ich geschafft habe: Ich bin als Altenpflegerin erfolgreich, körperlich wie psychisch aber sehr eingespannt. Jetzt möchte ich Gefühlen mehr Platz einräumen. Werde ich einen Partner für meine zweite Lebenshälfte finden? Meine Karte: „Die Zehn der Münzen".

Die Antwort des Tarot

Liebe Gundula, mit dem Aufdecken dieser Karte sehen Sie rosigen Zeiten entgegen. Die Karte steht für Fülle, Reichtum, Zugehörigkeit, ja im weitesten Sinne sogar für eine eigene Familie. Sie werden Menschen finden, die Ihnen wohlgesonnen sind. Tragen Sie sich jetzt in Vereinen oder Klubs ein – „er" könnte dort auf Sie lauern! Ernsthaft Gundula, Sie stehen vor einer tollen Wende. Sie werden nicht alleine alt! Glückwunsch zu Ihrer Kraft!

Die Hofkarten

Die Hofkarten sind die Personen im Tarot. Also Sie, Ihr Partner, Ihr Chef, Ihre Eltern, Ihre Kinder, und so weiter. Überschaut man jetzt noch einmal das ganze Tarot mit seinen 78 Karten, ergeben sich drei Ebenen oder Untergruppen:

1. **Das große Arkanum**
2. **Die vier Elemente des kleinen Arkanums, also jeweils die Karten eins bis zehn der vier Elemente.**
3. **Die Hofkarten des kleinen Arkanums.**

Die 22 Karten des großen Arkanums, das wurde schon anfangs gesagt, lassen sich als 22 Zustände der Seele verstehen. Ähnlich den zwölf Tierkreiszeichen in der Astrologie stehen sie für umfassende Seinsbereiche, „Kapitel" des Lebens, untrennbar mit ihm verbunden, wie der „Tod", der „Turm" der „Wagen", der „Eremit". Es handelt sich bei diesen Darstellungen weder um reale Szenen, noch sind reale Menschen gemeint. Deckt man zum Beispiel die Karte Nummer VI, die „Liebenden", auf, dann ist das nicht automatisch ein Bild für die eigene Liebe und Partnerschaft. Vielmehr spiegelt die Karte den Seinszustand der Liebe, der viel mehr meint als „nur" die Liebe zwischen zwei Menschen, und zum Beispiel Liebe zur Natur oder zu Gott mit einbezieht.
Die vierzig Elemente-Karten des kleinen Arkanums kann man als Lebenssituationen verstehen. Hier sind Szenen, Fotos, abgebildet, die aus dem Leben gegriffen sind. Wer also zum Beispiel die Karte „Zwei der Kelche" aufdeckt, der wird tatsächlich auf eine Szene verwiesen, in der zwei Menschen sich mit offenen Herzen begegnen.
Jetzt fehlen noch die Akteure, die Menschen. Sie werden durch die Hofkarten erfasst. Der König, die Königin, der Ritter und der Bube – sie alle verkörpern reale Menschen. Daher muss man, wenn eine Hofkarte aufgedeckt wird, immer eine reale Person suchen. Zunächst denkt man dabei natürlich an sich selbst. Aber eine Hofkarte kann auch für einen Menschen stehen, den man kennt, und der für einen wichtig ist. Dabei stehen Könige immer für Männer, Königinnen stets für Frauen. Ritter und Buben können jedes Geschlecht vertreten. Wenn eine Frau einen „König" aufdeckt, dann wäre es falsch zu sagen, es wäre die Frau selbst, aber da sie einen König aufgedeckt hat, spiegle die Karte ihre männliche Seite. Man muss vielmehr so deutet, dass dieser „König" für einen wichtigen Mann im Leben dieser Frau, die die Karte aufgedeckt hat, steht.
König und Königin sind die höchsten Vertreter des Staates, daher stehen sie auch im Tarot für die wichtigsten und bedeutsamsten Personen im Leben des Tarotspielers. Oft verweisen sie auf die (oder den) Fragende(n) selbst oder auf Eltern, Geschwister, Gatten, Geliebten. Manchmal meinen sie auch den Vorgesetzten oder eine andere gesellschaftliche Autorität.

Die Anwendung der Hofkarten als Signifikatoren

Von den Zigeunern stammt eine Tarot-Tradition, bei der man eine Karte bewusst aussucht und sie als Signifikator einsetzt.

Eine Signifikator-Karte bestimmt man also, bevor man die Karten mischt, abhebt und auslegt. Man geht folgendermaßen vor:
Für Angelegenheiten, bei denen es um Kraft, Aktivität, Beruf, Reisen, Gesundheit geht, nimmt man immer eine Hofkarte der Stäbe.
Bei Gefühlsangelegenheiten, also bei Fragen zu Liebe, Partnerschaft, Familie, etc. wählt man immer eine Hofkarte der Kelche aus.
Geht es um einen Kampf, um Streitereien, um eine Auseinandersetzung, dann wählt man den Signifikator aus der Reihe der Schwertkarten.

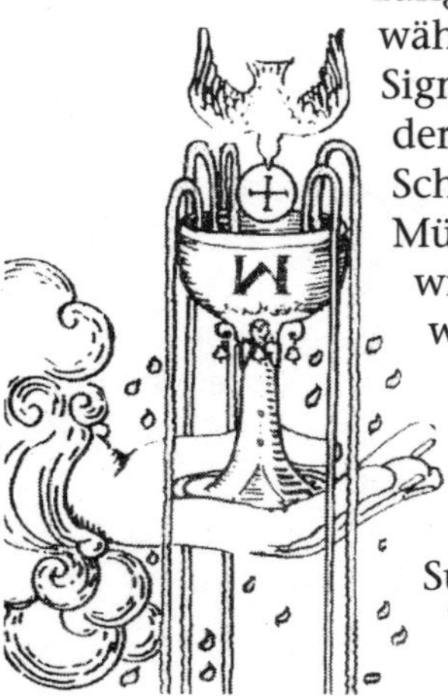

Münzkarten wiederum wählt man aus, wenn es um Angelegenheiten der Suche, des Wachstums, der Selbstverwirklichung geht.
Jetzt ist noch wichtig, ob es sich bei dem Fragenden um einen Mann oder eine Frau handelt.

Bei einem Mann nimmt man grundsätzlich einen König, bei einer Frau grundsätzlich eine Königin.
Wie setzt man den Signifikator?
Den Signifikator bestimmt man, wie gesagt, bewusst. Man sucht ihn aus den 78 Karten aus. Dann legt man den Signifikator mit dem Gesicht nach oben, also sichtbar, in die Mitte, mischt die übrigen Karten, hebt ab, und zieht dann die restlichen Karten.

Zum Beispiel ist dies das Vorgehen beim Keltischen Kreuz, wie es weiter hinten beschrieben wird.

Die Hofkarten der Stäbe

Die Hofkarten der Stäbe kennzeichnen Personen, die ihre vitale, männliche und aktive Seite betonen. Es sind manchmal Abenteurer und Draufgänger gemeint.
Der König der Stäbe ist ein feuriger Mann, der seinen Willen durchzusetzen vermag.
Die Königin der Stäbe ist eine entsprechend feurige Frau, die weiß, was sie will. Unter allen Königinnen ist sie die männlichste Frau.
Der Ritter der Stäbe ist ein (männlicher bzw. weiblicher) Draufgänger, der nicht lange nachdenkt, sondern loslegt, wenn es ihm danach ist.
Und der Bube steht häufig für einen jungen Mann oder eine junge Frau, der/die versucht, ihr Feuer zu leben. Manchmal verkörpert der Bube auch den Überbringer einer Nachricht mit „feurigem" Charakter.

Als Signifikator wählt man eine Stab-Hofkarte, wenn es sich um Angelegenheiten handelt, bei denen Kraft, Aktivitäten, der Beruf, Reisen, die Gesundheit eine Rolle spielen.

Bube der Stäbe

Ritter der Stäbe

Königin der Stäbe

König der Stäbe

Bube der Stäbe

Begeisterung

Bild: Eine jugendliche Gestalt betrachtet den Stab, den er in Händen hält. Die Person scheint für eine Reise gerüstet. Die Landschaft, die sie durchquert, sieht wüstenartig aus. Im Hintergrund ragen drei pyramidenförmige Berge auf, ein Sinnbild für die Konzentration von Energien. Auf dem Hut des jungen Mannes oder der jungen Frau züngelt eine rote Feder wie eine Flamme und symbolisiert den Funken der Begeisterung, eine zündende Idee, einen aufflammenden Entschluss. Bei allen vier Hofkarten ragt der Stab über den Kopf hinaus. Doch nur beim Pagen ist er größer als die voll aufgerichtete Körpergröße und ist ein bildhafter Ausdruck dafür, dass das Vitale, das Feuer, der Trieb stärker ist als Verstand oder Vernunft.

Deutung: Es handelt sich um eine Gestaltung aus dem Reich des Feuers und kann eine Frau oder ein Mann sein. Sie steht dem Fragenden zur Verfügung oder überbringt Botschaften. Manchmal ist der Bube der Lernende, der Anfänger, der noch in die Schule oder in die Lehre geht. Steht er für den Fragenden selbst, wird dieser als lebendige, eifrige, dynamische und feurige Person gekennzeichnet.

Aussage: Ein junger, aufgeschlossener, freiheitsliebender Kollege. Eine junge, dynamische Frau. Der Fragende selbst oder ein Kollege bzw. eine Kollegin, die ihm zugeneigt sind. Botschaften aus dem Reich des Feuers.

Beruf: Die Person, für die diese Karte aufgedeckt wird, ist lebendig und lebensfroh und schießt leicht über das Ziel hinaus. Sie wird ärgerlich, wenn man sie einengen will. Sie braucht Möglichkeiten, sich auszuleben und zu bestätigen. Am besten für sie ist eine Arbeit, bei der sie jeden erdenklichen Freiraum besitzt. Autoritätspersonen haben es nicht leicht mit ihr. Aber auch Untergebene bekommen Probleme mit dieser Person: sie ist unberechenbar und muss lernen, sich zu zügeln.
Wenn die Karte für eine Botschaft steht: Die Botschaften, die diese Kar-

te benennt, entstammen dem Reich des Feuers. Sie verkünden Taten, verheißen Expansion und manchmal eine Reise. Sie überbringen auch Botschaften über eine neue Arbeitsmöglichkeit.

Geld: Im Umgang mit Geld ist die durch den Stab-Pagen gekennzeichnete Person leichtfertig und naiv. Sie muss lernen, sich zu zügeln.

Liebe: Diese Karte kann den Beginn einer feurigen Affäre signalisieren. Auch das ist möglich, dass es eine Erinnerung ist, an das eigene Feuer zu denken. Jedenfalls lässt diese Karte auf eine amüsante Zeit hoffen.

Die Frage von Maria V. aus Düsseldorf

Trotz Traummann fühle ich mich einsam. Bleibt er bei mir?

Vor gut einem Jahr habe ich meinen Traummann per Partnerschaftsanzeige kennen gelernt. Es war Liebe auf den zweiten Blick. Ich weiß jetzt genau: Der oder keiner! Wir wohnen 150 km auseinander und ich kam nach einiger Zeit dahinter, dass er noch eine Freundin neben mir hat. Nach einem Nervenzusammenbruch habe ich diese Frau angerufen. Er hat daraufhin mit mir Schluss gemacht. Aber jetzt sind wir wieder zusammen. Heimlich! Wird er sich für mich entscheiden? Sexuell passen wir hervorragend zusammen.

Die Antwort des Tarot

Liebe Maria, ich kann Ihnen leider keine klare Antwort geben. Die Tarot-Karte „Bube der Stäbe“ ist nicht gerade eindeutig. Eines ist jedoch sicher: Ihr Angebeteter ist alles andere als ein Traummann. Das Tarot kennzeichnet ihn eher als ein Schlitzohr, einen, der bei jedem Rock schwach wird. Die Frage ist jetzt: „Wollen Sie überhaupt so einen Mann?“ Mein Rat: Genießen Sie die schönen, erotischen Stunden mit ihm, aber bleiben Sie offen für Neues – und Besseres.

Die Frage von Adelheid G aus Braunschweig

Gemeinsam glücklich? Seit knapp zwei Jahren lebe ich getrennt. Ich habe einen vier Jahre jüngeren Mann kennen gelernt. Werden wir ein gemeinsames Glück finden?

Die Antwort des Tarot

Liebe Adelheid, Buben im Tarot verkünden immer Chancen und günstige Gelegenheiten. In Ihrem speziellen Fall bedeutet diese Karte: Vertrauen Sie dem Leben, klammern Sie nicht, sondern lassen Sie sich ruhig einmal auf das Unbekannte ein. Ich sage nicht, dass dieser Mann für alle Zeiten bei Ihnen bleibt, aber, dass er Ihnen Freude bringt.

Ritter der Stäbe

Eifer

Bild: Auf einem feurigen Pferd reitet ein Ritter. Sein Visier ist geöffnet. Er fürchtet keine Gefahren. Der rote Federbusch, der von seinem Helm weht und die rote Stoffverzierung an seinem Armschutz, die wie Flammen züngelt, versinnbildlichen Feuer, sein Element, und Vitalität. Seinen gelben Umhang schmücken die Salamander des magischen Feuers. Der Ritter ist wie verwachsen mit seinem rotglühenden, temperamentvollen Pferd, das aber trotzdem eine Eigendynamik ausstrahlt. So sind Ross und Reiter mit einem Zentaur vergleichbar, dem Fabelwesen aus der griechischen Mythologie, das die Dualität von Körper und Geist, von himmlischer Begeisterung und animalischer Triebhaftigkeit verkörpert. Im Hintergrund des Bildes sind wie beim Stabpagen wieder die Pyramidenberge zu sehen als Sinnbild der Konzentration der Lebensenergien im Hinblick auf ein lohnendes Ziel.

Deutung: Der Stab-Ritter gehört dem Feuerclan an und ist die vitalste Gestalt unter den Hofkarten. Er ist der Draufgänger, Kämpfer und Abenteurer, aber er kämpft nicht, um zu vernichten oder zu töten, sondern um seine Kräfte zu erproben und seinen Einflussbereich zu vergrößern. Alles, was das Leben attraktiver und lebendiger macht, lockt ihn. Er lebt nur seine männliche Seite. Freiheit und Unabhängigkeit sind ihm wichtiger als alles andere. Fühlt er sich eingeent, wird er aufbrausend und wild. Am erfolgreichsten arbeitet er, wenn er selbständig ist. Seinen Vorgesetzten gegenüber ist er treu ergeben.

Aussage: Ein äußerst vitaler und lebensbejahender Angestellter und Kollege / eine powervolle Kollegin. Der Fragende selbst oder ein Mensch im Leben des Fragenden mit der Deutung dieser Karte. Ein Mitarbeiter auf den man sich bedingungslos verlassen kann. Eine Person, die für einen durchs Feuer geht

Beruf: *Wenn die Karte für Sie als fragende Person selbst steht:* Sie gehören ins mittlere Management. Es genügt, Ihnen eine Aufgabe zu ge-

ben, und Sie sind sofort Feuer und Flamme und führen den Auftrag bedingungslos aus. Man kann sich auf Sie verlassen. Sie brauchen allerdings auch das Gefühl, selbständig arbeiten zu können.
Wenn die Karte für eine andere Person steht: Die Person, für die der Stab-Ritter steht, ist Ihnen treu ergeben. Sie können sich auf sie hundertprozentig verlassen. Sie schießt höchstens gelegentlich über das Ziel hinaus und braucht dann eine starke Hand. Aber versuchen Sie nicht, diese Person zu gängeln. Sie verliert sonst ihren Elan und ihre Arbeitsmotivation.

Geld: Die Person, die die Karte Stab-Ritter kennzeichnet, geht sehr dynamisch und unüberlegt mit allen Geldangelegenheiten um. Es ist daher wichtig, sich zu zügeln. Unter Umständen betreibt sie auch den Gelderwerb als eine Art Sport und verliert dann den Bezug zu höherer Einsicht und Wirklichkeit.

Liebe: Diese Karte steht für eine feurige Frau oder einen feurigen Mann, die oder der Fragende selbst oder eine Person, die bald in das Leben des Fragenden treten wird. Zu rechnen ist mit einem Sturm sexueller Gefühle.

Die Frage von Barbara W. aus Hausen

Wann kann ich wieder in geordneten Verhältnissen leben?

Ich bin in einer sehr fatalen Lage, lieber Herr Bauer. 1995 habe ich mein Häuschen verkauft und mit meinem Sohn ein größeres Haus gekauft. Mein Mann und ich bekamen da Wohnrecht auf Lebenszeit. Aber es kommt eben oft anders, als man denkt – und nun wird das Haus versteigert. Wir haben noch zwei Söhne mit Familien, die aber seit dem Hausverkauf '95 kein Wort mehr mit uns reden. Wo sollen wir jetzt hin? Was wird aus uns werden? Meine Karte: „Ritter der Stäbe."

Die Antwort des Tarot

Liebe Barbara, die Karte trifft den Nagel auf den Kopf. Setzen Sie sich auf ein Pferd und reiten Sie davon! Das ist natürlich sinnhaft gemeint. Aber liebe Barbara, nicht Sie wurden verkauft, sondern ein Haus. Und was heißt das, Ihre Söhne reden nicht mehr mit Ihnen? Gehen Sie hin und konfrontieren Sie sie! Es sind Ihre Kinder. Wehren Sie sich und hauen Sie mal kräftig auf den Tisch!

Königin der Stäbe

Sex

Bild: Abgebildet ist eine Frau, die weiblich attraktiv wirkt trotz ihrer eher männlichen Positur. Ihr Zepter ist der Feuerstab. Die Löwenköpfe und die roten Löwen, die ihren Thron schmücken und die Sonnenblume in ihrer linken Hand sind ein Zeichen ihrer Verbundenheit mit der Sonne. Die überwiegende Farbe Gelb deuten auf ihr spirituelles Bewusstsein und ein offenes, mitleidvolles Herz hin. Sie verkörpert zwar die höchste weibliche Vollendung des Feuerelements, bringt aber im Unterschied zum Stab-Ritter die Feuerkräfte nicht nur nach außen, sondern konzentriert sie auch nach innen. So sind die Gelb- und Rottöne auf diesem Bild auch zarter eingesetzt. Schwarze Katzen waren seit der Antike eine Metapher für Eigenwilligkeit, ungestüme Lebens- und Sexualkraft und wurden später zum Hexensymbol. Und als der Anteil der Hexe und Zauberin in jeder Frau ist sie auch hier zu sehen.

Deutung: Sie ist die Königin und Meisterin des Feuers und aller verzehrenden und nach außen drängenden Energien. Ihr astrologisches Zeichen ist Widder, Löwe oder Schütze, und über ihrem Haupt verbinden sich die Energien der Sonne und der Planeten Mars und Jupiter. Sie lebt stärker ihre männliche Seite und drängt hinaus in die Welt, sucht Abenteuer, Expansion und die Begegnung mit anderen. Ihr Regiment bringt Abwechslung und Lebendigkeit, aber auch Spannung und Unruhe. Wenn sie sich eingeengt fühlt, kann sie sehr grob, ungerecht und verletzend werden. Am meisten leistet sie als Managerin, als Autorität, die andere kraftvoll und mutig führt, oft auch, in dem sie mit gutem Beispiel vorangeht. Als Königin verkörpert diese Person auch Hochmut und Stolz. Ihr großer Nachteil ist ihre Ungeduld.

Aussage: Eine starke, vitale und dynamische Vorgesetzte. Die Fragende selbst oder ein bedeutsamer Mensch im Berufsleben der fragenden Person. Die Chefin. Die Managerin.

Beruf: *Wenn die Karte für Sie als fragende Frau steht:* Sie sind fürs Mana-

gement geboren. Ihre Stärke liegt in Ihrer Begeisterung. Sie können andere Menschen mitreißen. Sie geben ein positives Beispiel. Sie sind eine Frau der Tat. Sie gehören nicht an den Schreibtisch, oder wenigstens nicht lange. Sie müssen unterwegs sein, Leute treffen, neue Gebiete erobern.
Wenn die Karte für einen anderen Menschen steht: Sie haben es mit einer starken und vitalen Frau zu tun. Wahrscheinlich ist sie eine Chefin oder eine andere Autoritätsperson, die in Ihr Leben entscheidend eingreift. Hüten Sie sich, sich mit dieser Frau anzulegen. Sie erwartet Loyalität und lässt Ihnen dann freie Hand.

Geld: Die Frau, für die diese Karte steht, ist in Geldangelegenheiten stürmisch bis unüberlegt. Ihr großer Vorteil ist ihre Schnelligkeit, wodurch sie der Konkurrenz öfters Geschäfte abjagt. Ihr Nachteil ist ihre Ungeduld.

Liebe: Die Stab-Königin steht für eine feurige Frau, die Fragende selbst oder eine Geliebte des Fragenden. Sie ist sinnlich, erotisch, anziehend, aber auch bestimmend und sehr dominant.

Die Frage von Eva E. aus Leutkirch

Kommt bald ein neuer Partner in mein Leben?

Ich lebe seit zwei Jahren getrennt und werde aus dem gemeinsamen Haus ausziehen. Mein Mann wird hier mit meinen drei Kindern wohnen bleiben. Es kommt eine schwere Zeit auf mich zu und ich wünsche mir einen lieben Partner, der mich auffängt und mir beisteht. Meine Karte: „Königin der Stäbe."

Die Antwort des Tarot

Liebe Eva, Sie sind eine mutige Frau. Denn Sie räumen den Platz, der eigentlich Ihnen zusteht, nämlich bei den Kinder und in Ihrem Haus. So etwas schaffen nur sehr mutige Frauen. Darauf können Sie wirklich stolz sein. Daher fällt es mir umso schwerer, Ihre Frage zu verstehen. Jetzt leben Sie seit zwei Jahren in Trennung, wahrscheinlich doch aus dem Grund, weil Ihr Mann nicht zu Ihnen passt. Ja glauben Sie denn, Sie finden jetzt übergangslos einen anderen?
Ihre Lektion lautet: Nehmen Sie Ihr Leben selber in die Hand! Erst wenn Sie unabhängig von Männern sind, werden Sie einen Partner finden, er genauso stark und liebevoll ist wie Sie. Sie brauchen keine König, Sie sind selbst die Königin.

König der Stäbe

Feuer

Bild: Stolz, konzentriert und beherrscht sitzt der König der Stäbe in eigenwilliger Haltung auf seinem Thron. Sein abgewinkelter Ellenbogen und die zur Faust geballten Hand repräsentieren Durchsetzungskraft. Das rote Gewand symbolisiert Lebenskraft, Willen und Triebe. Der Brustüberwurf in Grün, der Farbe des lebendigen und frischen Wachstums, zeigt das „junge" Herz und Gemüt des Königs. An der Seite sieht man einen lebendigen Feuersalamander und auch sein Mantel und sein Thron sind mit diesen Tieren geschmückt. Von diesem Tier heißt es, es könne durchs Feuer gehen ohne zu verbrennen. Das heißt, dass auch der König der Stäbe eine Feuerprobe unverletzt bestehen würde. Ja er übersteht sie nicht nur, er braucht sie sogar. Denn nur im Feuer trennen sich Gold und Schlacke, trennt sich Edles von Minderwertigen.

Deutung: Er ist der König der Tat, er verfügt über immense Kraft. Sein Element ist das Feuer, sein astrologisches Zeichen ist Widder, Löwe oder Schütze, und über seinem Haupt verbinden sich die Energien der Sonne und der Planeten Mars und Jupiter. Er lebt vor allem seine männliche Seite aus und tritt in die Welt hinaus, aktiv, fordernd und bestimmend. Seine Nähe ist nicht immer leicht zu ertragen, weil seine Energien andere oft Menschen überfordern. Sein Drang nach Neuem lässt ihn nirgends lange verweilen. Er ist daher der geborenen Unternehmer und Manager, der ständig etwas Neues beginnt. Wenn er sich nicht ausleben kann, wird er unruhig, innerlich angespannt und nervös. Er kann schlecht warten und will alles sofort. Was ihm fehlt, sind Ruhe und Gelassenheit. Auf Grund seiner dynamischen aktiven Veranlagung leistet der Stab-König in selbständigen, aktiven Berufen am meisten.

Aussage: Ein starker, feuriger Vorgesetzter. Der Fragende selbst oder ein sehr wichtiger Mensch aus dem Berufsleben des Fragenden.

Beruf: *Wenn die Karte für Sie als fragender Mann steht:* Sie sind der geborene Manager. Sie verfügen über einen unbändigen Tatendrang und wollen und können initiieren, vorantreiben, andere begeistern und mitreißen. Ihre Achillesferse ist Ihre Ungeduld. Sie sind gewohnt, dass alles hier und sofort geschieht.
Wenn die Karte für eine andere Person steht: Sie haben es mit einem vitalen und starken Mann, wahrscheinlich Ihrem Vorgesetzten, zu tun. Wichtig ist, dass Sie diesen Menschen nicht provozieren. Was Sie nicht wundern darf, ist der manchmal barsche Ton dieses Vorgesetzten.

Geld: Der Mann, der durch den Stab-König gekennzeichnet wird, ist dynamisch und impulsiv im Umgang mit dem Geld. Er investiert schnell, verliert aber auch schnell die Übersicht. Er muss lernen, sich zu gedulden oder benötigt Personen an seiner Seite, die seine Ein- und Ausgaben überwachen.

Liebe: Es handelt sich um einen Mann, der stark, anziehend und erotisch ist, entweder der Fragende selbst, oder ein Mann, der eine wichtige Rolle im Leben der Fragenden spielt.

Die Frage von Alma J. aus CH-Bellinzona

Ich muss gehen

Ich bin verzweifelt. Ich muss ein Sonnen-Orakel-Haus, das ich von meinen Großeltern geerbt habe, gegen alle Gesetzesregeln räumen. Warum ist man so gemein? Ich zog die Karte „König der Stäbe".

Die Antwort des Tarot

Liebe Alma, die Karte, die Sie zu diesem Thema gezogen haben, ist unglaublich stark und steht für Willenskraft, Durchsetzungsvermögen, Selbstvertrauen und Macht. Jetzt ist aber Folgendes wichtig: Sie sind nicht die abgebildete Person, denn es handelt sich um einen König, Sie sind aber eine Frau. Mit anderen Worten, gibt es in dieser Angelegenheit, die Sie so sehr verletzt, einen Mann, der sehr wichtig ist. Ich weiß nicht, wer es ist, aber ich weiß, dass er die Lösung für Ihr Problem darstellt. Unter Umständen ist diese Person auch nicht mehr am Leben, wirkt aber immer noch in diese Angelegenheit hinein.
Wenn Sie wissen, für wen die Karte steht, müssen Sie dieser Person mit Respekt begegnen. Es wäre völlig falsch, einem „König" zu drohen oder ihn zu bekämpfen.
Ich wünsche so sehr, dass ich Ihnen weiter helfen konnte, liebe Alma.

Die Hofkarten der Kelche

Die Hofkarten der Kelche kennzeichnen Personen, die ihre weiche, gefühlvolle, weibliche Seite leben und betonen.
Der König der Kelche ist ein gefühlvoller Mann, vielleicht der weiblichste unter allen Königen. Heute würde man ihn einen „Softi" nennen. Er ist sehr verständnisvoll, aber auch kompliziert und manchmal auch voller Komplexe, weil er eben nicht einem logischen Kalkül folgt, sondern unberechenbaren Gefühlen. Er ist ein treuer Freund und Familienvater.
Die Königin der Kelche ist eine Frau, die bedingungslos ihren Gefühlen folgt und zuweilen darin „ertrinkt". Sie ist zärtlich aber auch possessiv. Sie ist die weiblichste unter allen Königinnen, eine wunderbare Geliebte, Ehefrau und Mutter.
Der Ritter der Kelche ist ein (männlicher bzw. weiblicher) reiner Gefühlsmensch, der seinem Herz folgt und für seine Geliebte, seinen Geliebten bereit ist, alles auf sich zu nehmen.
Der Bube steht häufig für einen jungen Mann oder eine junge Frau, der/die versucht, ihr/sein Gefühl stärker zu leben.
Manchmal verkörpert der Bube auch den Überbringer einer Nachricht aus dem Reich der Gefühle.

Als Signifikator wählt man eine Kelch-Hofkarte, wenn es sich um Angelegenheiten handelt, bei denen Gefühl, vor allem Liebe, im Spiel ist.

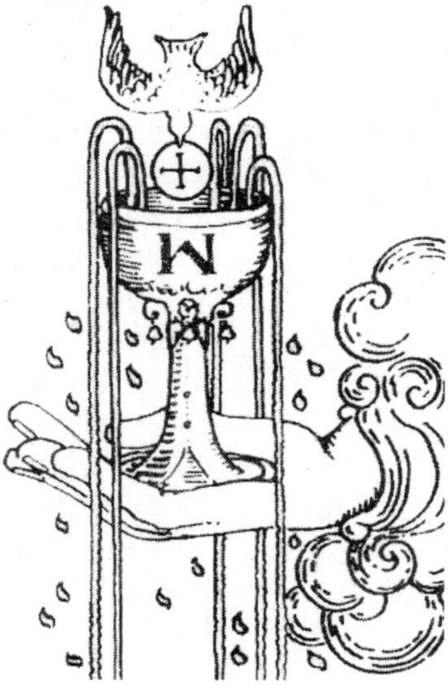

Die Hofkarten der Kelche

Bube der Kelche

Ritter der Kelche

Königin der Kelche

König der Kelche

Bube der Kelche

Empfindsamkeit

Bild: Ein gut aussehender junger Mann hält einen goldenen Kelch in der Hand. Seine Geste und seine Haltung zeigen an, dass er ihn jemandem überreichen will. Aus dem Kelch schaut ein Fisch heraus. Das ist ein Hinweis auf den emotionalen Gehalt der Botschaft. Bleibt der Fisch allerdings zu lange ohne Wasser, vertrocknet er. So ist es auch mit Gefühlen. Sie müssen registriert und beantwortet werden. Hinter der Gestalt wogen blaue Wellen, ebenfalls ein Sinnbild für Gefühle. Auch die blaue Weste und die blaue Mütze kennzeichnen den jungen Mann als Boten aus dem Reich der Emotionen. Die Wasserlilien auf seinem Gewand drücken den Reiz und die Schönheit aus, die aus dem Wasser hervorwachsen.

Deutung: Der Kelch-Bube ist der Bote aus dem Reich des Wassers und damit der Gefühle und Stimmungen. Der Fisch in seinem Kelch ist ein Zeichen seiner seelischen Kraft. Er kennzeichnet die fragende Person selbst oder einen Menschen (Mann oder Frau), der dem Fragenden sehr zugetan ist, aber seine Gefühle nur schwer mitteilen kann. Die Nachrichten, die der Kelch-Bube überbringt, entstammen dem Reich der Gefühle, beinhalten Familiäres oder Persönliches, wie eine Liebe zwischen Arbeitskollegen. Ganz generell beziehen sich Kelch-Karten weniger direkt auf den Arbeitsprozess als auf begleitende Faktoren wie Partnerschaft, Familie, Beziehung, Gesundheit etc.

Aussage: Eine gefühlsbetonte Frau. Ein empfindsamer Mann. Die fragende Person oder ein nahestehender Mensch aus seinem Leben. Ein scheuer Liebhaber/eine scheue Liebhaberin. Ein Lehrling oder ein Angestellter.

Beruf: *Wenn die Karte für Sie als fragende Person steht:* Achten Sie auf Ihre Gefühle. Ihre Intuition ist jetzt wichtiger als alles andere. Möglicherweise sollen Sie auch den Beruf etwas zurückstellen und sich mehr um Ihr Privatleben kümmern.
Wenn diese Karte für eine andere Person steht: Sie können mit einem treuen und jovialen Angestellten

rechnen. Möglicherweise handelt es sich aber auch um eine Person, die Ihnen nicht nur beruflich, sondern auch freundschaftlich, vielleicht sogar erotisch zugetan ist.
Wenn es sich um eine Nachricht handelt: Die Karte Kelch-Bube spiegelt immer eine Nachricht aus dem Bereich der Gefühle, Partnerschaft, Familie. Manchmal ist es auch eine Nachricht über die Geburt eines Kindes.

Geld: Die Person, für die der Kelch-Bube steht, hat einen sehr emotionalen Bezug zum Geld. Manchmal hängt sie regelrecht am Geld und verwechselt es mit Liebe. Es kann aber auch sein, dass dieser Person Geld völlig gleichgültig ist und sie es buchstäblich zum Fenster hinauswirft.

Liebe: Diese Karte verkündet des Beginn einer zärtlichen Romanze. Sie kann auch für eine Person stehen, die ihre Gefühle nicht ausdrücken kann, beziehungsweise die sich unsicher ist. Manchmal steht sie auch für die Ankunft eines Kindes.

Die Frage von Renate B. aus Duisburg

Werde ich beruflich jemals wieder auf die Beine kommen?

1997 bin ich seelisch krank geworden. Die Umstände bzw. Ursachen dafür zu erklären, das wäre uferlos. Seit dieser Zeit bin ich jedoch arbeitsunfähig. Jetzt möchte ich endlich wieder Fuß fassen und beruflich etwas auf die Beine stellen. Ich bin davon überzeugt, dass das auch für meine psychische Verfassung das Beste ist. Nach langer Meditation über den Tarot-Karten habe ich als Zukunftskarte „Der Bube der Kelche" gezogen. Gibt diese Karte grünes Licht, was meinen Beruf betrifft?

Die Antwort des Tarot

Liebe Renate, Sie haben eine wunderschöne Karte vom Tarot erhalten. Diese Karte fordert Sie auf, selbst einen Beruf zu ergreifen, bei dem Sie anderen helfen können. Das ist immer das Geheimnis großer Heiler und Helfer: dass sie selbst einmal gelitten haben. Nur dann versteht man nämlich die Leiden anderer und kann helfen. Sie werden bald wissen, wohin es bei Ihnen geht.

Ritter der Kelche

Treue

Bild: Das Abbild des Ritters, der einen Kelch wie ein Geschenk vor sich trägt, erinnert an die Gralssuche oder an einen Minnesänger. Seine Haltung strahlt Ruhe und Gelassenheit aus. Die Flügel auf seinem Helm und an seinen Sporen erinnern an den griechischen Götterboten Hermes, römisch Merkur. Das Blau seiner Rüstung, das ebenfalls blaue Saumzeug seines Pferdes und die roten Fische auf seinem Überwurf kennzeichnen ihn als einen Boten der Liebe, ja als die Liebe in Person. Der Strom der durch das Bild fließt und die Wüste fruchtbar macht, ist ein weiteres Zeichen dafür, dass es hier um das Reich der Gefühle geht. Denn Wasser versinnbildlicht Gefühle.

Deutung: Der Kelch-Ritter lebt aus seinem Herzen heraus. Seine Nähe ist sehr angenehm. Er ist einfühlend und zärtlich. Diese Karte kennzeichnet in den allerwenigsten Fällen eine Person aus dem unmittelbaren Berufsleben. Sie verweist eher auf Menschen, Männer wie Frauen, zu denen eine Liebesbeziehung besteht. Allerdings kann es auch sein, dass eine derartige Liebesbeziehung mit der Arbeitsrolle zusammentrifftt. Zum Beispiel, wenn eine Sekretärin ihren Chef liebt, oder wenn Kollegen über den Beruf hinaus in Liebe verbunden sind. Wird der Kelch-Ritter in einer Sitzung aufgedeckt, so kann man davon ausgehen, dass die Person, für die der Kelch-Ritter aufgedeckt wurde, seine Gefühle offenlegt. Der Kelch-Ritter ist die stärkst Karte für einen Menschen, der Liebe sucht und geben will. Er kann eine Frau sein oder ein Mann. Wird diese Karte für einer beruflichen Situation aufgedeckt, kann man sicher sein, dass außerberufliche, partnerschaftliche und gefühlshafte Momente eine wesentliche Rolle spielen.

Aussage: Der Ritter des Herzens. Ein Mann oder eine Frau, treu, einfühlsam und zärtlich. Die fragende Person selbst oder ein wichtiger Partner, eine wichtige Partnerin. Auch der/die (heimliche) Geliebte einer Frau/eines Mannes

Beruf: Der Kelch-Ritter steht selten für eine rein berufliche Angelegenheit. Gefühle, Liebe, Sehnsucht etc. spielen eine große Rolle. Wenn Sie die Karte für sich aufgedeckt haben, ist von „verliebten" Gefühlen Ihrerseits auszugehen. Dies gilt auch, wenn die Karte für eine andere Person aufgedeckt wurde: Es sind Emotionen im Spiel, die weit über eine berufliche Beziehung hinausweisen.

Geld: Die Person, die durch diese Karte benannt wird, hat einen äußerst emotionalen und spontanen Bezug zu Geld und materiellen Dingen.

Liebe: Diese Frau beziehungsweise dieser Mann ist voller Gefühle. Das Herz strömt ihm, beziehungsweise ihr über. Er ist der beste Geliebte, beziehungsweise die beste Geliebte, die man sich vorstellen und wünschen kann. Sie verheißt immer eine romantische Beziehung.

Die Frage von Christine W. aus Erfurt

Wie finde ich meine innere Mitte?

Seit 35 Jahren bin ich mit meinem Mann zusammen, wir haben eine Tochter. Seit 10 Monaten bin ich ohne Arbeit und habe erhebliche Schwierigkeiten mit dem Sinn und dem Zweck meines Daseins. Ich bin viel alleine, denn seit einem halben Jahr ist mein Mann wieder beschäftigt. Die Einsamkeit belastet mich sehr, ich möchte meinem Leben einen Sinn geben. Wie schaffe ich das? Meine Karte: „Ritter der Kelche".

Die Antwort des Tarot

Liebe Christine, wenn Sie diese Karte aufdecken, beweist dies nur, was für ein herzlicher und letztendlich aktiver Mensch Sie sind. Natürlich brauchen Sie eine Beschäftigung. Aber die werden Sie finden. Der Ritter der Kelche wird immer dann aufgedeckt, wenn es auch um Liebe geht. Entweder finden Sie einen neuen Zugang zu Ihrem Mann (trotz Einsamkeit), oder aber ein Liebhaber kündigt sich an. Na, das kann ja heiter werden!

Königin der Kelche

Wärme

Bild: Wie versunken sitzt die Königin der Kelche auf ihrem Thron. Sie ist die fraulichste unter den Königinnen. Als einzige der Kelchkarten hält sie einen besonders schönen Kelch in der Hand als Zeichen ihres Gefühlsreichtums. Ihr Thron steht im Wasser, dem Sinnbild für Gefühle. Auch in ihrem Kleid setzt sich das Muster des Wassers fort als ein weiter Ausdruck für Emotionalität und Empfindsamkeit Die rötliche Farbe ihre Thrones und ihrer Kleidung dokumentieren Ruhe, Erhabenheit und Lebenskraft. Ihr Herschersessel ist von Kinderfiguren umrahmt. Damit wird ausgedrückt, dass die Kelch-Königin Schutz gewährt.

Deutung: Sie verkörpert den Archetypus der Königin des Wassers. Ihr astrologisches Zeichen ist Krebs, Fisch oder Skorpion und über ihrem Haupt stehen Neptun, Pluto und der Mond. Sie ist still wie das Meer, aber auch so ungestüm. Wenn sie verletzt wird, brechen die Gefühle wie eine Sturmflut aus ihr heraus. Sie ist die Fraulichste unter den Tarot-Königinnen. Sie sucht Schutz und Nähe und gibt dafür Wärme, Liebe und Geborgenheit. Ihre Empfindsamkeit macht sie auch verletzlich und manchmal sehr scheu. Ihre größten Fähigkeiten entwickelt sie in heilenden, helfenden und künstlerischen Berufen. Ihr Verantwortungsbewusstsein, ihre Übersicht und ihr starker Wille befähigen sie zu Aufgaben im Management, z.B. Kunsthandel, Leitung von therapeutischen Einrichtungen, Lehrberuf und ähnliches.

Aussage: Eine gefühlvolle, empfindsame und liebevolle Frau, eventuell die Chefin oder eine andere Vorgesetzte. Die Fragende selbst oder eine liebevolle, wohlgesinnte und wichtige Frau im Leben des Fragenden.

Beruf: *Wenn die Karte für die deutende Frau aufgedeckt wird:* Sie sind eine gefühlvolle, intuitive Managerin. Ihr Führungsstil weiblich, mütterlich. Sie erreichen Ihr Ziel durch Ihre Nähe zu den Mitarbeitern. Sie motivieren sie durch Ihre Zuneigung und Liebe. Ihr größten Stärken liegen in künstlerischen, ästhetischen und helfenden Bereichen. *Wenn die Karte für eine andere Person aufgedeckt wird:* Eine gefühlvolle, helfende, warme Frau, wahrscheinlich Ihre Chefin, spielt in Ihrem Leben eine wichtige Rolle. Möglicherweise sind Sie über rein berufliche Interessen hinaus mit dieser Person verbunden.

Geld: Die Person, für die die Kelch-Königin steht, hat einen sehr emotionalen Bezug zu Geld und allen materiellen Angelegenheiten.

Liebe: Sie trägt eine große Liebe in ihrem Herzen. Sie ist eine Frau, entweder die Fragende selbst oder die richtige Frau des Fragenden. Man muss ihr mit Achtung begegnen.

Die Frage von Maria L. aus Gütersloh

Werde ich mit dem neuen Angebot Erfolg haben – oder scheitern?

Lieber Herr Bauer, ich bin sehr aufgeregt. Ich habe für diesen Sommer ein tolles Angebot bekommen: Und zwar als Managerin in einem Hotel ins Ausland zu gehen. Wie gesagt, für diesen Sommer. Werde ich dort Erfolg haben?

Die Antwort des Tarot

Liebe Maria, Sie haben eine wunderbare Karte gezogen. Die Königin der Kelche spiegelt Sie als Frau wider, die viel zu geben hat. Ist das nicht eine herrliche und passende Voraussetzung für Sie als zukünftige Hotelmanagerin? Bleiben Sie nur immer Ihrem Herzen treu und folgen Sie Ihrem Gefühl. Lassen Sie sich nicht von kleinlichen Erwägungen leiten. Und dann sage ich Ihnen noch ein Geheiminis: Die Kelch-Königin ist immer bereit für die Liebe. Ob Sie sich gar neu verlieben?

Die Frage von Ingrid W. aus Worms

Neuer Kontakt zu Töchtern?

Folgende Frage beschäftigte Ingrid W., als sie die „Königin der Kelche" zog: „Werde ich wieder mit meinen drei Töchtern Kontakt haben und kann ich der Zukunft ohne finanzielle Sorgen entgegensehen?"

Die Antwort des Tarot

Liebe Ingrid,zum Thema „Kontakt zu Ihren Töchtern" hätten Sie keine schönere Karte ziehen können. Die „Königin der Kelche" ist die weiblichste Karte unter allen Tarotkarten. Sie sagt, dass Sie voller Liebe sind – auch gegenüber Ihren Töchtern, mit denen Sie aus welchem Grund auch immer keinen Kontakt haben. Wenn diese Karte zu solch einer Frage aufgedeckt wird, kann dies nur Gutes bedeuten. Folgen Sie Ihrer Urliebe als Mutter. Was auch passiert ist, es ist kein Grund, den Kontakt für immer abzubrechen

König der Kelche

Fürsorge

Bild: In würdevoller Haltung, völlig in sich versunken, ruht der König der Kelche auf seinem steinernen Thron, der ruhig in den Wellen der Gefühle steht. Als Amulett trägt er einen Fisch, Symbol für die tiefe Seelenverwandtschaft zwischen Fisch, Wasser und Gefühlen. Hinter ihm auf der einen Bildseite schaut nur der Kopf eines Wassertieres heraus, alles andere bleibt in den Tiefen der See verborgen. Auf der anderen Seite ist im Hintergrund ein rotes Segelschiff zu erkennen, das trotz des hohen Wellengangs gerade auf dem Wasser liegt. Die Kleidung des Herrschers ist wahrlich königlich. Sein blaues Gewandt repräsentiert ebenfalls Gefühl. Der gelbe Mantel symbolisiert Licht, Erleuchtung und Klarheit und die rote Farbe in seiner Kleidung Erhabenheit und Lebenskraft.

Deutung: Er verkörpert den Archetypus des Königs der Elfen und aller anderen zarten und empfindsamen Geschöpfe. Sein Element ist das Wasser, sein astrologisches Zeichen ist Krebs, Fisch oder Skorpion und über seinem Haupt stehen Neptun, Pluto und der Mond. Er lebt stärker seine weibliche Seite und ist einfühlsam und herzlich. In seiner Nähe fühlt man sich wohl und geborgen. Durch seine Verbundenheit mit dem Wasserelement leistet er beruflich am meisten in heilenden und helfenden Berufen oder als Künstler. Sein Verantwortungsbewusstsein, seine Übersicht und sein starker Wille befähigen ihn zu Aufgaben im Management.

Aussage: Ein gefühlvoller Mann. Eine väterliche Autorität. Der gute Chef. Der Fragende selbst oder ein gefühlvoller Freund im Leben der fragenden Person. Auch der Lebenspartner oder ein Kollege, mit dem man in Liebe verbunden ist.

Beruf: *Wenn die Karte für Sie als Mann steht:* Wenn Sie das geeignete Arbeitsmetier finden, sind Sie der Chef, den sich alle wünschen: gefühlvoll, väterlich, zugeneigt und dennoch respektiert. Ihr Metier ist die Kunst und alle Bereiche, die mit Geschmack und Ästhetik zu tun ha-

ben. Des weiteren sind Sie ein „König“ in heilenden und helfenden Berufen.
Wenn die Karte für eine andere Person steht: Ein Mann, wahrscheinlich Ihr Chef oder eine andere Autoritätsperson, begegnet Ihnen in großer Zuneigung. Möglicherweise besteht zu dieser Person auch eine Herzensbeziehung.

Geld: Die Person, für die diese Karte steht, hat einen sehr emotionalen, großzügigen, manchmal auch verschwenderischen, Umgang mit Geld.

Liebe: Er ist ein Mann voller Gefühle, treu und denkt an eine Familie. Er ist der Fragende selbst oder ein wichtiger Mann im Leben der Fragenden. In jedem Fall verheißt diese Karte Familienglück.

Die Frage Anneliese W. aus Idar-Oberstein

Was besagt der „König der Kelche“?

Durch einen Schlaganfall bin ich etwas behindert und lebe in einer behindertengerechten Wohnung im eigenen Café-Restaurant. Doch ich hänge auch am Elternhaus. Soll ich mein Elternhaus übernehmen und meine Brüder auszahlen oder in meiner Wohnung bleiben?

Die Antwort des Tarot

Liebe Anneliese, das Tarot sagt, dass Ihre Frage untrennbar mit einem Mann verbunden ist. Diese Person müssen Sie erst finden und bestimmen. Denn der König der Kelche zeigt nicht Sie, sondern eben diesen Mann. Wenn Sie wissen, wer damit gemeint ist, müssen Sie sich mit viel Respekt mit ihm über Ihre Frage auseinandersetzen. Treffen Sie keine Entscheidung ohne diesen Mann – den Kelch-König.

Die Hofkarten der Schwerter

Die vier Hofkarten der Schwerter stehen für Menschen, die stark mit ihrer menschlichen Natur und ihrem Ego verhaftet sind. Sie bringen daher Streit, Unglück, Trennung und Verzweiflung. Nur selten bringt eine Hofkarte der Schwerter eine positive Situation. So kann es sein, dass man, wenn man selbst in einer leidvollen Beziehung lebt, zum „Schwert" greifen muss, um sie zu beenden. Dann bringt die Schwertkarte die nötige Kraft, um sich zu befreien. Ansonsten verweisen Schwertkarten immer auf Gegner, Kritiker, autoritäre Menschen wie einen Chef oder einen sonstigen Vorgesetzten, bösgesinnte Nachbarn, etc. Aber auch selbst wird man häufig durch eine Schwertkarte gespiegelt. Dann ist das immer ein Hinweis, dass man sich gerade ganz besonders tief verstrickt hat in der menschlichen Gier, im Kampf für ein starkes Ego.

Als Signifikator spielen die Schwertkarten keine Rolle.

Die Hofkarten der Schwerter

Bube der Schwerter

Ritter der Schwerter

Königin der Schwerter

König der Schwerter

Bube der Schwerter

Konflikt

Bild: Ein junger Mann in vitaler Haltung hält ein Schwert in der Hand. Es ragt über das Bild hinaus und verdeutlicht so geistige Kräfte. Die vielen Vögel über dem Kopf des Buben versinnbildlichen die Vielseitigkeit, aber auch die Verzettelung des Denkens. Seine gelbe Hose und sein gelbes Hemd symbolisieren den Verstand und die Kraft des Lichtes, das ein Erkennen erst ermöglicht. Sein violettes Wams bedeutet Grenzerfahrungen. Seine Stiefel, seine Berührungspunkte mit der Erde, sind rot. Das heißt, seine Basis sind Lebendigkeit, Herz und Wille.

Deutung: Es ist eine Gestalt der Luft und kann ein Mann oder eine Frau sein. Wie alle Hofkarten der Schwerter begreift er sich und die Welt mit seinem Kopf. Er möchte das Lebendige einordnen und es nach seinen Vorstellungen gestalten. Er verkörpert einen Menschen, der versucht, alles mit dem Kopf zu klären. Er ist allerdings nicht völlig unversöhnt mit der natürlichen und lebendigen Welt wie die anderen Hofkarten der Schwerter. Der Palmenzweig ist eine Geste des Friedens und der Versöhnung. Aber das Schwert zeigt seine Bereitschaft zum Kampf. Die Karte weist manchmal auch auf einen versteckten Konflikt oder ein unausgesprochenes Problem des Fragenden hin. Gelegentlich signalisiert die Karte auch Wut und Zorn, welche die Person, für welche die Karte steht, nicht aussprechen kann.

Aussage: Ein komplizierter, eigenwilliger und verkopfter junger Mann. Eine junge Frau mit den gleichen Eigenschaften. Der Fragende oder ein Mensch aus seinem Leben. Auch eine Person, die eine Auseinandersetzung beginnt.

Beruf: *Wenn die Karte für die fragende Person steht:* Sie sind noch nicht entschieden. Sie benötigen noch etwas Zeit. Sie fechten einen inneren Kampf aus. Geben Sie sich Raum für all Ihre Gedanken und treffen Sie zunächst keine Entscheidung.
Wenn die Karte für eine andere Person steht: Ein Kollege, eventuell ein Un-

tergebener von Ihnen, hat einen Konflikt, den er nicht offen auszutragen weiß.
Wenn die Karte für eine Botschaft steht: Eine unklare, zwiespältige Botschaft.

Geld: Person, für die der Schwert-Buben steht, ist in ihren Entscheidungen rücksichtslos und egoistisch. Wenn sie gegen Sie steht, müssen Sie sich schützen und hüten. Wenn sie für Sie selbst steht, sollten Sie Ihre Einstellung zum Geld überdenken.

Liebe: Eine Gestalt die sich zu einer Antwort durchringt, aber sich ihrer Gefühle nicht sicher ist: Der Fragende selbst oder eine wichtige Person im Leben des oder der Fragenden.

Die Frage von Christine Sch. aus Voitsberg, Österreich

Werde ich ein Buch schreiben?

Ich möchte ein Buch schreiben über mein Leben. Da ich finanziell aber knapp bei Kasse bin, habe ich keine Schreibmaschine. Und handschriftliche Manuskripte werden nicht angenommen. Auch in meiner Familie kriselt es. Ich soll allen helfen, aber mir hilft keiner. Oder bin ich zu egoistisch? Wie kann ich mich finanziell befreien und noch ein Buch schreiben? Ich zog „Bube der Schwerter“.

Die Antwort des Tarot

Liebe Christine, leider werden auch Manuskripte mit Schreibmaschine kaum mehr angenommen. Sie bräuchten einen Computer! Die Karte signalisiert vor allem Ihre Abgrenzung zu Ihrer Familie. Ein Buch kommt erst viel später. Klären Sie jetzt erst einmal Ihre Unstimmigkeiten! Betrachten Sie dazu die Karte „Bube der Schwerter“ sehr genau: Sie sind es, der ein Schwert in der Hand hat und damit ausholt. Auch Sie leben in Unfrieden mit der Welt.

Ritter der Schwerter

Vernichtung

Bild: Ein junger Mann reitet im gestreckten Galopp durch eine sturmgepeitschte Landschaft. Er wirkt kräftig, aggressiv und zum Äußersten entschlossen. Kampfbreit und angriffslustig reckt er sein Schwert einem unbekannten Feind entgegen. Sein Pferd wirkt von Panik gehetzt, so, als erwarte es den nächsten schmerzhaften Fußtritt mit den spitzen Sporen in seine Flanken.

Deutung: Der Schwert-Ritter kann Zerstörung bringen. Er verkörpert den Menschen, der von einer Idee angetrieben wird. Darin liegt auch seine Stärke: Auf Grund seiner Identifikation mit einem größeren Ganzen, zum Beispiel der Firma oder einem Team, verfügt er über immense Energien. Der Ritter der Schwerter ist auch ein Zeichen dafür, mit welcher Plötzlichkeit Personen und Ereignisse ins Leben des Fragestellers treten können.

Aussage: Ein dynamischer, kämpferischer unter Umständen auch gefährlicher Mensch mit den entsprechenden Eigenschaften. Der Fragende in dieser Situation oder ein Mensch im Leben des Fragenden. Der Mensch für undankbare Aufgaben. Auch eine starke Gegenkraft des Fragenden.

Beruf: Wenn die Karte für die fragende Person steht: Sie verfügen über ungeheure Kräfte, weil Sie von einer Idee gefangen sind. Nützen Sie sie konstruktiv, achten Sie darauf, dass Sie niemandem schaden.
Wenn die Karte für eine andere Person aufgedeckt wird: Sie müssen mit einer Attacke rechnen. Möglicherweise sind Sie das Opfer einer Auseinandersetzung.

Geld: Die Person, für die der Schwert-Ritter steht, ist hinter Geld her wie der Teufel hinter einer Seele.

Liebe: Es ist eine Person, deren Gefühle „im Hals stecken bleiben". Gemeint ist damit, dass dieser Mensch den Kopf dort einschaltet, wo es um Gefühle geht. Es kann der oder die Fragende sein oder eine wichtige Person in deren Leben.

Die Frage von Monika Binöder aus Erlangen

Zusammen in Rente – wie sieht unser Lebensabend aus?

Wie wird sich unser (mein Partner, 59, und ich, 56) Lebensabend gestalten? Wir reisen gern und hoffen auf Gesundheit und Glück. Beide sind wir schon in Rente. Gezogene Karte: „Der Ritter der Schwerter“.

Die Antwort des Tarot

Also, zur Ruhe kommen werden Sie nicht! Diese Karte, also der Ritter der Schwerter, steht für tiefgreifende Auseinandersetzungen. Dabei ist noch nicht gesagt, was der Streitpunkt sein wird. Möglicherweise sind es Ihre Kinder, die Unfrieden ins Haus tragen. Es kann aber auch eine Person sein, die nicht aus Ihrer unmittelbaren Familie kommt. Was können Sie machen? Sie sollten sich immer wieder gegenseitig klarmachen, dass Sie eigenständige Menschen sind. Solange Sie nicht abhängig voneinander sind, kann Ihnen nichts passieren. Aber wenn jemand glaubt, er müsse sich von der Vormundschaft des anderen befreien, dann gibt es Krieg. Die Karte „Schwert-Ritter“ bedeutet nämlich auch, dass man Abhängigkeit nicht ausstehen kann.

Königin der Schwerter

Unabhängigkeit

Bild: Eine Frauengestalt sitzt in königlicher Haltung auf einem Thron. Ihre scharf hervortretenden Gesichtszüge und das aufgerichtete Schwert in ihrer Hand deuten auf einen klaren Verstand und gut durchdachte Handlungen hin. Ihr steinerner Thron ist mit Schmetterlingen, einem Kindskopf und zwei Mondsicheln geschmückt. Der Kinderkopf stellt das innere Kind, die eigene Kindheit und die Mutter-Kind-Beziehung dar. Der Schmetterling verkörpert Leichtigkeit, Flatterhaftigkeit, aber auch ein reifes, freies Dasein, denn er hat sich aus seinem Raupenkokon befreit. Er hat sich auch aus dem grauen Steinthron befreit und ist zur goldenen Krone geworden: Was im Thron des Unbewussten eingeschlossen war, soll bewusst werden. Die beiden Mondsicheln, die sich berühren, erinnern an die Doppelaxt (Labrys) das Symbol der vorantiken Matriarchate wie etwa in Kreta. Fraulichkeit, Weiblichkeit, Mutterrecht und weibliche Selbstbestimmung sind in dieser Symbolik eingefangen.

Deutung: Sie ist die Königin der Dunkelheit, anziehend, aber auch unheimlich und düster. Sie verkörpert den Archetypus der rätselhaften Frau. Sie ist bereit, alles zu geben, Liebe und Wohlstand, verlangt dafür jedoch bedingungslosen Gehorsam. Sie steht für die dynamische Frau, die keinerlei Problem hat, sich such durchzusetzen. Wer sich gegen sie erhebt, erfährt ihre gnadenlose Härte. Sie bedarf einer Idee, für die es sich zu kämpfen lohnt.

Aussage: Eine bestimmende, starke und berechnende Frau. Eine überlegene Autorität. Die Fragende oder eine Frau in ihrem Leben mit starken, kämpferischen Energien. Auch die versagende und verurteilende Chefin.

Beruf: *Wenn die Karte für die fragende Frau aufgedeckt wird:* Sie sind die geborene Managerin in einem offensiven Unternehmen. Für Ihre Ideen und Ziele gaben Sie all Ihre Kraft. Sie sind eine gerechte, aber auch unduldsame Autoritätsperson. Sie werden eher gefürchtet als geliebt. *Wenn die Karte für eine andere Person steht:* Sie stehen mit einer Autoritätsperson in einem Kampf, den Sie nicht oder nur unter großen Verlusten gewinnen können.

Geld: Sie sind eine starke und unaufhaltsame Gewinnerin und werden Ihren Reichtum immens vermehren.

Liebe: Diese Frau ist gefährlich, weil sie ihrem Kopf folgt und ihr Herz verleugnet. Sie wurde irgendwann in ihrem Leben enttäuscht, und sucht jetzt Rache an den Männern. Sie ist die Fragende selbst oder eine wichtige Frau im Leben des Fragenden.

Die Frage von Annemarie S. aus München

Werden wir uns wieder versöhnen?

Mein Partner und ich hatten bösen Streit. Er hat mich belogen, davon bin ich überzeugt. Da ich das aber nie beweisen konnte, machte ich gute Miene zu bösem Spiel und habe mich entschuldigt. Doch er will nicht nachgeben. Ostern wollten wir verreisen. Nun weiß ich nicht, ob er das tatsächlich noch möchte. Werden wir uns vorher versöhnen? Was sagt meine Zukunfts-Karte „Die Königin der Schwerter“ darüber aus?

Die Antwort des Tarot

Liebe Annemarie, wenn ich dem Tarot folge, muss ich Ihnen sagen: Ich glaube nicht an eine Versöhnung und ich weiß auch gar nicht, ob ich sie Ihnen wünschen soll: Sie sind zu sehr verletzt. Die Königin der Schwerter kennzeichnet eine Frau, deren Liebe zerstört wurde und die dann aus Notwehr zum Schwert greift. Das wiederum versetzt den Mann in Schrecken. Ich weiß nicht, was vorgefallen ist. Ich kenne auch nicht Ihren Mann (und ich kenne natürlich Sie auch nicht). Aber das Tarot spricht eine eindeutige Sprache: Er verdient es nicht, dass Sie zu ihm zurückkehren. Suchen Sie jemand anderen!

König der Schwerter

Unerbittlichkeit

Bild: In strenger und unerbittlicher Haltung thront der König der Schwerter über der Landschaft. Sein steinerner Herrscherstuhl ragt in den Himmel, gleich einer Himmelsleiter und drückt somit die Verbindung mit einer höheren Dimension aus. Doch liegt diese Verbindung in seinem Rücken, also in seinem Schattenbereich, was darauf hinweist, dass er die Verbindung verloren hat. Sein Schwert neigt sich zur rechten Seite, als Zeichen seiner Neigung, nur das anzuerkennen, was bewusst, klar, sinnlich erfahrbar, logisch und eindeutig ist. Sein Gewand leuchtet in hellem Blau, der Farbe des offenen Himmels und des klaren Wassers und versinnbildlicht Geist und Erkenntnis. Das Rot und Rot-Gelb seiner Kleidung drückt Willen und Lebenskraft aus.

Deutung: Er verkörpert den Archetypus des strengen, unerbittlichen Übervaters. Sein Element ist Luft. Er ist der Herrscher der Gedanken und Vorstellungen, der Ideen und Phantasien. Er sieht die Welt nicht wie sie ist, sondern so, wie er sie sich vorstellt. Deswegen ist er so stark. Kein anderer König besitzt soviel unternehmerische Kraft wie der Schwert-König. Er braucht freie Hand, benötigt aber dennoch ein Idee, für die es sich zu kämpfen lohnt. Wird die Karte für jemand anderen als den Fragenden aufgedeckt, steht der Fragende mit diesem Menschen in einem inneren Kampf.

Aussage: Ein schwieriger und komplizierter Mann. Der Fragende selbst oder ein bedeutsamer Mann in seinem Leben. Auch der verurteilende Mann, Vater oder Vorgesetzte.

Beruf: *Wenn die Karte für den fragenden Mann steht:* Sie sind ein unbequemer Chef oder Mitarbeiter. Aber Sie bieten Ihren Mitarbeitern auch in Krisensituationen Sicherheit. Sie sind ein kämpferischer Unternehmer.
Wenn die Karte für eine andere Person steht: Seien Sie vorsichtig, eine Kollision mit einer Autorität droht.

Geld: Die Person, die der Schwert-König kennzeichnet, kann mit Hilfe ihres Überblicks und ihrer immensen Selbstbeherrschung Berge von Geld erwerben.

Liebe: Er ist ein Mann, der seine Gefühle vergessen hat und jetzt versucht, die Liebe aus dem Kopf heraus zu lenken. Eine Gestalt, mit der viele Kämpfe ins Haus stehen. Der Fragende selbst oder eine wichtige männliche Person im Leben der Fragenden.

Die Frage von Laura Bianchi aus CH-Ittigen, Schweiz

Ist der Ruhestand gesichert?

Schon seit über drei Jahren versuchen mein Mann und ich, unsere Eigentumswohnung zu verkaufen. Wir wollen nach Afrika auswandern, die Wohnung brauchen wir also nicht länger, wohl aber das Kapital. Folgende Karte habe ich gezogen: „König der Schwerter"; die Frage, die ich mir dabei gestellt habe, lautet: Gelingt es meinem Mann und mir, unseren Ruhestand in unserem Haus in Kenia zu verbringen?

Die Antwort des Tarot

Liebe Laura, der König der Schwerter steht immer für einen Mann, der zu viel will, der etwas erzwingen, durchsetzen will – mit aller Gewalt. Ich bin mir nicht sicher, aber ich vermute fast, es ist Ihr Mann, der hinter dem Schwert-König steht. Habe ich recht? Dann ist es Ihre Aufgabe, ihn zu beruhigen. Solange er mit dem „Schwert" (sinnhaft für Gier) kämpft, wird das Haus nicht verkauft. Was Sie (beide!) brauchen ist Entspannung hier – nicht erst in Afrika.

Die Hofkarten der Münzen

Die Hofkarten der Münzen stehen für Menschen, die frei sind von menschlichem Egoismus. Sie haben (vorübergehend) eine Ebene erreicht, in der sie verstanden haben, dass die wirkliche Erfüllung des Menschen darin geschieht, dass man sich als ein Teil der Erde versteht, und sich an ihr und mit ihr verwirklicht. Die Hofkarten der Münzen stehen daher häufig für Freunde, die einem zur Seite stehen. Ein König der Münzen zum Beispiel ist kein Liebhaber, sondern ein väterlicher Freund, auf den man sich verlassen kann. Genauso verweist die Königin der Münzen auf eine Frau, die sich nicht an einen Mann bindet, es sei denn in Freundschaft, aber niemals in Abhängigkeit. Die Hofkarten der Münzen spiegeln immer Menschen wider, die auf der Suche sind nach Erlösung, nach Sinnfindung und Ganzwerdung.

Als Signifikator stehen die Münz-Hofkarten für Lehrer und wichtige Freunde. Auch für Fragen des eigenen Wachstums wählt man stets eine Hofkarte der Münzen – als Frau die Königin, als Mann den König.

Die Hofkarten der Münzen

Bube der Münzen

Ritter der Münzen

Königin der Münzen

König der Münzen

Bube der Münzen

Freundschaft

Bild: Als spiele er mit einem leuchtenden Ball, hält ein junger Mann seine Pentakelscheibe in beiden Händen und betrachtet sie völlig versunken. Er steht auf einer blühenden Blumenwiese. Sie drückt Freigebigkeit, Wachstum und ungebrochene Lebensfreude sowie Erdverbundenheit aus. Die Farben seiner Kleidung sind braun und grün. Diese Farben stehen für Hoffnung, Sympathie und Fruchtbarkeit. Der rote Hut versinnbildlicht Lebenskraft und Willen. Im Hintergrund leuchten die blauen Berge des Glaubens und der Menschenliebe. Der braune Acker erinnert daran, dass man sein Feld bestellen muss, dass man nichts ernten kann, wenn man nicht vorher umgräbt und sät. Der große gelbe Hintergrund steht für Klarheit, Licht, Erleuchtung.

Deutung: Der Münz-Bube kommt aus dem Reich der Sterne, um in einer neuen, irdischen Gestalt sein Karma zu erfüllen. Er liebt das Leben, aber tief in seinem Inneren spürt er die Sehnsucht, über das, was ist, hinauszugehen. Er ist ein Wanderer, der sich auf seinem Weg immer wieder verliert. Aber es ist die Suche, die ihn nährt; auch wenn er sein Ziel nicht erreicht.
Oft wird der Stern-Bube für den Beginn einer neuen Arbeitsstelle aufgedeckt. Als Bote steht er für Nachrichten, die dem eigenen Wachstum nützlich sind.

Aussage: Ein Mensch (Frau oder Mann) auf der Suche nach seiner Berufung. Der Fragende oder eine wichtige Person in seinem Leben. Auch ein Berufsanfänger oder Lernender.

Beruf: *Wenn die Karte für die fragende Person steht:* Sie stehen am Anfang einer Veränderung, einer Transformation. Achten Sie auf die Zeichen, achten Sie auf Ihre Träume. *Wenn die Karte für eine andere Person aufgedeckt wird:* Ein Ihnen sehr zugetaner Mensch möchte zu Ihnen in Kontakt treten. Ein Lernender, vielleicht ein beruflicher Neuanfänger, ist Ihnen zugetan.

Wenn die Karte für eine Botschaft steht: Eine positive Nachricht aus dem Arbeitsbereich.

Geld: Die Person, für die diese Karte steht, hat einen sehr behutsamen und bedächtigen Umgang mit Geld. Sie denkt nie ausschließlich materialistisch, sondern wird auch von ihren idealistischen Beweggründen gelenkt.

Liebe: Ein Mensch, der offen ist für das Leben. Er ist ein guter Freund, mit dem man eine Beziehung aufbauen kann. Manchmal verkündet diese Karte auch die Geburt eines Kindes.

Die Frage von Ilona Sch. aus Rostock

Wie besiege ich meine panische Angst vor Tieren?

Ich habe die Karte „Page der Münzen" gezogen. Als Anhängerin des Buddhismus und intensive Reiki-Anwenderin bin ich auf der Suche nach meiner Erfüllung als glücklicher Mensch. Aber: Ich habe panische Angst vor allen Tieren. Was kann ich tun?

Die Antwort des Tarot

Liebe Ilona, diese Karte zeigt vielleicht Sie am Anfang eines Weges hin zu mehr Erfüllung, hin zum Licht. Es ist der Bube, nicht der Ritter und erst recht nicht die Königin. Das soll Ihnen sagen, dass Sie nicht zuviel von sich selbst verlangen dürfen. Sie sind am Anfang, nicht am Ende. Aber Sie sind auf dem richtigen Weg!

Ritter der Münzen

Einklang

Bild: Ein junger Ritter sitzt in ruhiger, gelassener Haltung auf seinem Pferd. Prüfend betrachtet er die Gegend und seinen Stern, um Gewissheit zu bekommen, welchen Weg er einschlagen soll. Sein offenes Visier zeigt, dass er sich nicht bedroht fühlt und mit Offenheit den Dingen entgegenblickt, die da auf ihn zukommen. Das Pferd als Symbol für Bewegung strahlt Ruhe und Kraft aus und vermittelt den Eindruck, dass es seinen Reiter sicher ans Ziel bringt und nicht scheut. Sein Weg führt den Ritter über grüne Wiesen, die für Natur, Wachstum und Hoffnung stehen, vorbei an Feldern die bereit sind, bestellt zu werden. Beides versinnbildlicht die Verbundenheit des Ritters mit dem Erdelement. Seine roten Kleidungsstücke und das rote Zaumzeug des Pferdes verdeutlichen seinen Willen und seine Lebenskraft.

Deutung: Der Münz-Ritter greift nach den Sternen. Er ist wie Parzival, der den heiligen Gral sucht. Wenn er arbeitet und Karriere macht, ist sein Ziel nicht nur Reichtum, Wohlstand oder Ruhm, sondern, sich selbst zu finden, seinen ihm innewohnenden Auftrag zu erkennen und einzulösen. Wird die Karte für den Fragenden aufgedeckt, so kündet sie einen Aufbruch zu neuen Ufern. Dabei geht es darum, eine neue, sinnhafte Tätigkeit zu finden. Manchmal erinnert die Karte die fragende Person aber auch daran, seinen Weg der Selbstverwirklichung nicht aus dem Auge zu verlieren.

Aussage: Ein suchender, bewusster Mann oder eine Frau. Der Fragende selbst oder ein vertrauensvoller Kollege. Auch der ergebene Freund und Mitarbeiter.

Beruf: *Wenn die Karte für die deutende Person steht:* Sie stehen an einem wichtigen Punkt. Ihre Arbeit trägt dazu dabei, Sie zu vervollkommnen. Setzen Sie sich mit aller Kraft ein. Suchen Sie die Gemeinschaft mit anderen.
Wenn die Karte für eine andere Person steht: Ein Kollege, auf den Sie sich hundertprozentig verlassen kön-

nen. Ein Ihnen ergebener Mitarbeiter.

Geld: Die Person, die durch den Stern-Ritter gekennzeichnet wird, hat ein sehr bewusstes Verhältnis zu Geld und Reichtum. Nie wird er des Geldes wegen seine Ideale verraten.

Liebe: Dies ist ein Mensch, der das Leben sucht, und froh ist, wenn er sich mit Menschen verbinden kann, die so denken wie er, beziehungsweise sie. Es ist der Fragende, beziehungsweise die Fragende selbst oder ein wichtiger Mensch im Leben derselben.

Die Frage von Elfe K. aus Ansbach.

Ich habe einen Mann kennengelernt?

Lieber Herr Bauer, ich habe einen Mann kennengelernt. Es ist noch nichts passiert. Aber ich bekomme ganz eigenartige Zustände, wenn ich an ihn denke. Jetzt habe ich eine Karte für ihn gezogen. Es ist der „Ritter der Münzen". Was bedeutet er?

Die Antwort des Tarot

Liebe Elfe, das Tarot beschreibt Ihnen Ihren neuen Schwarm als einen besonderen Mann. Er will frei sein. Er wird gerne eine Freundschaft mit Ihnen eingehen. Aber er wird, wenn das Tarot recht hat, nicht Ihr Liebhaber werden. Ich hoffe, Sie sind jetzt nicht allzu sehr enttäuscht. Denn auf der anderen Seite können Sie bei diesem Mann ewas finden, was vielleicht viel größer ist als eine Liebe, nämlich eine lebenslange Freundschaft. Sie müssen sich aber klar machen, dass Sie auf dem Holzweg sind, wenn Sie eine Liebesbeziehung erwarten. Wenn Sie mit diesem Anspruch auf diesen Mann zugehen, treiben Sie ihn regelrecht in die Flucht. Ich wünsche Ihnen eine wunderschöne Freundschaft.

Königin der Münzen

Klugheit

Bild: Ganz in sich versunken, mit der Münze auf ihrem Schoß als Zeichen ihrer eigenen Mitte, sitzt die Königin auf ihrem Thron. Ihr Herrscherstuhl steht in einer paradiesischen Natur mit Blumen, Früchten, Tieren. Das alles ist ein Ausdruck des Erdelements, dessen weibliche Seite sie verkörpert und vollendet. Ihr rotes Gewand und die roten Rosen, die sie umgeben, offenbaren Lebenskraft, Willen und die Fähigkeit, Liebe zu schenken. Ihr grüner Schleier drückt Fruchtbarkeit, Wachstum, ein besonderes Gespür für existentielle Vorgänge und erdverbundene Sinnlichkeit aus.

Deutung: Sie ist die Königin des Lichtes. Als Regentin ist sie gerecht und erfahren. Sie liebt ihre Arbeit, aber sie wird sich nie darin verlieren. Obwohl sie durch ihre Position andere überragt, besitzt sie keinerlei Dünkel und betrachtet andere als Mitarbeiter. Am stärksten kommen ihre Anlagen und beruflichen Fähigkeiten in Berufen zur Tätigkeit, in denen ein enger und persönlicher Kontakt zu Menschen möglich ist, also zum Beispiel in allen heilenden und therapeutischen Berufen. Ihre Nähe ist wohltuend und schenkt Ruhe und Frieden. Sie ist die weiseste und erhabenste Schwester unter den Königinnen, die „Hohepriesterin" unter den Frauen.

Aussage: Eine feine, innerlich klare und lebenserfahrene Frau und Kollegin. Die wohlwollenden Chefin oder eine entsprechende, weibliche Autoritätsperson. Die Fragende selbst oder ein bedeutsamer Mitarbeiter im Leben der Fragenden

Beruf: *Wenn die Karte für die fragende Frau steht:* Sie sind eine weise und bedachte Frau. Sie verspüren eine Sehnsucht, die sie bei allen Dingen, die Sie tun, nie völlig verlieren. Sie suchen Einsicht, Wachstum und Selbsterfüllung. Über Ihrer beruflichen Position steht Gelingen und Heil. Sie sind eine Frau, die anderen Sicherheit und Lebenserfahrung vermitteln kann.

Wenn die Karte für eine andere Frau steht: Eine Ihnen zugeneigte, wichtige Autoritätsperson spielt eine wichtige Rolle in Ihrem Leben.

Geld: Die Frau, für die diese Karte aufgedeckt wurde, hat ein ausgesprochen positives, sachliches, und dennoch sehr inniges Verhältnis zu Geld und Wohlstand, und man kann ihr alles anvertrauen. Sie ist äußerst zuverlässig.

Liebe: Diese Frau ist keine Geliebte, sondern eine Freundin, ein Wesen, das das Leben mit jemandem teilt, aber sich nie unterordnet: Die Fragende selbst oder eine Frau im Leben des Fragenden, die eine große Rolle spielt.

Die Frage von Frieda M. aus Barmen

Ist die „Königin der Münzen" meine Reisegefährtin?

Ich möchte so gerne reisen! Mit dem Rucksack durch die Welt marschieren. Ich bin 47 Jahre alt.

Die Antwort des Tarot

Liebe Frieda, super! Wäre ich so mutig wie Sie, würde ich Sie begleiten. Also, ich finde das wunderbar. Und die Karte, die Sie dafür aufgedeckt haben, passt wie ein Zeichen des Himmels. Sie sind eine Suchende. Sie sind einer der Ritter König Arthurs, der sich aufmacht, um den Gral zu finden. Ihr Gral heißt Wiedergutmachung. Etwas, das in der Vergangenheit Ihrer Ahnen zerbrochen ist, soll wieder ganz werden. Ich wünsche Ihnen eine gute Reise und dass Sie finden, was Sie suchen! Und schicken Sie mir doch einmal eine Karte, wenn Sie auf der anderen Seite der Welt sind.

König der Münzen

Weisheit

Bild: Der Münz-König sitzt in sich ruhend auf seinem Herrschersitz. Er selbst und seine Umgebung wirken prächtig und reich an Fülle. Sein Königsmantel scheint aus Weinreben geflochten zu sein, an denen reiche Trauben hängen. Schon von alters her galt der Weinstock als Symbol für harte Arbeit und die Trauben als Sinnbild für Ernte, Genuss, dionysische Freuden. Die Stierköpfe, mit denen sein Thron geschmückt sind, verweisen auf das astrologische Sternzeichen Stier, das als besonders fruchtbar und sinnlich gilt. Die Burg im Hintergrund drückt Geborgenheit und Reichtum aus.

Deutung: Er ist der König des Erdelementes und des Lichtes. Er kennt das Leben und die Menschen. Er ist klug und weise. Er nimmt nichts zu wichtig, am allerwenigsten sich selbst. Er sieht hinter die Oberfläche, sucht die Tiefe und Unvergänglichkeit. Seine Nähe ist wohltuend und beruhigend, und sein wacher Geist gibt der Welt Leben und Glanz. Er liebt die Gegenwart anderer Menschen, aber genauso sucht er immer wieder die Einsamkeit. Er ist der Meister unter den Königen und die höchste Gestaltung unter den Hofkarten des Tarot. Als Vorgesetzter ist er jovial, gütig, gerecht und vorantreibend. Steht die Karte nicht für den Fragenden selbst, so verweist sie auf einen wichtigen Helfer, eine Autorität, eventuell auch auf einen Lehrer oder Meister.

Aussage: Ein verständnisvoller, gütiger und weiser Mann. Der Fragende selbst oder ein Mensch im Leben des Fragenden. Der verständnisvolle, gütige Chef. Der erfahrene Vorgesetzte. Ein Lehrer oder ein Meister.

Beruf: *Wenn die Karte für den fragenden Mann steht:* Sie sind die geborene Autorität, ein weiser Führer, ein Mann, auf den man sich verlassen kann. Ihre Arbeit ist sehr wichtig für Sie, aber Sie werden sich nie in Ihrer Arbeit völlig verlieren.
Wenn die Karte für eine andere Person aufgedeckt wird: Sie werden auf einen weisen, wissenden und gütigen Menschen verwiesen. Wahrschein-

lich ist er ein Vorgesetzter oder ein Lehrer. Sie können sich auf diesen Menschen verlassen. Sie müssen aber auch wissen, dass dieser Mensch von Ihnen mehr verlangt als nur Ihre Arbeitskraft, nämlich auch Ihr Herz.

Geld: Der Stern-König verkörpert den Mann, der reich ist und dennoch im Reichtum nicht das wichtigste Ziel seines Lebens erkennt.

Liebe: Dieser Mann ist lebenserfahren und weise, er sucht keine enge Beziehung, sondern Austausch von Körper, Geist und Seele. Ein väterlicher Freund, der Fragende selbst oder ein wichtiger Mann im Leben der Fragenden.

Die Frage von Sylvia R. aus Berlin

Soll ich das Feld räumen oder abwarten?

Lieber Herr Bauer, bevor ich einen schweren Fehler mache, frage ich lieber die Tarot-Karten bzw. Sie um Rat. Mein Ehemann hat seine eigene kleine Firma. Das ist ja auch toll. Das Problem: Seit einiger Zeit merke ich, dass er zu einer seiner Mitarbeiterinnen eine etwas zu tiefe Zuneigung hegt – für meinen Geschmack zumindest. Nun, ich liebe ihn und möchte, dass es ihm einfach gut geht. Sollte dies die Frau seines Lebens sein, würde ich auch das Feld räumen. Nur bin ich mir eben nicht sicher, ob und wie ich jetzt handeln sollte. Nur eines steht fest: Irgendetwas muss ich tun. Was sagen Sie dazu? Und was die Karte „Der König der Münzen".

Die Antwort des Tarot

Liebe Sylvia, die Karte „Der König der Münzen" steht für Ihren Mann, das ist gar keine Frage. Und damit ist auch die Antwort des Tarots klar: Sehen Sie Ihren Mann als Freund, als „Kollegen", als Partner, als Kumpel, als Weggefährten, – aber nicht als I h r e n Mann bzw. Besitz. Von daher müssen Sie sich auch zurückhalten, wenn Sie spüren, dass er seine eigenen Wege geht. Die Frage ist natürlich, ob Sie das können. Ihre Liebe für ihn scheint sehr groß zu sein und so wird es Ihnen schwer fallen, ihn loszulassen. Aber früher oder später muss einer von Ihnen beiden – Sie oder die „Neue" – das Feld räumen. Finden Sie eine freundschaftliche Basis (und ich bin überzeugt, das werden Sie), dann löst sich dieser Konflikt von selbst. Nur eines dürfen Sie nicht: sagen, dass Sie Ihren Mann so sehr lieben, dass Sie ihm sogar die Freiheit einräumen, eine „Zweitfrau" haben zu dürfen. Diese Liebe gibt es nicht. Liebe ist immer besitzergreifend. Nur Freundschaft ist nicht so. Versuchen Sie doch eine zeitlang Ihren Mann wie einen Freund zu behandeln. Dann hat Ihre Beziehung eine Chance. Seien Sie Freunde und finden Sie so vielleicht wieder zurück zur Liebe.

Die Tageskarte

Auf eine schöne und einfache Art und Weise kann man mit den Karten vertrauter werden, wenn man morgens, gleich nach dem Aufwachen, eine Karte für den ganze Tag aufdeckt. Man verwendet dabei nur das Große Arkanum. Die aufgedeckte Karte soll eine Art Leitmotiv sein, und die Ereignisse des Tages werden im Lichte dieser Karte betrachtet. Man entdeckt, wie der Geist des Tarot den Tag mitbestimmt: Man zieht den Turm der Zerstörung (Karte XVI) und erfährt, wie der Tag auf seltsame Weise misslingt, man deckt die Sonne (Karte IXX) auf, und der Tag wird heiter und gelassen.

Als Beispiel zwei Ausschnitte von Tagebuchaufzeichnungen über Erfahrungen mit der Tageskarte:
„Für heute, Montag, decke ich die Karte des Mondes (XVIII) auf. Ich finde das passt gut, denn der Montag wird ja auch in der Astrologie vom Mond regiert. Obendrein steht, als ich morgens aus dem Haus gehe, die abnehmende Mondsichel noch klar am morgendlichen Himmel. Im Büro vergesse ich den Mond erst mal. Die Mittagspause verbringe ich mit einer Kollegin. Sie erzählt mir, schwanger zu sein ... Wieder ein Erlebnis, das zur Mondkarte passt."
„Heute morgen habe ich die Karte des Teufels als Tageskarte gezogen. Eigenartig wie die Karte meine Wahrnehmung beeinflusst. Ich stellte mir die Menschen vor, als würden sie mit einer Art Teufelsfratze herumlaufen. Das passte. Als ich meinen Chef am Telefon beobachtete, wie er schmeichelnd mit einem Kunden verhandelte, dachte ich an den Leibhaftigen, der in ihm stecken muss, wenn er so gut schleimen kann. Kurz darauf packte mich der Teufel selbst. Ein Kollege zog einen dicken Brocken an Land, Wertanlagen über 300000 DM. Ich merkte, wie ich in der Hölle schmorte und stinkeifersüchtig wurde."

Der Mond

Der Teufel

Eine Legemethode mit einer Karte

Diese Methode ist Grundlage der Beispiele, die bei der Beschreibung der einzelnen Karten angeführt werden.

Eine Legemethode mit zwei Karten

Diese Methode ist immer dann geeignet, wenn man eine Entscheidungshilfe sucht. Mischen Sie die Karten, heben Sie ab und legen sie die Karten aus. Es sollen zwei Karten durch ahnungsvolles Berühren der Kartenrückseiten ausgewählt werden. Dabei gehen Sie so vor, dass Sie zunächst für die eine Alternative eine Karte auswählen und sie verdeckt auf die Seite legen. Danach suchen Sie eine Karte für die andere Alternative aus. Erst jetzt drehen Sie beide Karten um versuchen, den Rat des Tarot in Ihre Entscheidungsfindung mit einzubeziehen.

Beispiel: Ein Mann möchte seinen Chef um eine Gehaltserhöhung angehen. Er weiß nicht, ob er noch warten oder sofort auf sein Ziel zustürmen soll. Er deckt zwei Karten auf: Für das Warten wird die Karte Kelch-Ass aufgedeckt. Für das direkte Vorgehen erhält er die Karte Zerstörung (Karte XVI der Trumpfkarten).

Die Antwort ist eindeutig, und der Mann entschließt sich wenigstens bis zum nächsten Tag zu warten, um dann die Karten erneut zu befragen.

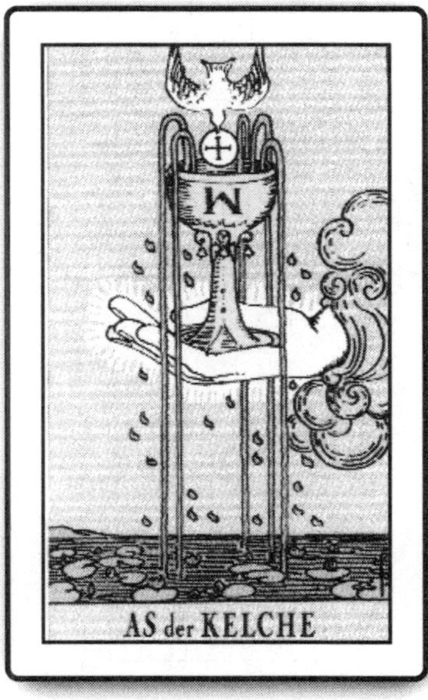

Ass der Kelche

XVI Der Turm

Tarot-Zauberspruch

Dieses alte Legemodell stammt von den Zigeunern. Es hört sich an wie eine Beschwörung. Man zieht sieben Karten mit folgender Anweisung:

1. Karte: „Mein Ich“
2. Karte: „Was mich deckt“
3. Karte: „Was mich schreckt“
4. Karte: „Was mich treibt“
5. Karte: „Was mir bleibt“
6. Karte: „Was mir die Zukunft bringt“
7. Karte: „Was mich zu Boden zwingt“

Beispiel: Ein 40-jähriger Mann bittet in einer Selbsterfahrungsgruppe darum, ihm die Karten zu legen. Er hat keine bestimmte Frage, er will „gerade mal so wissen“, was das Tarot ihm zu sagen hat. Nach dem Mischen und dreimaligem Abheben wählt er die unten gezeigten Karten aus.
Anschließend ergibt sich folgender Dialog zwischen ihm (**F**) und dem Seminarleiter (**S**):

(S) „Oben ist das Kelch-Ass. Kannst Du sagen, was diese Karte für dich bedeutet? Sie steht für dein Ich.“

Schaubild:

1. Karte:
Ass der Kelche

2. Karte:
Die Sonne

3. Karte:
2 der Schwerter

4. Karte:
6 der Stäbe

5. Karte:
7 der Stäbe

6. Karte:
Die Hohepriesterin

7. Karte:
2 der Kelche

(F) „Ja, ich freue mich darüber. Ich fühle, dass ich zur Zeit mehr akzeptiere, so zu sein, wie ich bin. Auch die Sonne mag ich. Sie deckt mich. Da kann mir eigentlich nichts passieren. Aber was bedeutet die Schwert-2?"

(S) „Die Sonne schützt dich. Du lebst unbeschwert und sorglos, frei wie ein Kind der Sonne. Du hast Vertrauen in die Existenz. Aber, was Dich schreckt ist das Schwert; du möchtest in der Unbeschwertheit der Sonne bleiben und dich nirgends festlegen; daher hält die Frau auf der Karte (Schwert-2) die beiden Schwerter in einer Weise, als wolle sie demonstrieren: Ich will und kann mich nicht entscheiden, ich kann ja auch gar nichts sehen, ich will meinen Frieden, meine schöne Welt ... Was dich treibt, ist die Suche nach Glück, Abenteuer und Erfolg (Stab-6), und was dir bleibt, sind Angriff und Neid (Stab-7). Das kostet Kraft, auch wenn du der Herausforderung gewachsen bist. Diese Karte (Kelch-2) zwingt dich zu Boden. Das heißt, dass eine Begegnung, möglicherweise eine Beziehung, eine Frau, dich in die Knie zwingen will oder wird. Es sieht so aus, als wolltest du mehr Freiheit, als dir andere zu geben bereit sind. Aber du bist auch selbst nicht ganz sicher, wie du leben möchtest."

Die Vermutungen des Seminarleiters werden von **(F)** bestätigt. Nach einer fünfzehnjährigen Beziehung möchte er jetzt frei und ungebunden leben, nehmen, was kommt.

(F) „Aber dann begegne ich einer Frau, verliebe mich und schon sitze ich in der Falle. Bleibe ich mit der Frau, verliere ich meine Unabhängigkeit, anderenfalls verliere ich die Frau. Am liebsten hätte ich beides, aber da spielt keine Frau mit."

(S) „Die Zukunft bringt dir die Hohepriesterin, die magische Frau. Sie bleibt ganz bei sich, spürt nur ihre eigene innere Stimme, und sie lebt im Augenblick. Freiheit, Unabhängigkeit und Abhängigkeit sind doch nur Worte, solange sie nicht gespürt werden. Die Hohepriesterin bleibt sich treu, und das ist das einzige, was zählt."

Anmerkung: Erfahrungsgemäß macht die Karte „was mich zu Boden zwingt" die größte Schwierigkeit. Gemeint sind Bedingungen, Situationen, Ereignisse und Personen, die einen auf den Boden bringen. Manchmal ist es die nüchterne Realität oder ein Ereignis, das einem die Augen öffnet über das, was wirklich ist.

Die Karriereleiter

Mischen Sie die Karten wie üblich und legen Sie sie in einem Halbkreis aus. Suchen Sie dann fünf Karten und legen Sie sie übereinander wie in der Abbildung. Bevor Sie jeweils eine Karte bestimmen, sprechen Sie innerlich zu sich wie folgt:
Die erste Karte ist für meine jetzige berufliche Situation.
Die zweite Karte steht für das Ziel, das ich erreichen möchte.
Die dritte Karte benennt den Weg von meiner Ausgangssituation zum Ziel (Karriereweg).
Die vierte Karte zeigt mir ein Hindernis (diese Karte wird quer gelegt).
Die fünfte Karte zeigt mir eine Möglichkeit, das Hindernis zu umgehen.

Beispiel: (Das Beispiel stammt von einer Frau, die das Tarot befragt, um ihre berufliche Situation zu erörtern).

Für ihre berufliche Ausgangssituation (Karte 1) zieht sie den Eremiten. Die Frau bestätigt sofort, daß Sie sich in ihrem jetzigen Beruf tatsächlich sehr einsam und isoliert vorkommt. Sie ist die meiste Zeit allein, weil ihr Chef sehr viel unterwegs ist und sie im Grunde nur Telefondienste und schriftliche Arbeiten erledigt. Für ihr Berufs- oder Karriere-Ziel steht die Karte Kelch-Königin. Diese Karte weist darauf hin, dass die Frau gerne einen Beruf ergreifen würde, in dem sie mehr ihre weibliche intuitive und gebende Seite verwirklichen kann. Tatsächlich trägt sich die Frau mit dem Gedanken, den Beruf einer Heilpraktikerin zu ergreifen. Für den Weg wird die Schwert-8 Karte gezogen. Die Frau erkennt in dieser Karte ihre Angst, ihren momentanen Beruf und die damit verbundene Sicherheit aufzugeben. Als Hindernis wird die Karte die Sonne aufgedeckt. Sie wird interpretiert als Bequemlichkeit, die es zu überwinden gilt, wenn man einen neuen Beruf ergreifen möchte. Als Hilfe, beziehungsweise als die Karte, die den Weg benennt, mit dem sich das Hindernis umgehen lässt, erscheint der Stab-König. Der Stab König verweist auf einen männlichen Freund, oder zumindest auf eine nahestehende männliche Person, die der Frau bei der Verwirklichung ihres Berufswunsches behilflich sein wird. Die Frau kann zunächst niemanden benennen, der eine derartige Funktion übernehmen könnte. Erst zu einem späteren Zeitpunkt bewahrheitet sich das Tarot: Sie lernt einen Mann kennen, der einen ähnlichen Weg wie sie gegangen ist. Er war früher Techniker und ist heute Heilpraktiker. Dieser Mann motivierte die Frau dabei, ihrem Berufswunsch nachzukommen.

1. Karte:
Der Eremit

2. Karte:
Königin der Kelche

3. Karte:
8 der Schwerter

4. Karte:
Die Sonne

5. Karte:
Königin der Stäbe

Der runde Tisch

Diese Legemethode ist immer dann günstig, wenn man vor einem Problem oder einer schwierigen Aufgabe steht und vom Tarot Hinweise und Hilfen erhofft. Bestimmen Sie zwischen drei und zehn Karten, die Sie in einem Kreis auslegen. Jede Karte steht für eine Instanz, die den Sachverhalt aus ihrer durch die Karte bestimmte Position betrachtet. Als Beispiel dient ein Gruppenprotokoll. In einem Tarot-Seminar möchte eine Teilnehmerin ihre berufliche Situation mit Hilfe der Karten angehen. Sie arbeitet beim Fernsehen. Seit zehn Jahren wurde sie bei Beförderungen übergangen.

Die Frau zieht sechs Karten. Genauso viele Teilnehmer aus dem Seminar sollen sich dann in jeweils eine Karte versetzen und aus dieser Position ihre Eingebungen kundtun.

1. Karte und Teilnehmerin, Der Turm (Karte XVI):
„Ich vertrete die Karte Turm oder, wie sie auch heißt, Zerstörung. Ich weiß nicht genau, was ich dir sagen soll. Das einzige, was mir kommt, ist der Gedanke, dass du vielleicht, ohne es selbst zu bemerken, zu selbstgefällig bist. Das Nichtgewähren einer Beförderung wäre sozusagen immer wieder eine kleine Zerstörung, die dich auf den Boden der Realität bringen soll."

2. Karte und Teilnehmerin, Stab-9:
„Ich betrachte die Angelegenheit aus der Position der Erdkarte Stab-9. Mir kommt die Idee, dass du möglicherweise zu wenig Energie mobilisierst, um die Beförderung zu erlangen. Vielleicht bist du zu erschöpft und brauchst eine Pause."

3. Karte und Teilnehmerin, Die Liebenden (Karte VI):
„Aus meiner Position sehe ich den Sachverhalt so, dass du in deinen Chef, vielleicht ohne es selbst zu wissen, verknallt bist, und ihm mehr Gefühle entgegen bringst, als es für eine rein berufliche Position günstig und richtig ist. Vielleicht hat dein Chef Angst vor solchen Emotionen und wehrt Dich deswegen ab."

4. Karte und Teilnehmerin, Stern-10:

„Aus meiner Position, der Karte Stern-10, sage ich dir, dass du die Beförderung verdienst und auch bald bekommen wirst."

5. Karte und Teilnehmerin, Stern-3:

„Möglicherweise nimmst du deine Arbeit zu wichtig. Die Stern-3 erinnert dich daran, dass du für eine größeres Ganzes arbeitest und dein Ego nicht so sehr herausstreichen sollst."

6. Karte und Teilnehmerin, Stab-3:

„Aus meiner Position möchte ich dir sagen, dass du vielleicht zu wenig Energie mobilisierst, vielleicht fällt dir das Kämpfen schwer. Die Karte Stab-3 erinnert dich daran, dass du dich einsetzen und mit anderen konkurrieren sollst."

In ähnlicher Weise geht man vor, wenn man das Tarot alleine befragt. Dann versetzt man sich jeweils selbst in die einzelnen Karten und denkt, urteilt und spricht nacheinander aus deren Positionen.

Berufssuche

Diese Methode kann dabei behilflich sein, sich über die eigenen beruflichen Anlagen und Interessen mehr Klarheit zu verschaffen. Man wählt dafür aus dem Kartenstapel zehn Karten aus. Dann ordnet man die Karten, und zwar wie folgt:
In die erste Reihe kommen alle Karten des Großen Arkanums.
In die zweite Reihe kommen alle Karten des Stab-Elements.
In die dritte Reihe kommen alle Karten des Kelch-Elements.
In die vierte Reihe kommen alle Schwert-Karten.
In die fünfte Reihe kommen alle Stern-Karten.
Man analysiert dann das gesamte Kartenbild und lässt sich dabei von folgenden Fragen leiten:
Welches Element überwiegt?
Sind besonders viele Karten des Großen Arkanums vorhanden?

Beispiel: Ein Mann hat folgendes Kartenbild aufgedeckt.

In der Reihe des Großen Arkanums befindet sich Tod und Gericht.

Für die Reihe des Stab-Elementes gibt es keine Karte.

Das Kelch-Element ist mit fünf Karten vertreten.

Das Schwert-Element ist durch eine Karte vertreten.

Das Stern-Element ist mit zwei Karten vertreten.

Interpretation: Die Karten des Großen Arkanums deuten an, dass sich der Mann in besonderer Weise mit menschlichen Schicksalen, mit Tod und Wiedergeburt, mit Problemlösung und Problemhilfe beschäftigen sollte (Medizin, Psychotherapie). Die fünf Kelch-Karten, wovon drei Hofkarten sind, verstärken diesen Eindruck, denn die Kelch-Karten verweisen ganz allgemein auf helfende Berufe. Ein Problem dürfte sein, dass das Element der Stab-Karten überhaupt nicht vertreten ist. Das könnte ein Hinweis dafür sein, dass es dem Mann schwer fällt, sich beruflich einzubringen und durchzusetzen, um ein bestimmtes berufliches Ziel zu erreichen.

Das keltische Kreuz

Das Keltische Kreuz ist wohl das älteste Legemodell und wird in den meisten Tarotbüchern beschrieben. Bevor die Karten gemischt und ausgelegt werden, muss ein Signifikator bestimmt werden. Es ist eine Karte, die den Fragenden darstellt und näher benennt (significare ist lateinisch und bedeutet benennen) oder einen eindeutigen Bezug zu seiner Frage hat. Stellt ein Mann die Frage, wählt man eine Königskarte, für eine Frau eine Königin. Welchen König oder welche Königin man auswählt, liegt im Ermessen des Fragenden. Er kann sich dabei von folgenden Hinweisen inspirieren lassen: Für Angelegenheiten des Gefühls (Partnerschaft, Liebe) bestimmt man eine Kelchkarte (König oder Königin). Wenn es um Fragen im Zusammenhang mit Geld oder dem Beruf geht, nimmt man den Sternkönig bzw. die -königin. Steht eine Auseinandersetzung im Vordergrund, kann man eine Stabkarte (Königin oder König) zum Signifikator wählen. Bei Angelegenheiten schwerer oder unangenehmer Art bringt man eine Schwertkarte (Königin oder Königin) ins Spiel. Der Signifikator kommt aufgedeckt, das heißt mit der Bildseite nach oben, in die Mitte. Die anderen Karten werden gemischt und wie üblich verdeckt, das heißt mit der Bildseite nach unten, in einem Halbkreis ausgelegt. Dann werden zehn Karten mit den folgenden Anweisungen durch ahnungsvolles Berühren ausgewählt:

Die erste Karte, die Sie auswählen, umhüllt Sie. Diese Karte stellt die Einflüsse dar, die auf Sie einwirken. Auch die Atmosphäre oder das Klima. Wenn Sie die 1. Karte bestimmt haben, bedecken Sie damit den Signifikator.
Die zweite Karte kreuzt Sie. Sie verweist auf Hindernisse. Ist es eine günstige Karte, wird ihr hemmender Einfluss geringer sein als bei einer ungünstigen. Legen Sie sie kreuzweise über die erste Karte.
Die dritte Karte krönt und vollendet Sie. Sie versinnbildlicht, was Sie sich bestenfalls erhoffen können.
Die vierte Karte steht unter Ihnen.

Sie zeigt das Fundament der Angelegenheit. Das, worauf Sie sich verlassen können.
Die fünfte Karte verweist auf die Vergangenheit. Das, was bereits geschehen ist. Das, was hinter Ihnen liegt.
Die sechste Karte zeigt in die Zukunft. Was vor Ihnen liegt, was in naher Zukunft wirkt.
Die siebte Karte zeigt Sie, wie Sie das Tarot im Zusammenhang mit der Frage sieht.
Die achte Karte zeigt Ihr Heim und Ihre Umgebung.
Die neunte Karte verweist auf Ihre Hoffnungen und Ängste in Bezug auf die Frage.
Die zehnte Karte zeigt das Ergebnis, die Finalität.

In der Abbildung geben die Ziffern die Reihenfolge der Karten wieder.

Beispiel: Ein 35-jähriger Mann möchte in einem Tarot-Seminar die Karten befragen. Er ist seit sieben Jahren Psychologe in einer Klinik für Alkoholkranke. Die Arbeit erfüllt ihn, aber sie zehrt auch an ihm. In letzter Zeit trägt er sich häufig mit dem Gedanken zu kündigen, etwas Neues anzufangen. Als Signifikator wird der Stab-König gewählt. Er steht für Kraft und neue Unternehmungen.
Es ergibt sich folgender Dialog zwischen ihm **(A)** und dem Seminarleiter **(S)**:

(S) „Bei deiner Arbeit geht es um Mitgefühl (Stern-5). Das kann heißen, dass du Trost gibst, aber auch, dass du selber Hilfe suchst."

(A) „Beides. Ich gebe viel, aber manchmal fühle ich mich ausgebrannt, völlig leer."

(S) „Was dich kreuzt, ist diese Karte. Sie heißt Mäßigkeit. Dieser Engel könnte dir sagen: Bleibe in der Mitte, halte die Balance."

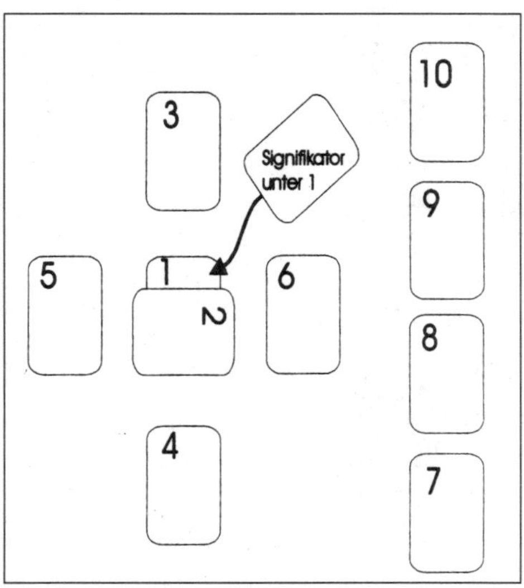

(A) „Das sage ich mir auch. Aber die Karte steht doch gegen mich. Heißt das, dass ich zuviel abwäge, dass ich zu vorsichtig bin?"

(S) „Du kannst gar nicht anders. Wenn diese Karte gegen dich ist, dann hält sie dich im Zaum. Da kann man nicht einfach eine siebenjährige Arbeit hinwerfen. Da muss alles doppelt und dreifach abgewogen werden. Die Ursache dafür liegt hier, in der Gestalt des Schwert-Königs. Der steht vor dir, in deiner Zukunft. Ihn musst du überwinden, wenn du dich befreien willst. Er ist so etwas wie dein geistiger Übervater, der dir ständig vorhält, was du falsch machst und noch besser überlegen sollst, damit du ja keine Dummheiten machst. Er ist die personifizierte Kontrolle. Was ich noch sehe, ist dies: In deinem Herzen hast du dich längst entschieden, deine Arbeit zu verlassen

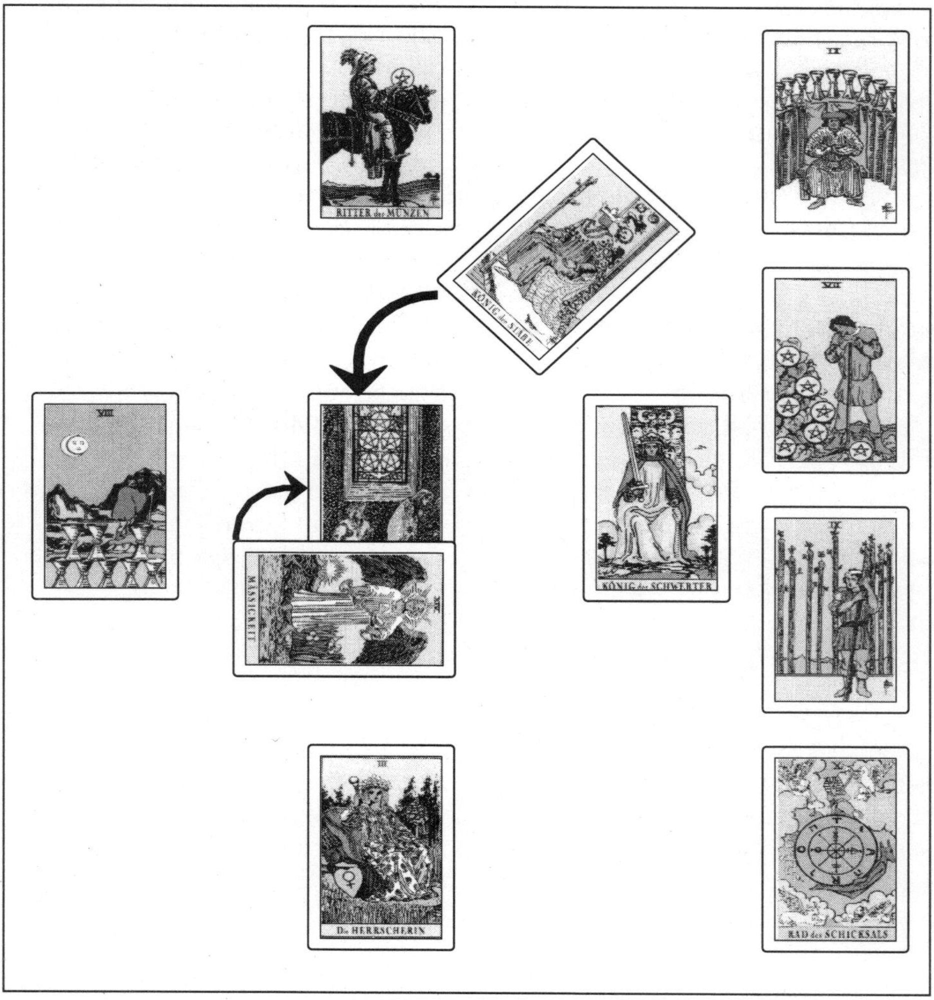

(Kelch-8 in der Vergangenheit), weil dich das ewige Leid aushöhlt (Stern-5 auf Signifikatorkarte). Deine Vorstellung, sozusagen dein Idealbild, ist der Stern-Ritter. Du möchtest frei sein, ungebunden und offen für das Leben. Der Boden, auf dem du stehst, ist fest. Du kannst ihm vertrauen. Dies ist ein schönes Bild. Du stehst fest auf der Erde (Herrscherin) und siehst in den Himmel (Stern-Ritter). Jetzt diese Karten: Unten ist das Glücksrad oder auch das Rad des Schicksals. So sieht dich der Geist des Tarot. Das ist bedeutsam. Du musst durch diesen Prozess der Veränderung, der Erneuerung. Nicht du bist es, der sich entscheidet, das Leben hat sich entschieden. Du kannst dich höchstens gegen den Schwung des Rades stemmen. Und schau, das tust du auch. Du stehst allein auf verlorenem Posten, klammerst dich an das, was dir noch bleibt (Stab-9)."

(A) „Ja, das ist es. Ich habe Angst, das bisschen Sicherheit zu verlieren. Unglaublich, was die Karten sagen. Dieser König mit dem Schwert bin ich oft selbst, in meiner Arbeit, wenn ich unseren Patienten ihre Trägheit und Bequemlichkeit vorhalte, und so bin ich auch zu mir."

(S) „Schau, deine Hoffnungen. Deine Arbeit trägt Früchte (Stern-7). Aber ist es nicht auch die Hoffnung, selbst weiterzuwachsen? Das Ergebnis, was herauskommt, kann sich sehen lassen. Du hast acht Kelche verlassen und neun neue gefunden. Ich meine, dass du deinem Schwert-König getrost weniger Aufmerksamkeit schenken kannst."

Nach drei Monaten treffen sich **(A)** und der Seminarleiter wieder. Glücklich erzählt **(A)**, er „habe es halb geschafft und gegen den Widerstand seines Chefs durchgesetzt, nur noch halbtags zu arbeiten". Und er fügt hinzu:

(A) „Es ist schon viel besser, und ich sehe es als ersten Schritt".

(S) „Deine Karten von damals lassen Veränderungen nur schrittweise, maßvoll und unter Kontrolle zu. Die Kelch-9 ist tatsächlich nur eine Stufe zum großen Glück, zum Tanz der zehn Kelche unter dem bunten Regenbogen."

Anmerkungen: Man kann das Keltische Kreuz auch ohne die Karten sieben, acht, neun und zehn durchführen. Für den Anfänger ist es sogar ratsam, sich auf sechs Karten und den Signifikator zu beschränken. Wichtig ist es, die Karten „was umhüllt" und „was kreuzt" richtig zu interpretieren. Die erste meint die Art und Weise wie man sich nach außen zeigt, wie man sich gibt, auch wie man von anderen erlebt wird oder, welche Kräfte noch am Werk sind, derer man vielleicht selbst gar nicht bewusst ist. Die zweite Karte verweist auf Hindernisse, störende Einflüsse von außen und innen und Kräfte, die man berücksichtigen muss.

Der Kreis oder das Jahreshoroskop

Beim Kreis werden zwölf Karten gelegt. Dieses Modell orientiert sich an der Astrologie. Die zwölf Häuser des Tierkreiszeichens werden durch zwölf Karten dargestellt. Wer sich ein wenig mit Astrologie auskennt, hat hier ein Schema, das einen umfassenden Einblick in eine Person oder Sache ermöglicht. Die einzelnen Karten werden jeweils mit der entsprechenden Frage gezogen und zum Schluss aufgedeckt.

1. Karte: „Wer bin ich?"
Persönliche Eigenschaften, Charakter

2. Karte: „Wie fest stehe ich?"
Besitz, Raum

3. Karte: „Wie leicht kann ich mich bewegen?"
Raumerfassung, soziale Beziehung, Kommunikation

4. Karte: „Wie empfinde ich?"
Gefühlsleben, Beziehung zur Mutter, zum Weiblichen

5. Karte: „Wie drücke ich mich aus?"
Ausdrucksfähigkeit, Beziehung zum Vater, zum Männlichen

6. Karte: „Wie passe ich mich an?"
Aussteuerung gegenüber der Umwelt

7. Karte: „Wie begegne ich anderen?"
Beziehung, Gemeinschaft

8. Karte: „Wovon lasse ich mich leiten?"
Leitbilder, Ideen

9. Karte: „Wie verstehe ich?"
Weltauffassung, Weltverständnis, Sinngebung

10.Karte: „Was bringe ich hervor?"
Arbeit, Beruf

11.Karte: „Was befreit mich?"
Lebensbewältigung, Hilfen und Freunde

12.Karte: „Was erlöst mich?"
Das Religiöse, Transzendentale

Man kann das Geburtshoroskop eines Menschen mit seinem Tarothoroskop vergleichen und ergänzen. Ein Beispiel würde hier zu weit führen, da es astrologisches Wissen voraussetzt.

Den großen Kreis kann man auch in der Silvesternacht auslegen. Dann wird jede Karte einem Monat des künftigen Jahres zugeordnet.

Bewusst – Unbewusst – Kosmisch

1. Schritt, bewusste Ebene: „Ich wähle aus den aufgedeckten 78 Karten eine aus. Die Frage dabei lautet: Was glaube ich, welche Karte meine Wünsche am ehesten widerspiegeln könnte?“ (Die erste Karten wird also aus den **aufgedeckten** Karten **wissentlich** ausgewählt.)

2. Schritt, unbewusste Ebene: „Ich wähle aus den **verdeckt** ausgebreiteten Karten eine Karte aus. Fragestellung: Was sagt mein Unbewusstes dazu?“

3. Schritt, kosmische Ebene: „Ich mische die restlichen Karten, hebe dreimal ab und nehme die oberste Karte. Fragestellung: Wie entscheidet der Kosmos?“
So erhält man drei Karten, die für die drei Ebenen „bewusst“, „unbewusst“ und „kosmisch“ stehen und miteinander verglichen werden können.

Ass der Münzen
„Was ich will“

Der Magier
„Was er will“

Hohepriesterin
„Was der Kosmos will“

Beispiel:
Eine Frau legte für ihre neu zu eröffnende Naturheilpraxis im Sommer 1986 folgende drei Karten: „Ass der Münzen“, „Magier“ und „Hohepriesterin“. Sie schrieb damals in ihr Tagebuch über diese Karten: „Das Münz-Ass habe ich ausgewählt, weil es für mich Wissen bedeutet. Der Magier auf der unbewussten Ebene steht für mich auch für die Anstrengungen, die mit dieser Praxiseröffnung verbunden sind. Ich muss wohl auch noch viel lernen. Die Hohepriesterin auf der kosmischen Ebene symbolisiert meinen Auftrag: Heilende Kräfte in mir selbst zu entdecken.“
Die Praxiseröffnung fand dann viel später statt, weil die betreffende Frau völlig unerwartet ein Angebot erhielt, bei einem indischen Heiler

in Bombay zu assistieren. Sie musste also zuerst in die Welt hinaus (Magier), um mehr über die Alchemie des Lebens (die vier Elemente des Magiers) zu lernen.

Über ihren Aufenthalt in Indien wurde sie Schülerin eines tibetischen Meisters und verbrachte ein weiteres Jahr in einem Kloster (Hohepriesterin). Im Herbst 1989 kam sie zurück und eröffnete kurz darauf ihre Naturheilpraxis in Berlin.

Tarot und Partnerschaft

Viele Fragen an das Tarot-Orakel drehen sich um Liebe und Partnerschaft. Manche Menschen, die allein sind, fragen, wann endlich der richtige Partner in ihr Leben treten wird. Andere, die in festen Beziehungen leben, sind entweder neugierig, was das Tarot zu ihrer Verbindung sagt, oder greifen in Beziehungskrisen zu den Karten. An drei Beispielen soll die Vielfalt des Tarot erleutert werden.

Beispiel: **(K)**, ein Mann, lebt in einer festen Beziehung. Seit längerer Zeit findet er, dass sich seine Partnerin **(Y)** zurückhält. **(K)** weiß nicht, wie er ihr Verhalten deuten soll. Der Seminarleiter **(S)** schlägt ein Legeschema vor. Es heißt „Kopf, Herz und Bauch" und benötigt sechs Karten.

(K) zieht zunächst drei Karten für sich, und zwar eine „für seinen Kopf", eine „für sein Herz" und eine „für seinen Bauch". Dann zieht er mit der gleichen Fragestellung drei Karten für seine Partnerin.

Königin der Münzen

Der Mond

Kopf

Der Wagen

Der Teufel

Herz

Königin der Stäbe

Königin der Kelche

Bauch

Es ergibt sich folgender Dialog zwischen **(K)** und **(S)**:

(S) „In Ihrem Kopf steht die Münz-Königin. Es scheint so, als sei diese Frau Ihr Ideal. Sie ist eine echte Freundin, steht über dem Leben."

(K) „Ja, das könnte stimmen, ich mag es nicht, wenn sie sich zurückhält, man kann doch über alles reden. Geheimnisse sind in einer Beziehung doch störend."

(S) „Für den Kopf Ihrer Partnerin haben Sie den Mond aufgedeckt. Das würde bedeuten, dass **(Y)** gar nicht so selbstsicher und klar ist. Der Mond spiegelt uns Menschen unsere Angst wider, er wird immer dann aufgedeckt, wenn sich die Seele zurückziehen will. Ihre Partnerin ist im Moment überhaupt nicht klar. Vielleicht weiß sie nicht einmal, was sie selbst will."

(K) „Ich verstehe nicht warum."

(S) „Betrachten wir die anderen Karten: Für Ihr eigenes Herz haben Sie den Siegeswagen gezogen. Vielleicht sagt dies, dass Sie Ihre Gefühle im Griff haben. Aber im Herzen Ihrer Partnerin steht der Teufel. Das kann bedeuten, dass sie Angst hat. Vielleicht ist es die Furcht, sich in ihren eigenen Gefühlen zu verlieren, vielleicht sogar abhängig zu werden. Ihre Partnerin braucht Zeit und Sicherheit."

(K) „Ja, genau das sagt sie, sie bräuchte Zeit. Aber warum? Liegt es an mir?"

(S) "Vielleicht gehen Sie auf die Gefühle Ihrer Partnerin zu wenig ein. Aber sicher bringt sie ihre Angst bereits mit in diese Partnerschaft. Möglicherweise stammt sie aus früheren Beziehungen, eventuell sogar aus ihrer Kindheit.
Auf der Ebene des Bauches liegt wieder ein Missverständnis vor. Für Sie selbst steht die Stab-Königin. D.h., Sie möchten eine vitale Frau, die feurig ist und auch gerne Sex mag. Aber für Ihre Partnerin haben Sie die Kelch-Königin aufgedeckt. Diese Frau ist gefühlvoll und auch liebevoll, aber sie ist nicht so selbstsicher, wie Sie es sich vorstellen."

(K) „Was kann ich tun?"

(S) „Diese Frage habe ich erwartet. Aber es gibt keine einfache Antwort. Es ist wichtig, dass Sie sich mit Ihren Erwartungen auseinandersetzen. Das Tarot sagt: Ihre Frau liebt Sie, aber sie durchlebt eine Krise, weil sie sich gegen Ihre Erwartungen abgrenzen muss. Lassen Sie ihr Zeit und machen Sie ihr keinen Druck. Vielleicht zeigen Sie ihr auch die Karten, die Sie hier gezogen haben und versuchen, in einem gemeinsamen Gespräch, die Missverständnisse auszuräumen."

Das Fünf-Karten-Kreuz

Auf den folgenden Seiten finden Sie weitere Beispiele für den Umgang mit dem Tarot. Es handelt sich dabei um eine Abwandlung des Keltischen Kreuzes. Dabei werden fünf Karte wie folgt ausgewählt:

Die erste Karte steht für einen selbst. Bevor man diese Karte mit der linken (!) Hand durch ahnungsvolles Berühren bestimmt, sagt man zu sich: „Diese Karte steht für mich selbst."
Man legt dann die ausgewählte Karte mit dem verdeckten Bild (nach unten) ab.
Bevor man die zweite Karte wieder durch ahnungsvolles Berühren auswählt, sagt man zu sich: „Die zweite Karte, die ich auswähle, zeigt meinen Grund. Das, worauf ich stehe. Mein Fundament."
Genauso verfährt man mit den weiteren Karten. Bei der dritten sagt man zu sich: „Die dritte Karte, die ich auswähle, steht für meine Vergangenheit. Dafür, was hinter mir liegt."
Zur Bestimmung der vierten Karte sagt man: „Die vierte Karte, die ich auswähle, steht für meine Hoffnungen und Ängste. Was ich mir wünsche, aber auch, wovor ich mich fürchte."
Bevor man die fünfte und letzte Karte durch ahnungsvolles Berühren, wieder mit der linken (!) Hand, auswählt, sagt man zu sich: „Diese Karte steht für meine nächste Zukunft. Das, womit ich rechnen kann und, womit ich rechnen muss."
Dann legt man die Karte so aus, wie es die Abbildungen ab Seite 209 zeigen.
Die erste Karte legt man in die Mitte, die zweite unter die erste, die dritte links von der ersten, die vierte über die erste und die fünfte rechts von der ersten Karte. Es entsteht also ein Kreuz.
Wichtig ist, die Karten zunächst unaufgedeckt liegen zu lassen und dann alle fünf Karten auf einmal umzudrehen. Man deutet also immer das Gesamtbild und nicht eine Karte unabhängig von den anderen. Das ist die Kunst des Tarot, dass man mit der Zeit lernt, nicht nur eine einzige Karte zu interpretieren, sondern sie in Bezug auf die anderen zu sehen. In der Weise, wie man sicherer wird mit dem Tarot, gelingt einem dies immer besser.

Bei den Personen, die auf den folgenden Seiten abgebildet sind, handelt es sich um Leser der Zeitschrift Astrowoche. Sie haben sich damit einverstanden erklärt, dass ihr Fall zur Sprache kommt. Ich möchte mich an diese Stelle bei ihnen bedanken – und auch bei all jenen, deren Fragen aus Platzgründen nicht in diesem Buch abgedruckt werden können.

Eine Liebe fürs Leben?

Wenn die Ehe zum goldenen Käfig wird, glauben viele Frauen, dass sie ihr Glück in den Armen eines anderen finden – und kommen vom Regen in die Traufe!

Eine Geschichte, die das Leben schreibt – und mit der sich viele Frauen identifizieren können. Man heiratet in jungen Jahren, weil die Eltern es so wollen, weil man denkt, es kommt nichts Besseres mehr nach, weil man endlich geborgen sein will und die Suche nach dem Richtigen leid ist. Und dann plötzlich die Erkenntnis, dass man sich selbst um die große Liebe betrogen hat. Doch man sitzt gefangen im Käfig der Ehe, die Türen sind zu. Der Weg in die Freiheit versperrt. Auch Silvana M. hat erkannt, dass es ein Fehler war, zu heiraten. Jetzt ist sie ihrer großen Liebe begegnet – und weiß nicht, was sie tun soll ...

Silvana M. hat einen langen Brief geschrieben. Und sich dabei alles von der Seele geredet, was sie bedrückt. Darüber steht die bange Frage: Wer ist mein Partner für die Zukunft? Meine große Liebe oder mein Mann? Die Tarot-Karten sollten ihr diese Frage beantworten.

1. Das Gericht
2. Das Ass der Stäbe
3. Die Acht der Schwerter
4. Die Welt
5. Der König der Kelche

Deutung:
Position eins: Das Gericht. Wann immer die Karte des Gerichts erscheint, sollten alle Alarmglocken schrillen. Sie bedeutet: „Achtung! Die Frage, die du stellst, ist enorm wichtig für dich. Es geht um viel, wenn nicht gar um ALLES!“

Position zwei: Das As der Stäbe. Die Karte verrät neue Vitalität im Leben Silvanas. Sie spürt eine Kraft, dem Leben mit neuem Schwung zu begegnen. Herrlich, wenn man sich stark und mutig fühlt! Dieser Glaube an sich selbst wird sie auf den richtigen Weg führen.

Position drei: Die Acht der Schwerter. Auf Position drei und damit „hinter“ Silvana liegen Kummer und Sorgen. Es ist, als würde Silvana aus einem Alptraum erwachen, als würden ihr jetzt erst die Augen geöffnet.

Position vier: Die Welt. Die Welt ist eine wunderbare Karte an dieser Position. Sie gibt Silvana grünes Licht für ihre Vorhaben und muntert sie auf: „Schau, Silvana, dir steht die ganze Welt offen, du bist ein freier Mensch!“

Position fünf: Der König der Kelche. Und dann kommt der König der Kelche. Silvana wird den

Position 4

Position 3 Position 1 Position 5

Position 2

Position 1:
Mein ich:
Das Gericht

Position 2:
Mein Grund:
Das Ass der Stäbe

Position 3:
Die unmittelbare Vergangenheit:
Die Acht der Schwerter

Position 4:
Meine Hoffnungen und Ängste:
Die Welt

Position 5:
Die nächste Zukunft
Der König der Kelche

Mann bekommen, den sie liebt und der sie wiederliebt. Es steht in Silvanas Karma. Auch der Geist des Tarot will es so, dass sie ihre wahre Liebe erkennt und festhält!

Die Gesamtdeutung der Karten:
Liebe Silvana, Sie haben ganz starke Karten. Sie deuten auf großes Liebesglück hin. Der König der Kelche in der nahen Zukunft ist ein Sinnbild für den richtigen Mann, der stark ist – und ein offenes Herz hat. Allerdings macht mir die Karte Die Welt auf Position vier Kopfzerbrechen. Sie deutet nämlich an, dass Sie sich nicht festlegen sollen. Vielleicht heißt es, dass weder ihr Mann noch Ihr neuer Liebhaber der große Favorit Ihres Herzens sein wird, sondern, dass noch jemand kommt, der für Sie – und wirklich ganz für Sie – da sein wird. Das ist schwer zu erkennen. Nur das eine weiß ich sicher: Sie werden die große Liebe finden, Silvana!

Zwei gute Alternativen

Selbstständigkeit oder Angestellten-Verhältnis: Das ist hier die Frage. Die Tarot-Karten zeigen den Weg aus der Ungewissheit.

Viele träumen ihn: den Traum von der Selbstständigkeit. Leserin Hannelore A. lebt ihn. Und zwar ganz zufrieden. Doch jetzt kommt, wie aus heiterem Himmel, ein tolles Angebot auf sie zu. Ein ganz anderer Beruf, verlockend, weil er ihr Spaß macht – aber: Sie wäre nicht mehr ihr eigener Herr. Eine schwierige Entscheidung, die mit Vernunft getroffen werden muss. Nachdem sich Hannelore Rat bei Familie und Freunden geholt hat, will sie auch das Orakel bitten, bei dieser schwerwiegenden Entscheidung mitzuhelfen. Sie hat sich die Tarot-Karten gelegt, das Ergebnis an Tarot-Meister Erich Bauer geschickt.

Das friedliche Leben von ***Hannelore A.*** gerät ins Wanken. Hannelore ist selbstständig in der Alten- und Krankenpflege tätig. Der Beruf macht ihr großen Spaß. Er ist aber auch sehr stressig. Jetzt hat sie ein tolles, überlegenswertes Angebot bekommen, und zwar für einen Job in der Gastronomie. Sie glaubt, hier ihre kommunikative und kreative Ader stärken und ausleben zu können. Nun weiß sie nicht, wie sie sich entscheiden soll. Sie befragt das Tarot-Orakel und zieht folgende Karten:

1. Der Bube der Stäbe
2. Der Magier
3. Die Neun der Kelche
4. Die Königen der Stäbe
5. Die Sechs der Stäbe

Deutung:
Auf ***Position eins*** liegt der Bube der Stäbe. Diese Karte steht für einen Neuanfang, sehr häufig aber auch für eine gute Nachricht aus dem Reich des Feuers. Das heißt: Berufliche Angelegenheiten sind miteingeschlossen.

Position zwei: Der Magier. Diese Karte verrät etwas über die momentane Stärke, die Hannelore in dieser Angelegenheit besitzt: Nichts ist ihr unmöglich – wenn sie es nur wirklich will.

Die unmittelbare Vergangenheit ***(Position drei)*** zeigt die Neun der Kelche. Diese Karte kann sich auf ihre Arbeit mit den Alten und Kranken beziehen. Sie steht für die große Liebe, die sie diesen Menschen gegeben hat und immer noch gibt.

Die Königin der Stäbe herrscht über der ***vierten Position.*** Diese Karte zeigt eine Frau, die ihre Sache beherrscht. Dies verweist unmittelbar auf verantwortliche Positionen, die Hannelore einnehmen kann.

Position 1:
Mein ich:
Der Bube der Stäbe

Position 2:
Mein Grund:
Der Magier

Position 3:
Die unmittelbare Vergangenheit:
Die Neun der Kelche

Position 4:
Meine Hoffnungen und Ängste:
Die Königin der Stäbe

Position 5:
Die nächste Zukunft
Die Sechs der Stäbe

Die nächste Zukunft als ***fünfte Position*** spiegelt die Sechs der Stäbe wider. Diese Karte verheißt eine starke Zeit, die allerdings mit viel Stress verbunden ist.

Die Gesamtdeutung der Karten:
Die Karten verweisen eigentlich sehr deutlich in Richtung „Wende“. Hannelore ist stark, unternehmungsfreudig, „feurig“. Sie hat das Zeug, Verantwortung zu übernehmen. Sie scheut sich nicht vor Querelen und Auseinandersetzungen. Allerdings ist die Zukunft nicht immer rosig, wahrscheinlich auch nicht leichter als die Arbeit mit den Alten und Kranken. Dennoch: Ich würde ihr raten, den Sprung zu wagen. Etwas Neues ist immer aufregend und die Karten unterstützen sie ja. Wenn alles schief geht, kann sich Hannelore ja erneut in der Altenpflege bewerben.
Aber dann hat sie etwas erlebt, was ihr das Gefühl gibt, das Leben einmal selbst in die Hand genommen zu haben.

Beruf – Berufung!

Mit 55 noch einen Neuanfang wagen? Den Kampf in der harten Berufswelt noch einmal aufnehmen? Gerhardt G. steht vor einer unsicheren Zukunft.

Man hört es immer wieder: Kaum hat man die 50 überschritten, gehört man beruflich schon zum alten Eisen. Es wird einem nahe gelegt, so bald wie möglich in Rente zu gehen – den Arbeitgebern ist es dabei egal, wie der Betreffende sich fühlt. Viele Menschen werden frustriert, bekommen Depressionen. Aber es gibt auch genauso viele Kämpfernaturen. Die sagen sich: Ich fang nochmal von vorne an – werde mein eigener Herr. Mit innovativen Ideen und Mut gehen sie den Schritt in eine neue Zukunft. Auch Astrowoche-Leser Gerhardt G. steht vor so einem Neuanfang. Er bittet Erich Bauer um Hilfe. Wird er es schaffen?

Gerhardt G.:
Der Weg in die Selbstständigkeit ist immer ein großes Risiko. Ein Schritt in eine unsichere Zukunft – ganz egal, wie alt man ist. Doch je älter man wird, umso weniger Mut hat man, umso unsicherer wird man. Gerhardt G. ist 55 und möchte sich als Klempner selbstständig machen. Aber er hat Angst zu versagen. Deshalb befragt er das Tarot-Orakel. Er hat folgende Karten gezogen:

1. Die Neun der Schwerter
2. Der Ritter der Schwerter
3. Der Bube der Kelche
4. Der Narr
5. Die Acht der Stäbe

Deutung:
Auf ***Position eins*** liegt die Neun der Schwerter. Diese Karte ist eine ungünstige Ausgangsposition. Sie zeigt, dass Gerhardt gerade eine schlimme Zeit durchmacht. Die Sorge um seine Zukunft verfolgt ihn sogar in seinen Träumen.

Auf ***Position zwei*** befindet sich der Ritter der Schwerter. Als Grund bestätigt und verstärkt sie die erste Karte. Gerhardt ist getrieben, beinahe schon in Panik.

Die ***dritte Position***, die unmittelbare Vergangenheit, zeigt den Buben der Kelche. In der Vergangenheit hat Gerhardt Liebe erfahren und diese Liebe kann ihn zur Ruhe und zu sich führen. Daraus kann und muss er jetzt die nötige Kraft schöpfen.

Auf ***Position vier:*** Der Narr. Diese Karte ist großartig. Sie zeigt einerseits Gerhardts Ängste, nämlich als Narr von allen ausgelacht zu werden. Aber sie ist auch und viel mehr sogar eine Aufforderung zur Leichtigkeit, zum Humor. Gerhardt soll sich nicht so verbissen mit dem Leben herumschlagen. Er hat Mut

Position 4

Position 3

Position 1

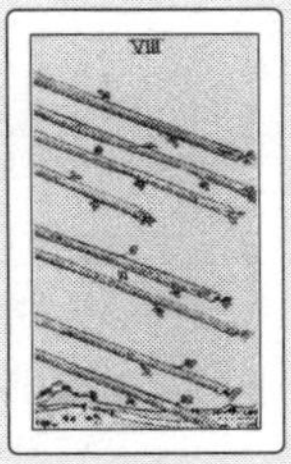

Position 5

Position 2

Position 1:
Mein ich:
Die Neun der Schwerter

Position 2:
Mein Grund:
Der Ritter der Schwerter

Position 3:
Die unmittelbare Vergangenheit:
Der Bube der Kelche

Position 4:
Meine Hoffnungen und Ängste:
Der Narr

Position 5:
Die nächste Zukunft
Die Acht der Stäbe

und kann mit diesem Mut auch sehr viel erreichen.

Position 5: Die Acht der Stäbe. Diese Karte verrät eine Wende in allernächster Zukunft. Allerdings lässt das Tarot offen, was genau geschieht. Es bleibt spannend.

Die Gesamtdeutung der Karten:
Das Tarot zeigt Gerhardts enormen Druck, seinen inneren Kampf. Er glaubt, jetzt alles auf eine Karte setzen zu müssen. Aber das Tarot sagt: „Vergiss' nicht die Leichtigkeit!" Der Narr wird immer dann aufgedeckt, wenn jemand zu verbissen, zu ernst, zu eng denkt und handelt. Der Narr hat die Gnade der Kindlichkeit und Unschuld. Und deswegen bleibt er heil und glücklich. Gerhardt soll über diese Karte besonders nachdenken und noch eine Zeitlang warten. Es wird etwas Entscheidendes geschehen, was ihm den Weg in eine sichere Zukunft weisen wird.

Die wahre Bestimmung

Das Tarot von Sylvia deutet konkret auf Veränderungen hin. Sie muss ihrer inneren Stimme folgen und das Neue dankbar annehmen …

Die heile Fassade des Lebens: Man hat Freunde, geht einem „vernünftigen" Beruf nach, lebt in einer schönen Wohnung. Doch tief drin spürt man immer wieder: Irgendetwas fehlt in diesem Leben. Da ist eine Kraft, die man nicht benennen kann, die einen dazu drängt auszubrechen. Sylvia K. aus Steinheim geht es ebenfalls so. Eine innere Stimme flüstert ihr ständig geheimnisvoll zu: Deine wahre Bestimmung wartet noch auf dich. Deshalb befragt sie das Tarot-Orakel und lässt sich von Chefastrologen und Tarot-Meister Erich Bauer das Bild des Fünf-Karten-Kreuzes deuten.

Sylvia K. ist erfolgreich. Sie arbeitet im Außendienst und weiß, dass es ihr eigentlich gut geht. Doch irgendetwas beunruhigt sie. Sie spürt einen Widerspruch von Verstand und Gefühl, sie will voranschreiten und wird doch von etwas abgehalten, neue Wege zu gehen. Weiß das Schicksal mehr? Sylvia zieht folgende Tarot-Karten:

1. Der Eremit
2. Die Sechs der Schwerter
3. Der Ritter der Stäbe
4. Die Drei der Schwerter
5. Die Acht der Stäbe

Deutung:
Auf der ***ersten Position*** liegt „Der Eremit". Sylvia ist somit in einer Phase, in der sie nur sich selber braucht. Der Eremit sagt: „Zieh dich eine Zeit lang zurück und du wirst wissen, was du willst!"

Auf ***Position zwei*** befindet sich die „Sechs der Schwerter". Diese Karte verkündet, dass Sylvia dabei ist, innere Ordnung in ihr Leben zu bringen, das Chaos zu beseitigen. Und das wird sie auch schaffen.

Die ***dritte Position***, die unmittelbare Vergangenheit, zeigt den „Ritter der Stäbe". Diese Karte verweist auf einen Mann, der ihr treu ist. Es kann ein Verwandter, ein Freund oder auch ein Lebenspartner sein. Sie darf ihm vertrauen.

Auf ***Position vier:*** „Die Drei der Schwerter" ist ein Hinweis, dass Sylvia tiefen Schmerz mit sich herumträgt, einen Konflikt, der wahrscheinlich lange zurückliegt, möglicherweise sogar noch aus ihrer Kindheit stammt, aber immer noch nicht verheilt ist.

Position 5: „Die Acht der Stäbe" verkündet eine Zeit des Übergangs. Es lässt sich hier und jetzt nicht sagen, was auf Sylvia zukommt. Sie

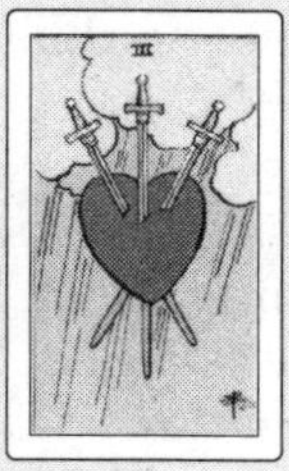

Position 4

Position 3

Position 1

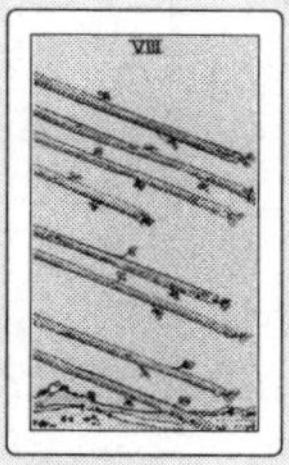

Position 5

Position 2

Position 1:
Mein ich:
Der Eremit

Position 2:
Mein Grund:
Die Sechs der Schwerter

Position 3:
Die unmittelbare Vergangenheit:
Der Ritter der Stäbe

Position 4:
Meine Hoffnungen und Ängste:
Die Drei der Schwerter

Position 5:
Die nächste Zukunft
Die Acht der Stäbe

muss sich daher den kommenden Tagen und Wochen bewusst stellen, immer sehr aufmerksam sein und neue Chancen wittern.

Die Gesamtdeutung der Karten: Sylvia durchläuft eine schwere Zeit der inneren Reinigung und des Loslösens. Etwas Altes ist vorbei, aber das Neue ist noch nicht klar und deutlich. Sie muss sich ihren Ängsten stellen und wird dabei sich auch mit ihrer Kindheit auseinandersetzen müssen. Aber sie wird ihren Weg bald finden.

Was ist der richtige Beruf?

Ein Problem, das viele kennen – nach der Ausbildung, aber auch mitten im Leben ...

Andreas M. weiß nicht weiter: Vor einigen Monaten hat er sein Examen als Physio-Therapeut erfolgreich abgeschlossen. Seitdem ist er auf Arbeitssuche. In der Zeit des Abwartens und Nichtstuns hatte Andreas viel Zeit zum Nachdenken. Er ist verunsichert, ob er tatsächlich den richtigen Beruf erwählt hat. Warum wohl sonst nimmt ihn kein Arbeitgeber – fragt er sich. Ursprünglich wollte er Altenpfleger werden. Dazu ist er aber auch musisch begabt und eine Karriere in diese Richtung würde ihm auch großen Spaß machen. Er hat die Tarot-Karten befragt und bittet Erich Bauer um Hilfe.

Andreas ist voller Zweifel. Er hat seine Ausbildung vor Monaten abgeschlossen und findet nun keine Arbeit. Er ist sehr vielseitig interessiert und vor allem die Musik ist sein Leben. Er singt und schreibt selbst Lieder. Aber er weiß auch, dass er sich damit in etwas verrennen könnte – denn die Musik-Branche ist ein wirklich hartes Pflaster. Nur die Guten schaffen's bis ganz nach oben. Die Karten gewähren Einblick in Andreas' Zukunft:

1. Der Narr
2. Der Ritter der Stäbe
3. Die Sechs der Kelche
4. Der Eremit
5. Der Magier

Deutung:

Position eins: Der Narr. Er verkörpert eine wunderbare Karte. Ein junger Mann (Andreas?) steht am Abgrund. Aber weil er sich keine Sorgen macht, fällt er auch nicht hinunter. Warum also sich Sorgen machen? Bringt das etwas?

Auf der ***zweiten Position*** liegt Der Ritter der Stäbe. Der Ritter der Stäbe sagt mir, dass Andreas ein bisschen vergangenheitsorientiert ist und es Zeit wird, dass er in die Zukunft schaut.

Position drei: Die Sechs der Kelche. In diesem Fall untermauert sie die Aussage der vorherigen. Andreas hängt an seiner Kindheit und verklärt diese zeitweilig.

Der Eremit auf der ***vierten Position*** begründet dieses Verhalten. Denn wovor Andreas sich fürchtet, ist letztendlich die Einsamkeit. Aber genau das steht jetzt an.

Position fünf: Der Magier. Der Magier steht für eine klare Aussage: Andreas, du hast dein Leben selbst in der Hand. Dir steht alles offen,

Position 4

Position 3

Position 1

Position 5

Position 2

Position 1:
Mein ich:
Der Narr

Position 2:
Mein Grund:
Der Ritter der Stäbe

Position 3:
Die unmittelbare Vergangenheit:
Die Sechs der Kelche

Position 4:
Meine Hoffnungen und Ängste:
Der Eremit

Position 5:
Die nächste Zukunft
Der Magier

wenn du es nur willst! Aber du musst dir selbst helfen.

Die Gesamtdeutung der Karten:
Das Tarot scheint Andreas zu mögen. Es ist, als nähmen die Karten ihn in den Arm oder auf die Schultern, um ihm den richtigen Weg zu zeigen: „Mach dir erstens keine Sorgen und zweitens tu, was dir in den Sinn kommt.“ Andreas, du bist jetzt Physiotherapeut, das ist eine tolle Sache, denn du bist ein gefühlvoller Mensch. Aber warum solltest du nicht auch Musik machen? Vielleicht heilst du einmal, indem du massierst und dazu singst. Wer weiß? Jedenfalls sind deine Sorgen völlig überflüssig und zeigen höchstens, dass du gerne noch eine Mutter oder einen Vater hättest, die für dich wichtige Dinge entscheiden (so dass du dann dagegen sein kannst).

Alles ist gut, alles wird gut

Viele Menschen suchen mit dem Tarot Auswege für ihre Probleme. Jüngere hoffen dagegen meist, dass alles so schön bleibt, wie es ist.

Das Tarot ist ein Orakel. Es gibt uns Antworten auf alle drängenden Fragen des Lebens. Meistens betreffen diese natürlich die wichtigsten Bereiche unseres Daseins: die Liebe, die Gesundheit, die Finanzen. Dabei müssen es aber nicht unbedingt Probleme sein, die den Wunsch auslösen, die Karten zu befragen. Es kann auch das Interesse sein, ob es im Leben genauso reibungslos weitergeht wie bisher – so wie bei Sabrina F. aus Birkenfeld. Sie ist zufrieden und glücklich. Wird es dabei bleiben? Oder stellt sie das Schicksal auf eine Probe? Um diese Frage zu lösen, hat sich Sabrina die Karten gelegt.

Sabrina ist noch jung, sie hat noch viel vor sich. Werden das schwere Jahre sein oder verlaufen sie genauso toll wie bisher? Ihre Frage an Erich Bauer strahlt zumindest viel Zuversicht aus: „Bleibt alles so schön, wie es gerade ist?" Auch hierauf weiß das Tarot eine Antwort. Sabrina hat dabei folgende Karten gezogen:

1. König der Münzen
2. Die Fünf der Münzen
3. Die Mäßigkeit
4. Das Rad des Schicksals
5. Die Welt

Deutung:
Auf der ***ersten Position*** liegt der König der Münzen. Diese Karte spiegelt Sabrina wider: Sie ist eine junge Frau, die gerade vom Glück besucht wird. Der König der Münzen verweist auf einen Mann, einen Freund, einen Gönner von Sabrina.

Auf ***Position zwei*** befindet sich Die Fünf der Münzen. Sabrina kennt sehr wohl auch die andere Seite des Lebens, den Schatten. Sie hat sie in ihrem bisherigen Leben schon oft erfahren.

Die ***dritte Position,*** die unmittelbare Vergangenheit, zeigt Die Mäßigkeit. Diese Karte meint einen Menschen, der in seiner Mitte ruht, im Gleichgewicht ist. Dieser Zustand bedeutet Glück.

Auf ***Position vier:*** Das Rad des Schicksals. Diese Karte spiegelt Sabrinas Hoffnung wider und ihre Ängste. Die Hoffnung ist, dass das Glücksrad sie hinauftrage in Sphären des Glücks. Und die Angst, dass das Glücksrad sich nach unten drehen könnte – in Traurigkeit.

Die ***fünfte Position*** zeigt Die Welt. Eine wunderbare Karte! Sie sagt zu Sabrina: „Sorge dich nicht um deine Zukunft! Lebe im Moment. Lebe glücklich!"

Position 4

Position 3 Position 1 Position 5

Position 2

Position 1:
Mein ich:
Der König der Münzen

Position 2:
Mein Grund:
Die Fünf der Münzen

Position 3:
Die unmittelbare Vergangenheit:
Die Mäßigkeit

Position 4:
Meine Hoffnungen und Ängste:
Das Rad des Schicksals

Position 5:
Die nächste Zukunft
Die Welt

Die Gesamtdeutung der Karten:
Sabrina ist ein glücklicher Mensch, weil sie das Leben so nimmt, wie es ist. Sie ist aber auch nicht oberflächlich und erkennt sehr wohl, dass das Leben eine andere Seite hat. Und das ist auch gut, denn ein bisschen Angst gehört zum Glück.

Der Kummer hat ein Ende

Der Narr offenbart Maria K.'s Hoffnungen und Ängste. Was das heißt? Das kindlich reine Gemüt des Narren besiegt alle Sorgen!

Oft stehen wir bangen Blickes vor einer schwierigen Entscheidung – und wissen einfach nicht, wie es weitergehen soll. Wir haben Angst vor dem, was kommt. Angst davor, den ungewissen Schritt in die Zukunft zu wagen. Vor allem wenn man schon oft im Leben enttäuscht wurde, wird man immer vorsichtiger und misstrauischer. Auch Maria K., Leserin aus der Schweiz, hat Angst vor der Zukunft. Sie hat sich schon an die unterschiedlichsten Stellen gewandt, niemand kann ihr aus ihrer vertrackten Situation helfen. Niemand weiß wirklich guten Rat. Jetzt hat sie Tarot-Meister und Chefastrologen Erich Bauer um Hilfe gebeten.

Die Angst vor einer ungewissen Zukunft plagt ***Maria K.*** Sie würde gerne wissen, wie ihr Leben weiter verläuft. Natürlich kann ihr das niemand hundertprozentig sagen. Das ist klar. Aber die Tarot-Karten können zumindest Hilfestellung leisten. Und sie zeigen, woher diese Urängste von Maria kommen. Denn erst, wenn sie die Angst besiegt hat, geht es bei ihr wieder bergauf.

Position 1: Die Fünf der Kelche
Position 2: Das Gericht
Position 3: Die Sieben der Kelche
Position 4: Der Narr
Position 5: Die Liebenden

Deutung:
Position 1: Die Fünf der Kelche zeigt, dass Maria eine tiefe Enttäuschung in ihrem Herzen trägt. Irgendwann in diesem oder einem früheren Leben wurden ihre Gefühle missbraucht. Diese Wunde ist immer noch nicht verheilt.

Auf ***Position 2*** weist das Gericht daraufhin, dass diese Frage sehr wichtig ist für Maria. Sie soll die Arbeit an ihrem Problem, an ihrer Angst, unbedingt vorantreiben und nicht locker lassen. Es ist sozusagen ihre Lebensaufgabe.

Die ***dritte Position*** nimmt die Sieben der Kelche ein. Diese Karte zeigt, wie häufig Maria schon enttäuscht wurde. Sie hat sich immer Hoffnung gemacht, an eine bessere Zukunft geglaubt – und dann kam wieder eine Enttäuschung.

Position 4: Der Narr. Diese Karte ist die wichtigste in Marias Tarot. Der Narr an dieser Stelle besagt, dass Maria eine neue Qualität in sich entdeckt. Sie ist bereit, loszulassen. Der Narr ist unschuldig – und glücklich. Er hat sich sein kindliches Herz bewahrt. Für ihn existieren keine Sorgen.

Position 4

Position 3

Position 1

Position 5

Position 2

Position 1:
Mein ich:
Die Fünf der Kelche

Position 2:
Mein Grund:
Das Gericht

Position 3:
Die unmittelbare Vergangenheit:
Die Sieben der Kelche

Position 4:
Meine Hoffnungen und Ängste:
Der Narr

Position 5:
Die nächste Zukunft
Die Liebenden

An ***Position 5*** stehen die Liebenden. Und schau, die Liebenden kommen! Diese Karte wird Maria glücklich machen: Die Kraft der Liebe wird über sie kommen.

Die Gesamtdeutung der Karten:
Maria ist voller Angst, weil sie sich mit menschlichen Maßstäben – und nicht mit denen des höheren Geistes misst. Und die Karten sagen, sie ist im Begriff, ihre alten Ängste loszulassen.
Das ist wunderbar!

Tarot: Wegweiser 2001

Die Acht der Schwerter deckt Ängste und Zweifel auf. Liegt die Karte auf Position fünf, muss man sich unbedingt mit der Zukunft auseinander setzen.

Das Jupiter-Jahr 2001 wollte Wilfried gedeutet haben, so wie wohl jeder zur Jahreswende in die Zukunft schaut und wissen möchte, was wohl kommen wird. Der Zukunft einen Schritt voraus zu sein – welche wunderbare Perspektive ...! Die Tarot-Karten geben uns immer einen Hinweise auf das, was kommen wird. Aber auch das Tarot hat seine Geheimnisse. Es ist nicht so, dass das Tarot die Zukunft einfach in Worten und Sätzen widerspiegelt. Es sind Bilder, die man richtig deuten muss. Wird das Tarot Wilfried Sch. die Zukunft verraten?

Glück ist für jeden Menschen verschieden. Der eine findet sein Glück in der Partnerschaft, der andere im Beruf, ein Dritter kann schon im Aufkeimen der ersten Frühlingsblumen tiefes Glück empfinden. Glücklich sein, das kann jeder. Egal, ob arm oder reich. Schön oder hässlich. Denn Glück ist ein Zustand des Herzens. Was wesentlich zum Glück beiträgt, ist natürlich auch eine gute Gesundheit. ***Wilfried Sch.*** fragte die Tarot-Karten, ob er im Jahr 2001 glücklich und gesund bleiben werde:

1. Der König der Stäbe
2. Die Fünf der Schwerter
3. Die Acht der Stäbe
4. Der Bube der Stäbe
5. Die Acht der Schwerter

Deutung:
Position eins: Der König der Stäbe. Diese Karte steht für Wilfried selbst. Und sie sagt, dass er ein starker, vitaler und feuriger Mann ist. Jemand zum Verlieben und Verführen. Angst ist ungewöhnlich für ihn.

Position zwei: Die Fünf der Schwerter. Diese Karte zeigt Kampf, und da sie sich auf der Position „Mein Grund" befindet, signalisiert sie einen inneren Konflikt, also Unsicherheit und Kampf. Das ist eine gefährliche Mischung.

Position drei: Die Acht der Stäbe ist ein Hinweis, dass etwas in der Luft liegt. Eine Veränderung ist geschehen, die Wilfried beschäftigt. Er weiß noch nicht, ob sie gut oder schlecht war.

Position vier: Der Bube der Stäbe. Diese Karte kann zweierlei bedeuten: einmal, dass Wilfried wieder Mut fasst und Vertrauen zu seiner Kraft findet. Andererseits deutet sie darauf hin, dass Wilfried Nachwuchs bekommt! Kann das sein?

Position 4

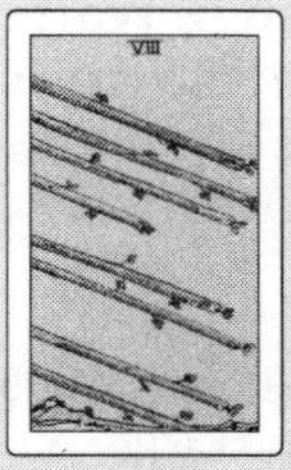

Position 3

Position 1

Position 5

Position 2

Position 1:
Mein ich:
Der König der Stäbe

Position 2:
Mein Grund:
Die Fünf der Schwerter

Position 3:
Die unmittelbare Vergangenheit:
Die Acht der Stäbe

Position 4:
Meine Hoffnungen und Ängste:
Der Bube der Stäbe

Position 5:
Die nächste Zukunft
Die Acht der Schwerter

Position fünf: Die Acht der Schwerter. Die Acht der Schwerter steht für Angst, für Zweifel an sich selbst. Und da sie in der näheren Zukunft steht, wird Wilfried sich damit auseinander setzen müssen.

Die Gesamtdeutung der Karten:
Das Tarot sagt, körperlich ist Wilfried fit. Aber psychisch ist er unsicher, hat viel Angst und beobachtet sich selbst mit Argusaugen. Irgendetwas rumort in ihm, eine alte Geschichte, ein Karma. Diese Angst wird ihn auch im nächsten Jahr nicht loslassen. Und wie die Karte „Acht der Schwerter" sagt, muss er sich damit sozusagen öffentlich auseinander setzen. Ich möchte Ihnen raten, sich auf die interessante Reise der Selbstentdeckung zu machen, lieber Wilfried!

Eine glückliche Beziehung?

Wenn die Ehe zum goldenen Käfig wird, glauben viele Frauen, dass sie ihr Glück in den Armen eines anderen finden – und kommen vom Regen in die Traufe!

Machmal verläuft das Leben wie im Traum. Man setzt seine Ziele um, hat viele Freunde, erfreut sich bester Gesundheit. Doch dann kommt ein Schicksalsschlag, der alles über den Haufen wirft. So erging es auch Theresa G. aus Bern, einer erfolgreichen Balletttänzerin. Seit einer Knieoperation kann die 41-Jährige ihren Beruf nicht mehr ausüben, Freunde wenden sich ab, die Beziehung geht in die Brüche. Theresa weiß nicht mehr weiter. Deshalb hat sie das Tarot befragt. Die Karten verheißen ihr eine glückliche Zukunft, die dunkle Zeit ist bald zu Ende.

Seit ihrer schweren Verletzung kämpft ***Theresa*** darum, wieder als Balletttänzerin auftreten zu können, ihr altes Leben wieder zu finden. Und sie will eine glücklichen Beziehung. Schauen wir, wie Erich Bauer diese Zukunft beurteilt. Theresa hat folgende Tarot-Karten gezogen:

1. Das Rad des Schicksals
2. Der Hierophant
3. Der Turm
4. Die Herrscherin
5. Die Liebenden

Deutung:
Auf der ***ersten Position*** liegt bei Theresa das Rad des Schicksals. Diese Karte heißt auch das Glücksrad. Sie bedeutet, dass das Leben ein Auf und ein Ab ist, dass es sich niemals nur in eine (gute wie schlechte) Richtung dreht.

Auf ***Position zwei***, „der Grund, auf dem ich stehe“, liegt die Karte der Hierophant, auch „der Einsiedler“ genannt. Diese Karte spricht für sich: Theresa ist vom Schicksal bestimmt, sich mit den Weg des Einsiedlers vertraut zu machen. Denn nur wer alleine sein kann, sich selbst akzeptiert, kann wirklich lieben.

Die ***dritte Position*** nimmt die Karte der Turm ein. Auch diese Karte spricht eine sehr deutliche Sprache: Hinter Theresa liegt ein schwerer Schicksalsschlag, der bei ihr mit Angst, Schmerz und großer Not verbunden ist.

Auf ***Position vier,*** ihre „Erwartungen und Hoffnungen“, steht die Herrscherin. Diese Karte verkörpert ein ureigenes Vertrauen. Theresa kann sich also auf das Schicksal verlassen, sie muss sich keine Sorgen um die Zukunft machen.

Position 4

Position 3

Position 1

Position 5

Position 2

Position 1:
Mein ich:
Das Rad des Schicksals

Position 2:
Mein Grund:
Der Hierophant

Position 3:
Die unmittelbare Vergangenheit:
Der Turm

Position 4:
Meine Hoffnungen und Ängste:
Die Herrscherin

Position 5:
Die nächste Zukunft
Die Liebenden

Position 5: Die Liebenden. Sie verheißen große Freude. Ihre Sehnsucht nach Liebe geht in Erfüllung.

Die Gesamtdeutung der Karten:
Theresa hat starke Karten. Sie ist ein besonderer Mensch. Und sie erfährt jetzt den großen Schmerz, damit sie eine Erfüllung in Liebe finden kann. Das Tarot steht auf Theresas Seite.

Raus aus der Einsamkeit.

Das Tarot von Leserin Christiane deutet auf eine verzweifelte Suche hin. Aber: Wer Angst und Scheu überwindet (Ass der Stäbe), entkommt dem Alleinsein.

Es ist wie verhext: Wir tragen ständig mobile Telefone mit uns, wir können uns im Internet mit Gleichgesinnten in der gesamten Welt unterhalten. Und dennoch werden wir immer einsamer. Wir finden niemanden mehr, der zu uns passt, wir finden niemanden, mit dem wir einen langen Gedankenaustausch führen können und dabei denken: Das ist der Mensch, mit dem ich den Rest meines Lebens verbringen möchte. Auch Christiane F. aus Soltau ergeht es so. Sie fragt sich, wann sie endlich den Richtigen kennen lernen wird. Die Antwort steht in den Karten, die sie sich von Erich Bauer deuten lässt.

Zu lieben und geliebt zu werden ist immer noch das Schönste, was es gibt. Das weiß auch ***Christiane F.*** Deshalb fragt sie das Tarot: „Werde ich die Liebe meines Lebens finden?" Denn die Einsamkeit nimmt uns jeden Tag ein Stück vom Leben, den man gemeinsam lachend verbringen kann. Christiane hat folgende Karten gezogen:

1. Der König der Kelche
2. Der Tod
3. Der König der Stäbe
4. Die Sechs der Stäbe
5. Das Ass der Stäbe

Deutung:
Auf der ***ersten Position*** liegt bei Christiane der König der Kelche. Das zeigt, dass sie schon sehr verzweifelt einen Mann sucht, mit dem sie ihre Gefühle, ihr Herz und ihr Leben teilen kann!

Auf ***Position zwei*** im Tarot, „der Grund, auf dem ich stehe", liegt Der Tod. Das ist ein geheimnisvoller Hinweis, dass Christiane einen inneren Verzicht, einen inneren Tod, eingegangen ist. Wahrscheinlich ist es noch nicht so lange her, dass ein Mann ihr sehr weh getan hat. Die Erinnerung quält sie noch immer. Sicher taucht er von Zeit zu Zeit sogar in ihren Träumen auf.

Auf der ***dritten Position*** liegt Der König der Stäbe. Das deutet darauf hin, dass es diesen Mann immer noch in ihrer unmittelbaren Umgebung gibt, sie sich immer noch eng mit ihm verbunden fühlt – obwohl er sie enttäuscht, verletzt und ihr tiefe seelische Wunden zugefügt hat.

Auf ***Position vier,*** ihre „Erwartungen und Hoffnungen", regiert die Karte Sechs der Stäbe. Das ist ein Hinweis, dass das Feuer der Leidenschaft und das Thema Sexualität bei Christiane mit Angst (und mit Hoffnung) besetzt sind.

Position 4

Position 3

Position 1

Position 5

Position 2

Position 1:
Mein ich:
Der König der Kelche

Position 2:
Mein Grund:
Der Tod

Position 3:
Die unmittelbare Vergangenheit:
Der König der Stäbe

Position 4:
Meine Hoffnungen und Ängste:
Die Sechs der Stäbe

Position 5:
Die nächste Zukunft
Das Ass der Stäbe

Das Ass der Stäbe auf ***Position 5*** ist eine positive Karte. Schon bald wird Christiane ihren Schmerz verlieren. Ein anderer Mann wird in ihr Leben treten und ihre Einsamkeit vertreiben.

Die Gesamtdeutung der Karten:
Christiane hat tief in in ihrem Unterbewusstsein Angst vor Männern. Das beruht auf einem karmischen Erlebnis. In ihrer Vergangenheit musste sie viel erdulden. Das Tarot sagt aber auch, dass sie sich mit dieser Angst jetzt auseinander setzen wird. Und das ist schon der erste Schritt in die goldene Zukunft – und in eine wundervolle Liebe.

Die Kraft der Frauen

Das Wassermann-Zeitalter gibt Frauen neue Power. Kinder und Beruf ist keine Utopie mehr – frau will sich selbst verwirklichen!

Es ist auffällig, wie viele Frauen das Tarot befragen – allein erziehende Mütter, Ehefrauen und auch Frauen im hohen Alter. Nicht etwa, weil sie sich einsam fühlen oder traurig – nein, sie wollen sich selbst verwirklichen. Wollen raus aus der Abhängigkeit vom Partner. Sie sind bereit, sich ihren Weg durch die harte Berufswelt freizukämpfen. Mit einer Kraft und Begeisterung, von der Mann sich wirklich eine Scheibe abschneiden kann. Die Power des Wassermann-Zeitalters schickt unsere Frauen an die Lebens-Front.

Ein kurzer Brief, nur ein paar Zeilen, der viel über seine Schreiberin aussagt. ***Beate S.*** ist Ehefrau und Mutter von zwei Kindern. Doch das ist ihr nicht genug. Sie weiß, es gibt noch mehr im Leben, als sich für die Familie aufzuopfern. Sie möchte sich als Kosmetikerin selbstständig machen – um so auch eine gewisse Unabhängigkeit zu bewahren. Ein großer Schritt in eine unsichere Zukunft. Sie fragt das Tarot um Rat.

1. Die Welt
2. Der König der Stäbe
3. Der Gehängte
4. Der Ritter der Kelche
5. Die Sechs der Kelche

Deutung:
Position eins: Die Welt. Diese Karte zeigt, dass Beate eine Kosmopolitin ist, ein Mensch, dem die Welt offen steht, der unendlich viele Möglichkeiten besitzt. Diese Karte sagt aber auch: „Lege dich nicht zu früh fest!"

Position zwei: Der König der Stäbe. Der Grund ist eine männliche Karte. Sie besagt, dass Beate einerseits nach dem Motto handelt: „Selbst ist der Mann/die Frau." Andererseits zeigt die Karte auch, dass sie absolut keine Antimänner-Politik betreibt. Im Gegenteil: Sie erkennt einen guten Mann – und so einer ist ihr wert und teuer.

Position drei: Der Gehängte. Diese Karte zeigt genau die Abhängigkeit, aus der sich Beate befreien möchte, und auch die Kraft, die sie gewinnt, in dem sie sich „befreit".

Position vier: Der Ritter der Kelche. Diese Karte an dieser Stelle zeigt etwas Unerwartetes. Verkündet sie die Wahrheit, dann sehnt sich Beate nach einem liebevollen Mann in ihrem Leben. Zugleich fürchtet sie aber die dadurch entstehende Abhängigkeit. Ist Beate in ihrer Ehe

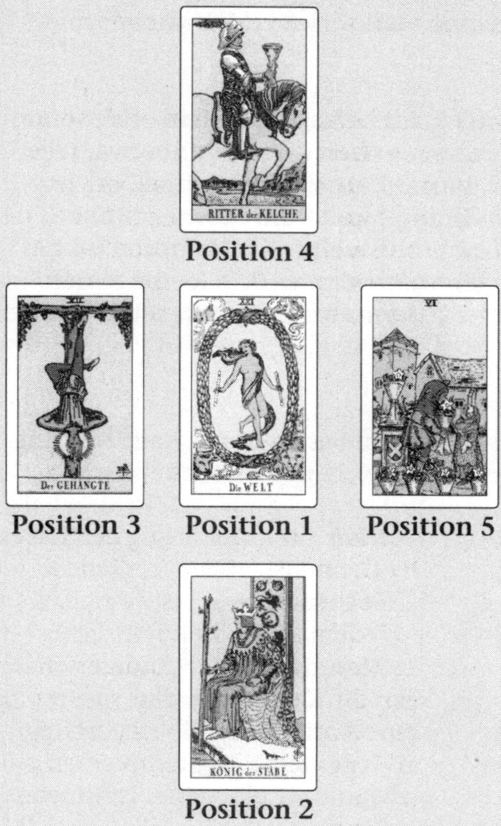

Position 1:
Mein ich:
Die Welt

Position 2:
Mein Grund:
Der König der Stäbe

Position 3:
Die unmittelbare Vergangenheit:
Der Gehängte

Position 4:
Meine Hoffnungen und Ängste:
Der Ritter der Kelche

Position 5:
Die nächste Zukunft
Die Sechs der Kelche

noch glücklich? Darüber muss sie sich klar werden.

Position fünf: Die Sechs der Kelche. Diese Karte zeigt, dass Beate noch andere genauso wichtige Wünsche hat. Sie braucht Zeit, um sie alle zu entdecken. Sie darf auf keinen Fall überstürzt handeln.

Die Gesamtdeutung der Karten: Es ist gut, was Beate vorhat. Aber es ist auch mit Überraschungen zu rechnen, getreu dem Motto: Erstens kommt es anders, zweitens als man denkt. Es kann ein (neuer) Mann kommen und/oder ein ganz neues berufliches Ziel auftauchen.

Mut zur Freiheit

Viele Menschen haben Angst davor, alleine zu sein. Was Ihnen sehr häufig fehlt: Der Glaube an die eigene Stärke. Auch Michaela B. muss diesen erst finden.

Ständig den falschen Partner an der Seite zu haben, ständig ein Nervenkrieg der Gefühle zu erleben. Wieso ist es so schwer, sich aus einer Bindung zu lösen, die einem eigentlich nur schadet – körperlich wie psychisch. Und man seine Sorgen am Ende sogar in Alkohol ertränken möchte? Michaela B. steckt in so einem Teufelskreis. Sie findet nicht die Kraft, ihr Leben in den Griff zu bekommen. Es ist wie ein „Fluch" der auf ihr lastet, wie ein altes Karma, das sich nicht abstreifen lässt. Sie versucht nun mit Hilfe der Tarot-Karten einen Antwort auf ihr Gefühlschaos zu finden.

Michaela B.: „Mein ganzes Leben ist vor allem im Bereich Beziehung ein Chaos. Mein erster Mann trank und schlug mich, der zweite verspielte unser Geld, der dritte trinkt und kann auch nicht mit Geld umgehen. Seit sechs Jahren bin ich mit ihm beisammen, doch ich komme einfach nicht von ihm los. Die ganze Beziehung kostet mich viel Energie und Nerven, mittlerweile trinke ich auch sehr viel. Wie kann ich wieder zu mir finden? Werde ich die Trennung schaffen?"

1. Das As der Stäbe
2. Das As der Kelche
3. Die Sieben der Schwerter
4. Die Acht der Münzen
5. Der Ritter der Stäbe

Deutung:
Position eins: Hier liegt bei Michaela das Ass der Stäbe. Das bedeutet, dass es sich hier um eine vitale, um eine lebenswichtige Frage handelt. Zugleich ist die As der Stäbe eine Aufforderung aus dem Himmel, die da lautet: „Du hast Feuer, mach was, komme in die Gänge, verändere dein Leben!"

Position zwei: Hier befindet sich die Karte Ass der Kelche. Das ist ein Hinweis auf die große Liebesfähigkeit von Michaela. Sie besteht aus Liebe und sie gibt gerne ihre Liebe.

Position drei: Die Karten Sieben der Schwerter spiegelt die vielen vergeblichen und frustrierenden Kämpfe von Michaela mit ihrer Liebe, ihren Männern und dem Alkohol.

Position vier: Ihre „Erwartungen und Hoffnungen", spiegelt die Acht der Münzen. Das ist keine glückliche Position, obwohl es an und für sich eine gute Karte ist. Aber ich habe fast die Vermutung, dass sie dafür steht, dass bei Michaela der „Reigen" weitergeht.

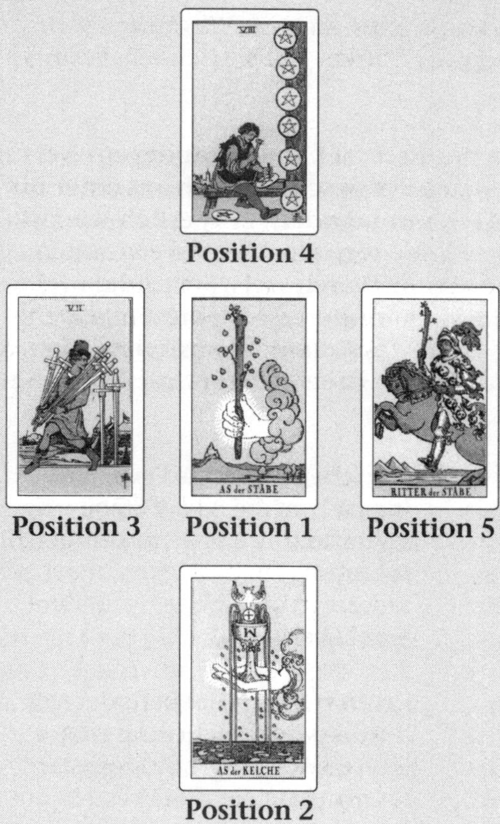

Position 1:
Mein ich:
Das Ass der Stäbe

Position 2:
Mein Grund:
Das Ass der Kelche

Position 3:
Die unmittelbare Vergangenheit:
Die Sieben der Schwerter

Position 4:
Meine Hoffnungen und Ängste:
Die Acht der Münzen

Position 5:
Die nächste Zukunft:
Der Ritter der Stäbe

Position fünf: Der Ritter der Stäbe. Und da ist er schon, der (neue oder alte?) Mann: Es sieht so aus, als gäbe es in nächster Zukunft keine entscheidende Wende.

Die Gesamtdeutung der Karten: Michaela gehört zu jenen Frauen, die sich über ihre Liebe eine Identität geben. Sie glauben, sie hätten nichts als ihre Liebe, und deshalb ist ein schlimmer Mann immer noch besser als gar keiner. Was hätte sie denn dann? Michaela muss lernen, dass sie auch anderes zu bieten und zu geben hat. Erst dann wird sie frei von Männern, die ihr nicht gut tun.

Abschied tut weh …

… auch Petra B. leidet unter der Trennung von ihrem Partner. Doch sie muss nach vorne schauen.

Ein großes, vielleicht das größte Problem, ist, mit Trennungen fertig zu werden. Es scheint, dass man bei einer Trennung all seine Selbstkontrolle verliert, man will es einfach nicht wahrhaben und versucht mit allen Mitteln die Trennung ungeschehen zu machen. Am ärgsten trifft es dabei denjenigen, der verlassen wurde, während der Verlassende meistens besser damit fertig wird. Aber erfahrungsgemäß muss auch dieser irgendwann durch den Trennungsschmerz hindurch. Wenn man einmal über längere Zeit zusammen war, ist eine Trennung wie ein kleiner Tod. Und dieser muss betrauert werden.

Auf dem Foto hat *Petra B.* ein sympathisches Lachen. Aber jetzt ist sie traurig. Der Mann, den sie liebte, der ihr so unendlich viel bedeutete, hat sie verlassen. Ihr Herz ist voller Sehnsucht. Sie träumt von der Rückkehr des Partners und möchte sich mit ihm aussprechen.
Was sagen die Karten dazu?

1. Der Mond
2. Die Vier der Münzen
3. Die Fünf der Schwerter
4. Der Magier
5. Die Acht der Stäbe

Deutung
Position eins: Der Mond. Die Mond-Karte verweist uns auf Sehnsüchte, auf Träume, zuweilen aber auch auf sinnlose Illusionen hin. Liegt diese Karte auf Position eins, muss man in sich gehen, in sich hineinhören – und die Luftschlösser vernichten, die falschen Hoffnungen erkennen und aufgeben. Denn nur dann ist man wieder offen für Neues.

Position zwei: Die Vier der Münzen. Diese Karte deutet an, dass man etwas festhält, was man eigentlich loslassen soll, wenn man weiter wachsen will. Die Erfahrung ist schmerzhaft, aber sehr wichtig.

Position drei: Die Fünf der Schwerter. Diese Karte bezieht sich auf einen Kampf, der weder Sieger noch Verlierer kennt. Nach dem Kampf haben sich Petra und Partner getrennt.

Position vier: Der Magier. Der Magier an dieser Stelle gibt Hoffnung. Er deutet auf eine schöne Zukunft hin – man muss sie nur erkennen!

Position fünf: Die Acht der Stäbe kündigt an, dass ein Höhepunkt überschritten ist, dass „die Stäbe sich wieder zur Erde neigen“. Es

Position 4

Position 3

Position 1

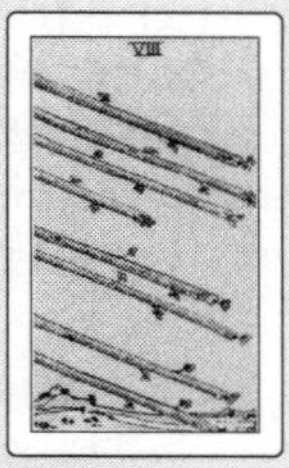

Position 5

Position 2

Position 1:
Mein ich:
Der Mond

Position 2:
Mein Grund:
Die Vier der Münzen

Position 3:
Die unmittelbare Vergangenheit:
Die Fünf der Schwerter

Position 4:
Meine Hoffnungen und Ängste:
Der Magier

Position 5:
Die nächste Zukunft
Die Acht der Stäbe

werden bald Einsicht und Ruhe in Petras Leben einkehren.

Die Gesamtdeutung der Karten:
Liebe Petra, die Karten können Ihnen leider Ihren Wunsch nicht erfüllen: Es sieht nicht so aus, als würden sie wirklich wieder zusammenkommen. Ich weiß, dass jeder Mensch, der jemanden verloren hat, das Gleiche wünscht: „Komm zurück, ich liebe dich mehr als alles.“ Auch ich habe das schon erlebt und viele andere Menschen auch. Durch diese Phase muss man durch. Sie gehört zur Trennung. Der Mond auf Platz eins zeigt, dass Sie sich Illusionen machen! Die Karte zwei sagt, dass Sie loslassen sollen, aber noch nicht können. Die Karte drei lege ich Ihnen besonders ans Herz. Sie sagt, dass Sie und Ihr Mann häufig erbittert gekämpft haben. Der Magier auf Platz vier ist eine starke Karte. Sie zeigt mir, dass Sie über diese schwere Situation hinwegkommen. Die Karte fünf deutet allerdings an, dass Sie noch nicht daran glauben und alles versuchen werden, um ihn zurückzubekommen. Vorübergehend wird Ihnen das vielleicht sogar gelingen. Doch mein Rat: Lassen Sie los!

Nochmals vereint ...?

„Kommen wir noch mal zusammen ...?" Diese Frage wird häufigsten an das Tarot gestellt. Denn, wer in einer Trennung steckt, hat nur diese eine Frage. Und niemand kennt die Zukunft ..., außer vielleicht das Tarot ...

„Unsere Ehe ist gescheitert." Es ist ein langer Weg, bis man sich zu dieser Erkenntnis durchringt. Selten wird diese Einsicht gemeinsam gewonnen, meist ist einer der Ehepartner entschlossender die Ehegemeinschaft zu verlassen. Doch gibt es wirklich kein zurück? Kann die Ehe noch einmal gerettet werden. Sollte man es nicht noch einmal miteinander versuchen, bevor man zu schnell aufgibt? Lothar S. aus Hamburg glaubt ja, seine Frau dagegen will die Scheidung. Um zu erfahren, wie es in seinem Leben weitergeht, befragt er das Tarot.

„Ich glaube an einen Neuanfang – aus Liebe", schreibt ***Lothar S***. Er befürchtet, seine Frau für immer verlieren zu müssen, dass sie die Scheidung einreicht. Doch was steckt hinter dieser Furcht und wie kam es so weit? Das Tarot gewährt Einblicke, die uns sonst verschlossen bleiben. Lothar S. deckte folgende Karten auf:

1. Die Fünf der Stäbe
2. Die Drei der Schwerter
3. Die Sieben der Schwerter
4. Die Neun der Münzen
5. Das As der Münzen

Deutung:

Auf der ***ersten Position*** liegt die Fünf der Stäbe. Diese Karte signalisiert Streit und Auseinandersetzung. Aber dabei geht es nicht so sehr darum, den anderen fertig zu machen, sondern zu zeigen, wer der Bessere ist. Die Karte sagt mir, dass es in der Partnerschaft von Lothar auch um das Thema Konkurrenz ging.

Auf ***Position zwei*** befindet sich die Drei der Schwerter. Diese Karte spricht für sich. Lothar ist verletzt und wünscht sich die heilende Kraft der Liebe.

Die ***dritte Position,*** die die unmittelbare Vergangenheit, zeigt die Sieben der Schwerter. Diese Karte verweist auf einen Scheinfrieden. Man sagt: „Komm' lass und wieder von vorne beginnen!" Aber man macht dann doch die gleichen Fehler wie zurvor.

Auf ***Position vier*** liegt die Neun der Münzen. Eine schöne Frau lockt, aber diese „Münz-Frau" ist in Freundschaft und nicht in Liebe zugetan.

Auf ***Position fünf*** liegt das Ass der Münzen. Diese Karte signalisiert Geld und Freiheit.

Position 4

Position 3

Position 1

Position 5

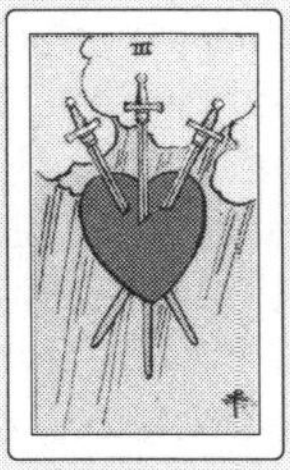

Position 2

Position 1:
Mein ich:
Die Fünf der Stäbe

Position 2:
Mein Grund:
Die Drei der Schwerter

Position 3:
Die unmittelbare Vergangenheit:
Die Sieben der Schwerter

Position 4:
Meine Hoffnungen und Ängste:
Die Neun der Münzen

Position 5:
Die nächste Zukunft
Das Ass der Münzen

Die Gesamtdeutung der Karten:
Lothar kann in seinem Schmerz nicht sehen, dass ihm die Freiheit geschenkt wurde. Er sieht momentan nur, was er verliert und nicht, was er im Gegenzug gewinnt. Seine Frau hat sich von ihm getrennt, weil er – ohne es selbst zu bemerken– es so wollte. Er muss sich jetzt wieder finden – und wird dann eine neue Frau finden.

Was bringt die Zukunft?

Jeder möchte wissen, was auf ihn zukommt. Ob es mit Hilfe des Tarot möglich ist, der Zukunft einen Schritt voraus zu sein?

Sein eigener Chef zu sein, auf eigene Rechnung zu arbeiten: Das ist der Traum vieler Menschen. Es ist aber nicht ganz einfach, sich als Selbstständiger durchzuboxen. Diese Erfahrung hat auch Hildegard E. aus Aichach gemacht. Ihre Versuche als Unternehmerin verliefen weniger glücklich. Und dennoch bleibt da dieser Traum, der Traum vom eigenen Geschäft. Sie befragt deshalb das Tarot.

„Werde ich jetzt Erfolg haben, wenn ich einen kleinen Laden eröffne? Was bringt mir die Zukunft?" Diese Fragen lassen die Kaufhaus-Angestellte ***Hildegard E.*** nicht mehr los. Sie möchte ihr eigener Chef sein – so wie sie es schon einmal gewesen ist –, und einen kleinen, eigenen Laden führen. Hier die Antwort des Tarot:

1. Der Ritter der Stäbe
2. Die Neun der Münzen
3. Der Narr
4. Der Herrscher
5. Der Ritter der Schwerter

Deutung:
Auf der ***ersten Position*** liegt der „Ritter der Stäbe". Das zeigt die „wilde" Entschlosssenheit von Hildegard, aktiv und unternehmerisch zu werden.

Auf ***Position zwei*** liegt die „Neun der Münzen". Damit ist der Grund solide und hoffnungsvoll. Die Karte „Neun der Münzen" lässt auch auf materiellen Gewinn und finanzielle Sicherheit hoffen.

Die ***dritte Position*** zeigt den „Narren". Das bedeutet, dass Hildegard den Zustand der Leichtigkeit und Freiheit beendet, was schließlich mit jeder Geschäftseröffnung verbunden ist.

Auf ***Position vier*** steht der Herrscher. Das drückt aus, dass Hildegard ihre Aufgabe, einen Laden zu führen, beherrscht.

Auf ***Position fünf*** liegt der Ritter der Schwerter. Diese Karte ist ungünstig. Sie verweist auf Hemmungen und Gefahren.

Die Gesamtdeutung der Karten:
Im Moment ist die Eröffnung eines eigenen Ladens ungünstig. Hildegard müsste zuviel Freiheit aufgeben und Zwänge übernehmen. Ausserdem stehen momentan noch zu große Hindernisse und Gefahren ins Haus. Hildegard soll lieber eine Weile warten – mindestens aber zwei Monate, um dann das Tarot erneut zu befragen.

Position 4

Position 3

Position 1

Position 5

Position 2

Position 1:
Mein ich:
Der Ritter der Stäbe

Position 2:
Mein Grund:
Die Neun der Münzen

Position 3:
Die unmittelbare Vergangenheit:
Der Narr

Position 4:
Meine Hoffnungen und Ängste:
Der Herrscher

Position 5:
Die nächste Zukunft:
Der Ritter der Schwerter

Ich weiß nicht weiter ...

Es gibt tausend Gründe und Möglichkeiten, das Tarot zu befragen. Aber stets ist man mit „seinem Latein" am Ende, findet keine Antwort auf seine Fragen.

Der erste Schultag, der erste Arbeitstag, der Beginn der Rente: Drei markante Daten im Leben eines jeden Menschen. Jedesmal stehen wir vor der großen Frage: Was wird uns die Zukunft bringen. Am schwierigsten ist diese Frage nach der Pensionierung zu beantworten, weil der feste Tagesablauf wegfällt. So wie bei Eva L. aus Königslutter. Seit einiger Zeit befindet sie sich im Ruhestand und weiß nicht, wie sie ihr Leben gestalten soll. Deshalb hat sie das Tarot befragt.

„Wie geht es weiter?", fragt ***Eva L.*** Doch eigentlich müsste es heißen: „Wie beginne ich meinen neuen Lebensabschnitt?" Denn seit drei Jahren befindet sich Eva im Ruhestand, ohne dabei einen neuen Sinn im Leben gefunden zu haben. Sie vertraut sich deshalb dem Tarot an und hat folgende Karten gezogen:

1. Die Zwei der Münzen
2. Die Fünf der Kelche
3. Die Kraft
4. Die Hohepriesterin
5. Der König der Schwerter

Deutung:
Auf der ***ersten Position*** liegt bei Eva die „Zwei der Münzen". Sie besagt: „Nimm das Leben spielerisch, nimm, was kommt und mach dir keine Sorgen ...!"

Auf ***Position zwei*** in Evas Tarot befindet sich die Fünf der Kelche. Diese Karte weist darauf hin, dass Eva eine schmerzvolle Liebeserfahrung mit sich herumträgt.

Die ***dritte Position*** nimmt die Karte „Die Kraft" ein. Die Karte zeigt, dass Eva in ihrem Leben über die rein biologischen Triebe und Leidenschaften hinausgewachsen ist. Sie besitzt jetzt wahrhaftige Stärke.

Auf ***Position vier*** liegt die Karte „Die Hohepriesterin". Diese Karte bescheinigt ihr große Intuition. Sie hat die Gabe einer hellsichtigen Frau.

Position 5 nimmt der König der Schwerter ein. Diese Karte deutet an, dass Eva mit dem Leben nicht fertig ist. Es geht jetzt noch darum, ihre Beziehung mit einem Mann zu klären.

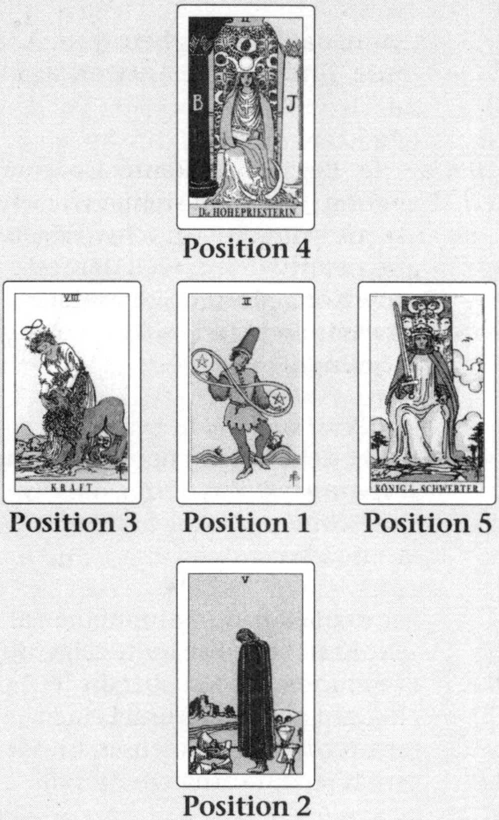

Position 1:
Mein ich:
Die Zwei der Münzen

Position 2:
Mein Grund:
Die Fünf der Kelche

Position 3:
Die unmittelbare Vergangenheit:
Die Kraft

Position 4:
Meine Hoffnungen und Ängste:
Die Hohepriesterin

Position 5:
Die nächste Zukunft:
Der König der Schwerter

Die Gesamtdeutung der Karten: Zunächst einmal soll sich Eva keine Sorgen machen. Sie erfährt jetzt die Schönheit des Alters, nämlich ohne Alltagsdruck sein zu können. Weiter soll sie Kraft in die Entwicklung ihrer sensitiven und heilerischen Kräfte stecken. Wichtig ist, dass sie ihr weiteres Leben in den Dienst der Hohepriesterin stellt. Damit ist gemeint, dass sie viel meditieren soll, um ihre Kraft zu stärken mit dem Alter nicht nur fertig zu werden, sondern ihm auch schöne Seiten abzugewinnen. Und schließlich steht da wohl noch eine Auseinandersetzung mit einem unbequemen Mann an.

Eine Fantasiereise in das „Land des Tarot"

Eine schöne Art, die Tarotkarten näher kennenzulernen, ist eine Fantasiereise mit einzelnen Karten. Am geeignetsten dafür sind die Karten des Großen Arkanums, aber grundsätzlich kann man mit jeder Karte diese Reise in das Reich der Fantasie unternehmen. Im folgenden ist ein Anleitung für dieses Erlebnis mit dem Tarot gegeben:

Suchen Sie sich bitte eine Karte aus, über die Sie mehr erfahren möchten. Vielleicht die Karte IXX „Sonne", weil Sie diese Karte besonders anzieht, Karte II „Hohepriesterin", weil Sie sich dieser Frau besonders nahe fühlen oder Karte XIII, „Tod", weil Sie diese Karte besonder ängstigt.

Legen Sie sich rücklings auf den Boden, ein Sofa oder Ihr Bett. Öffnen Sie alle beengenden Kleidungsstücke.

Versuchen Sie dann ganz ruhig und entspannt zu werden. Dies können Sie dadurch verstärken, dass Sie gleichmäßig atmen und zu sich selbst sagen, dass Ihre Glieder, Muskeln und Ihre Haut immer entspannter werden.

Nehmen Sie dann die ausgewählte Karte und halten Sie das Bild ein bis zwei Minuten vor Ihre Augen. Stellen Sie sich dabei vor, Ihre Augen wären die Linsen einer Kamera. Durch diese Öffnungen dringt das Tarotbild in sie ein und trifft in Ihrem Kopf auf eine lichtempfindliche Schicht. Dann schließen Sie die Augen und legen die Karte mit dem Bild nach unten auf Ihre Brust.

Jetzt können Sie die Karte vor Ihrem inneren Auge sehen. Versuchen Sie dann in Ihrer Fantasie oder mit Ihren Gedanken, dieses innere Bild zu vergrößern. Lassen Sie es über alle vier Ecken hinaus wachsen, bis es so groß wie eine Türe ist.

Durch diese Türe können Sie in das geheimnisvolle Land des Tarot treten. Dazu müssen Sie in Ihrer Fantasie einfach die Türe öffnen und hindurch gehen. Damit betreten Sie ein Reich, in dem alles so gestaltet ist wie auf Ihrer Tarotkarte. Sie finden dort die gleichen Menschen, Tiere, Pflanzen und Symbole, die auch auf Ihrer Karte abgebildet sind. In Ihrer Fantasiewelt jedoch können alle Dinge sich bewegen und sogar sprechen. Sie brauchen nur eine Frage zu stellen und erhalten dann auch eine Antwort. Zum Beispiel können Sie an eine Figur der Karte die Fragen stellen: „Was ist Deine Aufgabe?" Oder: „Hast Du mir etwas zu sagen?" Oder: „Kannst Du mir Dein Geheimnis verraten?" Sicher fallen Ihnen noch ganz andere Fragen ein, deren Antworten Ihnen wichtig sind.

Um in die Alltagsrealität zurückzukehren, machen Sie die gleichen Schritte in umgekehrter Reihenfolge: Sie verabschieden sich von Ihrem magischen Land, treten

durch die Türe, stellen sich vor, wie die Türe immer kleiner wird, bis sie die Größe Ihrer Tarotkarte besitzt und öffnen dann Ihre Augen.
Jetzt ist es besonders wichtig, dass Sie sich noch ein wenig Zeit lassen, um Ihre Erfahrungen zu verarbeiten. Nehmen Sie die Karte noch einmal zur Hand und betrachten Sie die Einzelheiten. Es ist auch günstig, wenn Sie alles aufschreiben, was Sie während Ihrer Fantasiereise erlebt haben.

Auf einer Fantasiereise lernen Sie die Tarotkarten völlig neu kennen

Tarot ohne Karten

In den letzten Jahren wurde eine Reihe von Tarotspielen bekannt, die auch ohne Karten durchgeführt werden können. Als „Material“ genügen schon die Abbildungen und Erklärungen wie in diesem Buch. Genau genommen handelt es sich um Berechnungen. Zum Beispiel errechnet sich die „persönliche Schicksalskarte“ folgendermaßen:

Angenommen, Sie sind am 1.1.1950 geboren. Dann werden Ihre nebeneinander geschriebenen Zahlen der Reihe nach addiert: 1 + 1 + 1 + 9 + 5 + 0 = 17.

Die Zahl 17 entspricht der Karte XVII „Sterne“. Diese Karte ist damit Ihre persönliche Schicksalskarte. Bei der Durchnummerierung erhält die Karte 0, Narr, die Zahl 22. Ergibt sich eine Zahl über 22, dann wird einfach die Zahl 22 abgezogen.
Ein Beispiel: Geburtstag am 28.8.1959.

Als Quersumme ergibt sich 2 + 8 + 8 + 1 + 9 + 5 + 9 = 42.
Diese Zahl ist größer als 22. Daher muss 22 abgezogen werden: 42 – 22 = 20.
Die Zahl 20 entspricht der Karte XX „Gericht“.

Die Bedeutung der persönlichen Schicksalskarte wird gleich anschließend erklärt. Zunächst ist es aber wichtig, die Berechnungsmethoden ins richtige Licht zu stellen. Soweit sie einer spielerischen Einstellung entstammen, sind sie äußerst interessant und auch amüsant. Aber man darf sie nicht überinterpretieren. Der Reiz und die Stärke des Tarot beruht in allererster Linie auf Veränderung. Wenn ich heute die Karten frage, dann ist die Antwort schon ganz anders als gestern, und morgen zeigt mir der Geist des Tarot wieder einen neuen Weg. Das Tarot greift den Augenblick auf, es will den Betrachter mit dem Hier und Jetzt konfrontieren, sonst nichts. Es ist immer nur ein Moment, der vom Tarot eingefangen wird. Deswegen befinden sich die Einsichten und Weisheiten des Tarot auf Spielkarten und nicht auf steinernen Tafeln oder in einem schweren, ledergebundenen Buch. Das Tarot will flüchtig bleiben und nicht ein für allemal festgelegt werden. Das widerspräche völlig seiner Natur. Es gibt in der Esoterik Methoden, die die Qualität der Zeit mit einbeziehen, allen voran die Astrologie. Tarotmeister, die diese errechneten Karten für überaus wichtig erachten, überfrachten das Tarot und möchten es vielleicht zum Universal-Orakel erheben. Aber da lacht der Narr. Er wird immer dafür sorgen, dass das Tarot ein Spiel bleibt, unberechenbar wie das Leben selbst. Was soll eine Person beispielsweise sagen, die am 1.1.1930 das Licht der Welt erblickt hat? Ihre Schicksalskarte ist:
1 + 1 + 1 + 9 + 3 + 0 = 15 oder Karte XV „Teufel“.
Soll dieser arme Mensch über sein ganzes Leben den Teufel stellen?

Nach diesem Vorspann können jetzt die Rechenmethoden im einzelnen vorgestellt werden.

A. Persönliche Schicksalskarte
Berechnung: Siehe oben.

Deutung: Da sich die Schicksalskarte aus dem Geburtstag errechnet, steht sie über dem gesamten Leben. Sie ist damit eine Mahnung, ein Motiv und ein Wegweiser zugleich. Es gibt Individuen, die ihre Schicksalskarte in der Brieftasche mit sich herumtragen, um immer wieder daran erinnert zu werden. Ergibt sich eine positive Schicksalskarte, zum Beispiel die „Liebenden", dann kann ich aus dieser Karte zu gewissen Zeiten Kraft schöpfen. Einer Karte, die negative Gefühle wachruft, wie „Tod", „Teufel", „Turm" sollte man kein zu großes Gewicht beimessen.

B. Jahreskarte
Berechnung: Die Jahreskarte wird vom Alter abgeleitet. Wer 22 Jahre alt ist erhält die Karte 0, „Narr". Wer 80 Jahre alt ist,bekommt die Karte XIV „Mäßigkeit" (80 – 22 = 58 – 22 = 36 – 22 = 14).

Deutung: Die Jahreskarte steht über einem Lebensjahr. Wie zuvor sollte man schwere Karten nicht zu ernst nehmen. Aber manchmal können auch solche Karten hilfreich sein. So stand die Karte „Tod" über dem fünfunddreißigsten Lebensjahr von einer Frau namens Isabell. Tatsächlich gab es in diesem Jahr eine Menge Veränderungen: Ihr Job wurde wegrationalisiert, sie musste die Wohnung wechseln und trennte sich von einer alten Freundin. In diesem dramatischen Jahr fiel Isabell immer wieder ihre Jahreskarte „Tod" ein. Sie bedeutet loslassen. „Es geht ja um loslassen können", sagte Isabell gelegentlich zu sich selbst. Vielleicht half ihr dies manchmal, das Schicksal leichter zu verkraften.

C. Partnerkarte
Berechnung: Diese Karte errechnet sich aus den beiden persönlichen Schicksalskarten zweier Menschen.

Beispiel:
Geburtstag Mann: 18.9.1942
1 + 8 + 9 + 1 + 9 + 4 + 2 = 34
34 – 22 = 12 „Gehängte"
Geburtstag Frau: 16.8.1962
1 + 6 + 8 + 1 + 9 + 6 + 2 = 33
33 – 22 = 11 „Eremit"
Die Partnerkarte lautet: 12 + 11 = 23; 23 – 22 = 1, entspricht Karte I „Magier".

Deutung: Die Partnerkarte soll auf dem Hintergrund der beiden persönlichen Schicksalskarten interpretiert werden. In Beispiel ergeben zwei „schwierige" Karten, „Gehängte" und „Eremit". Zusammen entseht eine sehr positive Karte, „Magier", was sicher ein gutes Omen ist.

D. Wohnungskarte
Berechnung: Diese Karte bestimmt sich ganz einfach nach der Hausnummer. Mit Nummer 23 beginnt wieder die 1, genauso mit den Ziffern 45, 67, 89, 111 und so fort.

Deutung: Diese Karte könnte man sich wie ein Haus- oder Namensschild vorstellen, das über dem Haus- beziehungsweise Wohnungseingang hängt. Bei einer dynamischen Karte, wie beispielsweise „Magier“ oder „Sonne“, darf man erwarten, dass das häusliche Klima temperamentvoller ist, als wenn der Hausfrieden von der Karte „Hohepriesterin“ abhängen würde.

E. Die Tageskarte
Berechnung: Diese Karte ist überindividuell, sie gilt weltweit und für alle Menschen. Bestimmt wird sie wieder sehr einfach, nämlich aus dem Datum, also genau wie die persönliche Schicksalskarte.

Deutung: Die Tageskarte kann man als eine allgemeine Einschätzung eines Tages betrachten. Sie spiegelt Atmosphäre, Trend und Möglichkeiten wider. Wenn Sie möchten, können Sie Ihre Unternehmungen nach diesem Tarot-Kalender richten. Dann werden Sie an Tagen mit der Quersumme 6 auf die Liebe (Karte VI „Liebenden“) und an solchen mit der Quersumme 17 auf das Glück (Karte XVII „Stern“) warten. An einem Tag mit der Quersumme 16 (Karte XVI „Turm“) werden Sie wohl überlegen, ob Sie Ihr Haus überhaupt verlassen.

F. Die „Date“-Karte
Diese Karte berücksichtigt neben dem Tag noch die Uhrzeit. Angenommen, Sie verabreden sich mit Ihrer neuen Liebe, einem Mann. Sie wissen noch nicht genau, wie alt er ist, können also weder seine persönliche Schicksalskarte noch seine Jahreskarte berechnen. Ihr Rendezvous ist für Sonntag, 20.00 Uhr, geplant. Ist das ein günstiger Zeitpunkt?

Berechnung: Bei der „Date-“ Karte werden die Wochentage einfach durchnummeriert. Montag bekommt die Zahl 1, Dienstag die zahl 2 bis zum Sonntag, der die Zahl 7 erhält. Die Zeit wird von 00.00 bis 24.00 gezählt (Eine Zeit von 12.45 erhält die Quersumme 1+2+4+5 = 12).

Das oben erwähnte Beispiel eines Rendezvous am Sonntag, 20.00 Uhr bekommt die Karte IX „Eremit“ (7 + 2 + 0 + 0 + 0 = 9). Die Karte bedeutet „Einsamkeit“. Man darf daher nicht mit einem guten Gelingen der Verabredung rechnen.

Tarot und Astrologie

Immer wieder wurde versucht, Tarot und Astrologie zu verbinden. Wäre das nicht die Quintessenz allen Wissens, wenn man zwei so geniale Systeme aufeinander beziehen könnte? Am bekanntesten und auch am durchdachtesten ist der Versuch Aleister Crowleys. Er geht dabei so vor, dass er den Karten des Großen Arkanums jeweils ein Tierkreiszeichen, ein Element oder einen Planeten zuordnet. Jeder Karte des Kleinen Arkanums wird jeweils ein Planet in einem Zeichen zugesprochen.
Wie bereits zuvor angedeutet wurde, entstammen sämtliche Versuche, Tarot und Astrologie zu verbinden, letztendlich dem Wunsch, das Tarot zum Universalmedium aufzubauen. Aber die Logik des einen lässt sich mit dem System des anderen leider nie ganz verbinden. In der Systematik der Astrologie ist die Grundeinheit die Zahl Zwölf. Es gibt zwölf Tierkreiszeichen und genauso viele Häuser. Eine weitere, bedeutsame Zahl war bei den alten Astrologen die Sieben. Denn bevor in den letzten beiden Jahrhunderten die Planeten Uranus, Neptun und Pluto entdeckt wurden, arbeitete die Astrologie mit nur sieben Gestirnen (Sonne, Mond, Merkur, Venus, Mars, Jupiter, Saturn). Die Zahl Sieben spielt auch als Mondzahl eine große Rolle. Von einem Mondviertel zum nächsten vergehen jeweils sieben Tage, was genau einer Woche entspricht.
Im Tarot dagegen sind im Kleinen Arkanum die Zahl Zehn und im Großen die Zahl 21 wichtig. Dann könnte man noch die Zahl Vier erwähnen, weil es vier Hofkarten und vier Elemente gibt.
Wie steht es nun mit den Entsprechungen?
Zwischen den vier Elementen im Tarot (Stab, Kelch, Schwert und Pentakel) und den vier Elementen in der Astrologie (Feuer, Wasser, Luft und Erde) ist die Entsprechung eindeutig. Darauf wurde in diesem Buch auch immer wieder Bezug genommen. Aber damit ist die Parallelität zwischen beiden Systemen auch schon am Ende. Jede weitere gemeinsame Systematik vergewaltigt das eine oder andere der Systeme. Da hilft es auch nicht, wenn man sagt, das Große Arkanum sei durch sieben teilbar und die Sieben entspräche der Anzahl der Planeten. Das ist zwar richtig, führt aber nur zu der nächsten Frage: Weshalb sind gerade drei mal sieben, nämlich 21 Hauptkarten im Spiel? Auch der Hinweis, dass zwölf Tierkreiszeichen und zehn Planeten genau die Zahl Zweiundzwanzig ergeben, zieht nicht. Denn als das Tarot entwickelt wurde, gab es eben nur sieben Planeten. Und selbst wenn man diese Erwiderung beiseite lässt: Es gibt einfach keine sinnvolle Zuordnung in dieser übergreifenden Systematik.
Die Logik des Tarot lässt sich mit der Systematik der Astrologie absolut nicht vereinbaren. Aber es gibt sehr wohl assoziative oder intuitive Entsprechungen. Ihnen entbehrt jedoch jede Systematik und Logik.

Über die Jahre meines Tarot- und Astrologielehrens hinweg habe ich immer wieder die Seminarteilnehmer um eine Zuordnung zwischen Tarot und Astrologie gebeten. Die hier angefügte Liste ist das Ergebnis dieser Arbeit, und zugleich stimmt sie mit meiner eigenen Einschätzung überein, obwohl ich auch die eine oder andere Verschiebung für denkbar halte.

Widder (21. März bis 20. April) Magier (I), Narr (O)
Stier (21. April bis 20. Mai) Herrscherin (III), Teufel (XV)
Zwillinge (21. Mai bis 21. Juni) Wagen (VII)
Krebs (22. Juni bis 22. Juli) Hohepriesterin (II), Mond (XVIII)
Löwe (23. Juli bis 23. August) Sonne (XIX)
Jungfrau (24. August bis 23. September) Kraft (VIII), Mäßigkeit (XIV)
Waage (24. September bis 23. Oktober) Liebenden (VI), Gerechtigkeit (XI)
Skorpion (24. Oktober bis 22. November) Gehängte (XII), Tod (XIII)
Schütze (23. November bis 21. Dezember) Hierophant (V), Gericht (XX)
Steinbock (22. Dezember bis 20. Januar) Herrscher (IV), Eremit IX)
Wassermann (21. Januar bis 19. Februar) Rad des Schicksals (X), Turm (XVI)
Fische (20. Februar bis 20. März) Stern (XVII), Welt (XXI)

Die Kartendecks

Jeder Neuling im Lande des Tarot ist verwirrt, wenn er einen esoterischen Laden betritt: Manchmal sind dreißig und mehr verschiedene Tarotdecks (Deck ist der Fachbegriff für ein Kartenspiel) zu haben. Normalerweise gleichen sie in der Form anderen Kartenspielen, aber es gibt auch runde, sechs- oder zwölfeckige Spiele. Die Größe variiert vom Mini (ca. drei mal fünf Zentimeter) bis zum Maxi (zehn mal achtzehn). Das unterschiedliche Format allerdings bereitet wenig Kopfzerbrechen. Es sind die verschiedenen Darstellungen. Im bekanntesten Tarotdeck von Arthur Edward Waite, dem amerikanische Tarotpapst der vorletzten Jahrhundertwende, spazieren die Tarotfiguren im mittelalterlichen Genre herum. Tarotgroßmeister Aleister Crowley ließ zwischen 1938 und 1943 ein Spiel malen, das übersät ist mit ägyptischen Symbolen. Es gibt ein Katzentarot (die Akteure sind Katzen), und kurzzeitig tauchte sogar ein James-Bond-Tarot auf. Des weiteren liegen hellenistische, chinesische, indianische und supermoderne abstrakte Versionen auf. Erst wenn der „Tarotlehrling" sich die Zeit nimmt und jedes genauer studiert, stellt er fest, dass zwar die Aufmachungen verschieden sind, nicht aber die Motive. Immer tauchen die gleichen Sinnbilder auf: der Narr, der Magier, die Hohepriesterin, die Liebenden, der Tod und der Teufel u.s.w.
Wozu in aller Welt gibt es dann so viele Kartendecks?

Einerseits fühlten sich Künstler schon immer von den universellen Motiven der Tarotkarten herausgefordert, eigene Versionen zu gestalten. Von Salvador Dali weiß man, dass er zumindest über die Hälfte eines Tarotspieles gemalt hat. Um 1910 schmückten mehrere Künstler eine Tarotkapelle im Schloss Les Aveniers in Les Cruseille en France mit großen Tarottafeln aus Mosaiksteinen. Bei Monte Argentario nördlich Roms gibt es einen Tarotpark mit Skulpturen der berühmten Künstlerin Niki de Saint Phalle. Andererseits sollte sich auf den Karten der Geist und die Problematik der jeweiligen Zeit spiegeln. So wurden zum Beispiel mit einer sich erstarkenden Frauen-Emanzipationsbewegung auch solche Decks erchaffen, die dem veränderten Bewusstsein der Frauen Rechenschaft trug. Ein Beispiel ist das „Motherpeace-Tarotdeck" (übersetzt etwa: Mutterfriede-Tarotdeck). Es kommt aus den USA. Die Bilder geben den Geist der Frauenbewegung der frühen achtziger Jahre wieder.

Das Rider-Waite-Tarot

Die Karten von Rider-Waite sind die am weitesten verbreiteten Tarotkarten überhaupt. Auf sie wird auch in diesem Buch Bezug genommen. Arthur Edward Waite lebte um die Jahrhundertwende (1857 – 1942), war Amerikaner und man liest über ihn, er sei der beste Kenner des Rosenkreuzer-Wesens, eines esoterischen Zirkels, gewesen. Er selbst war ein wichtiges Mitglied im Golden

Dawn-Orden, einem anderen Zirkel, gründete 1903 seinen eigenen Orden, schrieb viele Bücher, wurde aber eher durch seine Bemühungen um das Tarot „unsterblich“. Es wurde 19910 von "Rider and Company" (daher rührt der Doppelname Rider-Waite) zum ersten mal veröffentlicht. Sein Tarot, das in Koproduktion mit der Malerin Pamela Coleman Smith entstand, brach nämlich mit einer wichtigen Tradition. Bei sämtlichen Spielen vor ihm waren die Karten des Kleinen Arkanums ohne bildhafte Gestaltung. Nur die Anzahl der Elemente (also Stäbe, Kelche, Schwerter und Pentakel) war abgebildet. Waite ließ auch diese Karten in Bilder übersetzen. Damit popularisierte er das Tarot, denn ohne Zweifel erleichtern und fördern Bilder das Verständnis. Zuvor konnte man nur aus der geheimen Bedeutung der Zahlen den Sinn der Karten erfahren. Paradoxer Weise war gerade Waite gegen diese Popularisierung seiner Karten. Gegen Ende seines Tarotbuches „Der Bilderschlüssel zum Tarot“ schreibt er: „Die Zusage einer Wahrsagebedeutung ist die Geschichte einer fortgesetzten Unverschämtheit."

Bei der Lektüre seines Buches bekommt man an vielen Stellen das Gefühl, sich an der Heiligkeit des Tarot zu vergreifen. Aus den Zeilen klingt eine Überheblichkeit, die man einem Mann, der das Tarot so populär gemacht hat, einfach nicht abnehmen mag. Aber Waite war eben ein Vertreter des esoterischen Tarot und damit gegen einen allzu leichtfertigen Umgang mit den Karten. Durch seine Bebilderung des Kleinen Arkanums hat er der Welt des Tarot einen großen Dienst erwiesen.
Seine Karten sind einfach, nicht mit Symbolen überladen und erlauben eine intuitive Annäherung an das Tarot. Aus diesem Grund sind sie auch als in dieses Buch mit aufgenommen worden.

Das Aleister-Crowley-Thoth-Tarot

Auch Crowley lebte um die Jahrhundertwende, und auch er schrieb zahlreiche Bücher. Im Unterschied zu Waite ranken sich um ihn mysteriöse Geschichten: Er sei ein echter Schwarzmagier gewesen, er habe seine Schüler missbraucht, er habe Drogen genommen und in seinem Orden wurde mit eigenartigen sexuellen Praktiken experimentiert. Was auch immer hierbei erfundener Mythos ist, seine Tarotkarten machten Crowley, genau wie die des Arthur Waite, bekannt und unsterblich.
Was ebenfalls an Waite erinnert, ist sein eigenes Tarotbuch mit dem Namen „Das Buch Thoth“. Einziger Kommentar dazu: Schlichtweg unverständlich.
Crowleys Karten aber sind kleine Kunstwerke. Die Malerin Frieda Harris malte fünf Jahre lang (von 1938 bis 1943) an diesen Bildern. Ihr gelang nicht nur ein wunderbares Tarot, sondern sie verarbeitete dabei auch das große Wissen Crowleys. Aus der Verschmelzung von

Harris und Crowley entstand magische oder esoterische Kunst.
Auch das mag für den Geist Crowleys sprechen, dass sein Tarot nur seinen Namen trägt und nicht den der Malerin, deren Verdienst bestimmt mindestens so groß ist wie der von Crowley. Man müsste das Deck eigentlich „Harris-Crowley-Tarot" nennen.
Für einen Anfänger sind die Tarotkarten von Crowley vielleicht zu symbolhaft. Und noch etwas ist wichtig: Wer mit den Crowley-Karten spielt, sollte sich nicht von den Deutungsworten unter den Karten führen lassen. Sie sind teilweise falsch oder führen in die Irre. Crowley selbst hat sie bestimmt nicht angeordnet. Es ist ein Zugeständnis an den schnellen Konsumenten unserer Zeit, den es natürlich auch unter Tarotspielern gibt. Aber das Tarot packt jeden Menschen, und dann möchte er jenseits von Worten mit den Bildern kommunizieren. Die Karten des kleinen Arkanums sind zwar nicht wie die von Waite bildhaft gestaltet, vermitteln aber dennoch eine bestimmte Atmosphäre, die den unmittelbaren Zugang ohne Erklärung zumindest erleichtert. Sicher wurden die Deutungsworte unter den Karten des Kleinen Arkanums auch gewählt, um die fehlende Bildsymbolik zu kompensieren.

Walter-Jörg Langbein
Das große Buch der
Esoterik
Geheimgesellschaften • Satanismus
Heilkunde • Magie • Wahrsagen
MOEWIG